U0118063

李长之 作品系列

司马迁之人格与风格

之人格与风格

【增订本】

李长之 著

人民文学出版社

图书在版编目（CIP）数据

司马迁之人格与风格／李长之著. -- 增订本. --北京 : 人民文学出版社，2024

（李长之作品系列）

ISBN 978-7-02-018453-8

Ⅰ. ①司… Ⅱ. ①李… Ⅲ. ①司马迁（约前 145 或前 135-?）-人物研究②《史记》-研究 Ⅳ. ①K825.81②K204.2

中国国家版本馆 CIP 数据核字（2024）第 015969 号

责任编辑　刘　伟
装帧设计　李思安
责任印制　张　娜

出版发行　人民文学出版社
社　　址　北京市朝内大街 166 号
邮政编码　100705

印　　刷　三河市宏盛印务有限公司
经　　销　全国新华书店等

字　　数　281 千字
开　　本　880 毫米×1230 毫米　1/32
印　　张　12.75　插页 3
版　　次　2024 年 3 月北京第 1 版
印　　次　2024 年 3 月第 1 次印刷

书　　号　978-7-02-018453-8
定　　价　59.00 元

如有印装质量问题,请与本社图书销售中心调换。电话:010-65233595

目　录

司马迁之人格与风格

自　序

　　在最近接到叶圣陶先生的复信，知道开明书店有着肯收印这部稿子的好意以后，我重把全稿校改了一遍，并把去年五月二十九日（全稿写成的日子）初写的序文以及今年八月三十日重写的序文都割弃了。现在愿意报告给读者的是：本书蓄意要写，是二十七年的秋天的事；在这年的夏天，我由昆明到重庆，由重庆到成都，在路上才对《史记》有着整个的接触，直到在成都住定下来，才把意见整理了一下，又对全书作了一个自己行文时需要的索引，可是没有动笔。不久又到重庆去了，经过了三年，首先写出的只是《司马迁在文学批评上之贡献》一文，日子是三十年四月九日，原因是这时担任着中央大学的中国文学批评史课程，所以先把这方面的意见写成了，现在收入本书的第九章第三节。后来又因为在中央大学讲中国小说史，便常想把《史记》之史诗性的优良写出，但老没有实现，只是同时却重新有着要把全书写出的冲动了。又过了三年，这冲动到了三十三年的春天，是再也不能遏止了，便一气写了二、三、四、五、六各章，第一章的附录《司马迁生年为建元六年辨》则是这一组的文字中最早的一篇，日子是三月五日，第六章最迟，日子是八月十六日，还有第七章第十一节《司马迁之民间精神》也在这期间写出，日子是三月二十七日，一共差不多费了半年的功夫,书写成了小半(司马迁的生活方面是告一段落了),而第一章的正文仍空着;第一章因为是对司马迁的时代之整个把握,我不敢轻易写,也曾写出了一部分,又为一个无知的妄人撕掉,兴致也就索然。(我顶痛恨一个人打断我的工作!)关于司马迁之思想和艺术方面,则怀着畏难更大。接着我健康上和心情上最恶劣的时候来了,我很少写东西,教书生活也放弃了,我离开了住久了的沙坪坝,迁到北碚,北碚自然是鸟语花香的地方,可是与我似乎没有什么相关,日本投降虽给我了一时的兴奋,也苦为时极暂。——三十四年是这样空白地过去了。到了三十五年的春天,我只身飞到了南京,心情和健康都慢慢好转,头两个月在忙我的翻译康德《判断力批判》的工作,到了四月,我决计推开一切,全力写《司马迁》,首先把第一章补写起来了,十分高兴,果然写得很顺利,到了五月底,就又把思想和艺术的方面也完成了,结论也写出了,两月的工夫得了十二万字,在我自己是最得意的记录,而全书告成了! 南京不是我怎么喜爱的地方,可是回想起写作时面对着的鸡鸣寺以及玄武湖上的风光,却也恋恋!

有人问我写作时的参考书怎么样? 我很惭愧,老实说,一点儿也不博! 有人有着《史记会注考证》,可是锁在箱子里,不借给人看。学校里有一部,可是被一位去职的先生拿走了十分之六,我有什么办法? 我在写完《司马迁》以后的四个月到了北平,多少买了点书,关于《史记》的也有十几种,《史记会注考证》即在其中。但仔细看下去,这些书也似乎没有什么可以改动我的全文的地方。我只好解嘲地说:阿Q不是会唱"手拿钢鞭将你打",也不曾有人教么? 我也有"无师自通"的地方啊! 况且,我认为,史料不可贵,可贵是在史料中所看出的意义,因此,历史不该只在求广,而且在求深！近人动辄以参考书多少为计较，我便不太重视了。自然，我有叨惠于前人的地方，书中多已随文注明。现在我只想特别提出，给我启发最多的是姚祖恩（《史记菁华录》的著者，只有最近朱佩弦和叶圣陶两先生在所编的《略读指导举隅》中才为他说了几句公道话，我在论及《屈原贾生列传》或《魏其武安侯列传》时得到他的提示之益尤大）和张裕钊（我所说的奇兵律，即由他之批《平准书》而得），他们对于《史记》的贡献，我想以后作《史记研究书目提要》时再为表彰吧。同时，我却也可以坦白地承认，我们比以前人占便宜处，是我们懂得了体系化，但他们的功劳究竟是值得感谢的。

又有人见我分别发表了的本书的几章时，曾问我：是不是在大学里正开"史记研究"的课？我也只有笑了。第一是，现在的大学里就是有"史记研究"的课，也不许我这样讲法，他们要的是板本，是训诂，是甲说乙说，而自己不说，甚而有的人只以点点"句读"为事，充其量不过摇头摆尾地讲讲"义法"，如此而已。我们这样讲法，却是"无本之学"，是不登"大雅之堂"的。哪里可以在大学里讲？第二是，我写一部东西，很少是基于外在的动机，却往往基于自己的一点创作欲求。在我创作冲动不强烈时，我不能写；在我酝酿不成熟时，我不能写；在我没感到和自己的生命有着共鸣时，我也根本不能选择了作为我写作的对象。——我管什么大学里有没有这门课？

在我写作时的确经过了些艰辛，可是写完了，校完了，也觉得仍是十分空虚，仿佛有一种莫明其妙地若有所失之感似的。只是在初写时，最不满意的是关于李陵案的一章，谁知在重校时，我却为这一章哭了，泪水一直模糊着我的眼。那一天是中秋的上午，我自己也觉得好笑。自己看自己的作品原不足为凭，有时希望太切，就容易格外不满，又有时不免溺爱，也就有些过分的宽容。总之，写过的东西，颇有些像疮痕，非不得已是不大愿意再去揭开的。——是非还是诉诸读者吧！

本书的书名，原想叫《抒情诗人司马迁及其悲剧》，这是因为初意只在传记，而传记的中心是在李陵案。后来因为论《史记》各篇著作先后的一文写得太长，想改为《司马迁和史记》，以表示"人"与"作品"并重。但以后写风格的分析时是占了更大的比重了，所以终于定名为《司马迁之人格与风格》，人格与风格也有一个共同中心，那就是"浪漫的自然主义"。本也想把这个形容词加在书名上，可是那就更累赘了，而且不如现在这样有点含蓄，虽然我是不惯于，也不肯，要什么含蓄的。

去年十月五号到北平，现在恰恰一年了。校完了这稿子，在感到这稿子本身的空虚之外，才觉得来了北平还没做什么事之愧耻，是更有些怅怅然了。

想到最初写此稿时，我的朋友蔚初所给的鼓励之大，这鼓励令我永不能忘却，现在远隔万里，就谨以此书作为纪念，祝她康乐，祝她勤奋地写作吧。叶圣陶先生和开明书店的好意，也一并谢谢！

　　　　　三十六年十月三日，夜深人静，
　　　　皓月当空，长之记于北平广济寺

第一章　司马迁及其时代精神

一　伟大的时代

我们常听人讲"唐诗、晋字、汉文章",这就是说每一个时代各有它的特别卓绝的艺术的。假若艺术活动乃是人类精神活动的顶点的话,这三种艺术也可说都是那每一个时代的各别的精华了。在这每一种精华里,逢巧都有一个集中地表现了的伟大人物,这就是杜甫、王羲之和司马迁!

我们当然可以从各方面去看司马迁,但即单以文章论,他也已是可以不朽了!试想在中国的诗人(广义的诗人,但也是真正意义的诗人)中,有谁能像司马迁那样有着广博的学识,深刻的眼光,丰富的体验,雄伟的气魄的呢?试问又有谁像司马迁那样具有大量的同情,却又有那样有力的讽刺,以压抑的情感的洪流,而使用着最造型的史诗性的笔锋,出之以唱叹的抒情诗的旋律的呢?在中国的文学史上,再没有第二人!

司马迁使中国散文永远不朽了!司马迁使以没有史诗为遗憾的中国古代文坛依然令人觉得灿烂而可以自傲了!司马迁使到了他的笔下的人类的活动永远常新,使到了他的笔下的人类的情感,特别是寂寞和不平，永远带有生命，司马迁使可以和亚历山大相比的雄才大略的汉武帝也显得平凡而黯然无光了！

这样一个伟大的诗人，（真的，我们只可能称司马迁是诗人，而且是抒情诗人！）让我们首先想到的，乃是他那伟大的时代。

我们说司马迁的时代伟大，我们的意思是说他那一个时代处处是新鲜丰富而且强有力！奇花异草的种子固然重要，而培养的土壤也太重要了！产生或培养司马迁的土壤也毕竟不是寻常的。

二　楚文化的胜利

按照我们的考证，司马迁应该生在公元前一三五年，这就是汉武帝建元六年。（关于这一节的辩论，我们放在这文字的附录）这时离汉朝的初立（公元前二〇六年）只有七十多年的光景，一切政治或文化上的规模还没有十分成为定型，所以司马迁也可以说多少还能够呼吸着"先秦"的学术精神或者气息的。许多大师的流风余韵应该对司马迁并不生疏，而活得较为老寿的人物像伏生、申公，更几乎年代和司马迁相接。伏生是秦博士，申公曾见过汉高祖，这恰是可以传递先秦的文化的人，和他们同年辈的人也一定还不在少。——这样便可以想象司马迁和先秦的精神之衔接了。

不过我们大可注意的是，汉的文化并不接自周、秦，而是接自楚，还有齐。原来就政治上说，打倒暴秦的是汉；但就文化上说，得到胜利的乃是楚。这一点必须详加说明，然后才能了解司马迁的先驱实在是屈原。

不错，在公元前二九七年，楚怀王被囚于秦而死，但后来过了九十年左右项羽起来反抗秦，依然找到了楚怀王的孙子，立为"楚怀王"，才能号召。可见楚的势力——精神上的势力——之大了。
当时陈涉起事也称为张楚，张楚就是张大楚国。楚国爱国的诗人
屈原虽然在郢都被破（公元前二七九）后不久就自杀了，可是从另
一方面说，就正是像表现在屈原身上的楚人爱国的情绪似的，推翻
了暴秦，报了仇。"楚虽三户，亡秦必楚。"这句话假若当作一种象
征的意义看，是应验了！

　　就精神上看，楚实在是直接继续秦而统治着的，汉不过是一个
执行上的傀儡而已。我们试举几件事情看：

　　第一，语言，汉代承袭着楚的语言。例如当时称公即是楚语，
而司马迁为太史令又称太史公者，也是因楚语而然。（据朱希祖
说，见其《中国史学通论》）当时有所谓楚声，可知楚语有很大的势
力。

　　第二，风俗习惯，有许多是得自楚的。例如中国古代是尚右
的，楚人却尚左，后来中国人也尚左了，这关键就在汉。（可参看
蒋锡昌《老子校话》页二一一）在汉时还有所谓楚冠，也很盛行。

　　第三，楚歌、楚舞，在汉代流行起来。不惟项羽会作那楚词式
的歌，"力拔山兮气盖世"；就是汉高祖，也会作楚词式的歌，"大风
起兮云飞扬"。到了汉高祖看到戚夫人的儿子赵王如意不得立为
太子了，便又对戚夫人说："为我楚舞，吾为若楚歌。"（见《史记·
留侯世家》）

　　第四，从漆画的艺术看，汉之承继楚的文化处尤为显著。在许
多年前，日本在朝鲜乐浪郡所发现的彩箧冢中的许多漆器，让我们
看到汉代那样笔势飞动的人物画。可是在抗日战争发动的头几
年，我国学者商承祚却在长沙又发现了楚国漆器，我们在那上面便
看到同样的笔意飞动的人物画。——那精神是多么相像！

　　例子不必再多举了，楚人的文化实在是汉人精神的骨子。这种文化的特质是什么呢？假若我们和周代的文化比，那就更容易了解。周的文化可说最近于数量的、科学的、理智的、秩序的。具体的例子像按爵位及事情性质不同而用的圭（有大圭、镇圭、躬圭、桓圭、琬圭、琰圭之别），像按器用不同而有一定比例的合金（《考工记》所谓"金有六齐"）；街道吧，是像诗人所说"周道如砥，其直如矢"（《小雅·大东》）。他们的精神重在凝重典实，那农业社会的精神状态乃是像诗人所歌咏的农作物似的："实发实秀，实坚实好。"（《大雅·生民》）这种凝重坚实的文化的最好代表可以看铜器，尤其是鼎。楚文化和这恰可以作一个对照。它是奔放的、飞跃的、轻飘的、流动的，最好的象征可说就是漆画了。这两种文化，也可说一是色彩学的，一是几何学的。在周文化那里，仿佛不以规矩不能成方圆；在楚文化这里，却是像"青黄杂揉"的大橘林似的，鲜艳夺目。简单一句话，周文化是古典的，楚文化是很浪漫的。就是这种浪漫的文化征服了汉代，而司马迁是其中的一个代表人物。

　　至于楚文化何以在汉代有这样大的势力，我们似乎也可以看出一些成为原因的事实来。第一，我们必须注意到楚的实力之大，苏秦所谓"从合则楚王，衡成则秦帝"，可知唯一能和秦对立的只有楚。第二，我们必须考虑到楚国的民气之盛，报仇心之切。我们看范增初见项梁时的谈话："陈胜败固当，夫秦灭六国，楚最无罪，自怀王入秦不反，楚人怜之至今。故楚南公曰：'楚虽三户，亡秦必楚'也。今陈胜首事，不立楚后而自立，其势不长。今君起江东，楚蜂起之将皆争附君者，以君世世楚将，为能复立楚后也。"项梁听了他的话，才把楚怀王的孙子——一个牧羊儿——找了来，又立为怀王，以为号召。可见楚的潜势力了。第三，我们不要忽略楚国占地之广。自从两次迁都后，已经扩张到了现在江苏的北部；在某一种意义上说，刘邦一般人已经是楚人，不要说项羽了。第四，在汉高祖九年（公元前一九八）曾把楚的贵族昭、屈、景、怀迁入关中。这一方面固见出楚的势力仍不可侮，另一方面却也见出这是楚文化之直接对汉代的传递。大凡一个时代的文化，往往有一个最显著的共同特点，这就是时代精神。汉代——特别是西汉的时代精神，就是浪漫情调，而楚文化者恰与这切合，自然为人所热烈吸取了。

假若再问何以楚国产生的文化是那样的？我们可以说经济力的膨胀乃是一个大因素。我们试看春申君客人的豪奢吧！"赵平原君使人于春申君，春申君舍之于上舍。赵使欲夸楚，为玳瑁簪，刀剑室，以珠玉饰之，请命春申君客。春申君客三千余人，其上客皆蹑珠履，以见赵使，赵使大惭。"（《史记·春申君列传》）再看《招魂》《大招》里的铺陈，那生活的豪华富贵更不难想象。在这样的经济条件之下所产生的文化一定是浪漫的，正如在农村的勤苦生活之下所产生的文化一定是古典的。我们用这同样的原因不惟可说明楚，而且可说明齐，又可说明一部分的秦，更可说明汉代文化的本身。

三　齐学

齐也是一个在经济上富裕的地方，它所发展的文化，也和楚十分相似，便又同样为汉所吸收。

我们试看齐楚两国人同样善于想象，齐人邹衍有海外九州之说，楚人屈原也有"九州安错？川谷何洿？"之问，这都是"闳大不经"，而且"迂怪"的，此其一。齐人喜欢讲"隐"（如淳于髡用"三年不飞不鸣的鸟"来谏齐威王，齐客用"海大鱼"来谏靖郭君），楚人也喜欢讲"隐"（如伍举也曾用"三年不飞不鸣的鸟"来谏楚庄王），此其二。齐国最发达的是兵家，战国时的兵家几乎全是齐人，如司马穰苴、孙吴、孙膑，一直到蒙恬，都可以为例。他们兵家所最爱讲的是术，是知白守黑，是人先我后（因为谁先作战，谁就有被第三者看穿了实力的危险），而楚国的哲学却就从兵家一转而为形上学，这就是后来的《老子》，此其三。

在这些和楚国文化相似之点上，却也正是浪漫精神的寄托。闳大不经，不用说是浪漫精神，因为那其中含有想象力的驰骋，无限的追求故。隐语也是浪漫精神的一端，因为这正是一种曲折，正是追求质实的古典精神的反面。至于兵家，兵家是所谓出奇制胜的，"奇"又恰是浪漫精神之最露骨的表现。

因为齐、楚文化有这样的接近，所以楚国的正统文人如屈原辈也往往是亲齐派。屈原本人就曾三次出使过齐国。这样一来，齐、楚文化的连系就更密切了。

说到齐，我们就更容易想到鲁。齐、鲁虽然相距很近，而文化系统上却绝然两事。正如齐、楚的文化为一系一样，鲁乃是和周为一系的。鲁几乎是周文化的一个保存所，试看在公元前五四四年，吴国的季札到了鲁，就听见了周的音乐。又过了四年，就是公元前五四○年，晋国的韩宣子又到鲁国，便看见了《易象》和《春秋》，他高兴地说："周礼尽在鲁矣！吾今乃知周公之德与周之所以王也。"我们必须了解周、鲁的文化这样密切，我们才能够明白产生在鲁国的孔子是那样羡慕周，一则说："周监于二代，郁郁乎文哉！

吾从周。"二则说:"吾其为东周乎!"三则说:"久矣! 吾不复梦见周公。"

正如周与楚之相对立似的,鲁与齐在文化上也是对立的。即以经学论,便有鲁学、齐学之分。同是解《春秋》,《公羊传》那么多"非常异义可怪之论"(何休《公羊解诂序》),《穀梁传》便非常谨愿而很少夸张了。这就是因为公羊是齐学,穀梁是鲁学呵!(班固《汉书·艺文志》注)以孔、孟二人而论,孔子是纯然鲁国精神的,而孟子却多少染了一些齐气。——孟在齐较久。

西汉的经学多半是齐学。你看《春秋》吧,《史记》上说:"汉兴在于五世之间,唯董仲舒为明于《春秋》,其传公羊氏也。"公羊是齐学,我们已经说过的了。《易》则"本之杨何之家",杨何是齐人,而且杨何是自田何传来的,田何也是齐人。《书》是传自济南伏生,济南也是齐地。《诗》之中,大师有辕固生,辕固生也是齐人,而且"诸齐人以《诗》显贵"。只有《礼》是传自鲁高堂生,可称为鲁学,然而实际上订汉代礼仪的却是叔孙通,而叔孙通的为人,不惟有齐气,而且变服改为楚装,以悦汉高祖,这就尤其是低首于齐、楚一系的文化的了。

以上是就经学范围以内说,也可以说是就儒家范围以内说,是如此,假如就儒家以外看,则西汉最盛的学术是黄、老,黄、老也是齐学。照《史记》上说:"而乐氏之族有乐瑕公、乐臣公,赵且为秦所灭,亡之齐高密。乐臣公善修黄帝、老子之言,显闻于齐,称贤师。"又说:"乐臣公学黄帝、老子,其本师号曰河上丈人,不知其所出。河上丈人教安期生,安期生教毛翕公,毛翕公教乐瑕公,乐瑕公教乐臣公,乐臣公教盖公,盖公教于齐高密、胶西,为曹相国师。"(均见《乐毅列传》)可见齐是黄、老之学的大本营。

　　同时我很怀疑黄、老之学的黄、老原先并非指黄帝、老子，而是指张良所见的黄石公。黄石公也不一定真有这个人，却可能是张良所假托的。我们要注意的是黄石公教给他的一卷书是什么书？原来是封在齐地的姜太公的兵法。又要注意张良所说的黄石公的最后归宿是什么地方？原来是齐地的济北谷城下。这无异于透露了一个破绽，就是这一套学问乃是来自齐地。大概是张良学自齐地（也许就在东见仓海君的时候），后来张良却不公开这个来源，因此托名黄石公。黄石公是张良自述的一个神话，当然是他编造的。张良是秦、汉间人，造了这个圯上老人黄石公以后，于是到了汉初，便有"黄老"这个名称了。后来的"黄老派"也的确是拿兵家的道理而应用在人事上的。不管我这个推测错不错，汉朝盛行的是黄、老，而黄、老之学是齐学，这是没有问题的。

　　至于汉初的黄、老势力，那是大极了！不但汉高祖时代的张良、陈平、曹参是"黄老派"，就是汉高祖本人讲斗智不斗力，能以退求进，能欲取先予，也是深得黄、老三昧的。这样一直到了汉武帝建元元年（公元前一三六，是司马迁生年的前一年）才死去的景帝母亲窦太后[1]，以及武帝时直言敢谏的汲黯，好推举人才的郑当时，还有田叔、直不疑、邓章、王生等，都是"黄老派"。

　　我们再拆穿了说，西汉何尝有真儒家？秦时的儒家已经和方士不分，所以我们在现在虽然称秦始皇坑儒，在西汉却称秦坑术士。（《史记·淮南衡山列传》，伍被谏淮南的话便有："昔秦绝圣人之道，杀术士，燔诗书。"《儒林列传》里太史公也说："及至秦之季世，焚诗书，坑术士。"何尝称为儒？）就是在《秦始皇本纪》里，记

---

①　　窦太后死于建元六年（公元前 135 年）。——编者注

载秦始皇大怒道："吾前收天下书不中用者,尽去之,悉召文学方术士甚众,欲以兴太平,方士欲练以求奇药。今闻韩众去不报,徐市等费以巨万计,终不得药,徒奸利相告日闻,……或为妖言以乱黔首!"于是使御史悉问诸生。诸生传相告引,乃自除犯禁者四百六十余人,皆坑之咸阳。被坑的也哪里是纯粹的儒家?

到了西汉,书呆子式的儒家固有,但当权的儒家都是方士和"黄老派"合流的人物。试看为汉代制礼仪的叔孙通,弟子们骂他"专言大猾",意思就是夸大而狡猾,而他骂那说他面谀的两个鲁生却是"若真鄙儒也,不知时变!"无怪乎司马迁讥讽他说:"大直若诎,道固委蛇,盖谓是乎?"这哪里是儒家,简直是黄、老!

再一个提倡儒学的人物,就是公孙弘,由于他的请求,"自此以来,则公卿大夫士吏斌斌多文学之士矣"。可是他根本是一个多诈的齐人。起初放猪,四十岁以后,才学《春秋》杂说。他是从来"不肯面折人过"的,《史记》上说他只是"缘饰以儒术"。他和汲黯同时去见皇帝,总是"汲黯先发之,弘推其后",而且和别的大臣本来议好的事情,见了皇帝,他也每每"皆倍其约,以顺上旨"。他的真面目是:"外宽内深,诸尝与弘有隙者,虽详与善,阴报其祸。"这难道不是一个典型的"黄老派"么?

我们不妨再提出大家公认为是儒家的董仲舒,这是在公元前一四〇年向汉武帝建议"《春秋》大一统者,天地之常经,古今之通谊也。今师异道,人异论,百家殊方,指意不同,是以上亡以持一统,法制数变,下不知所守。臣愚以为诸不在六艺之科,孔子之术者,皆绝其道,勿使并进"的,这就是历史上所谓罢黜百家,把儒术定于一尊的大功臣,可是他的为人怎么样呢?虽然号称"廉直",可是受了打击,也就竟"不敢复言灾异"了! 所以这也仍然是"黄老式"的人物。

在汉武帝心目中,儒家也仍然是方士之流,所以当"群儒既已不能辨明封禅事"时,便"尽罢诸儒不用"(见《封禅书》)了!

这样看来,从汉高祖一直到汉武帝,儒家并没有被重视,事实上这些方士和黄、老合流的人物也不值得重视,痛快地说,西汉并没有真儒家,滔滔天下者乃是黄、老,黄、老是齐学!

除了当时在经学上是齐学,在黄、老上是齐学之外,当时的宗教更是齐学。我们刚才说当时的儒家多半是方士和"黄老派"的合流,而方士又大多是齐人。像汉武帝时著名的方士如少翁、栾大、公孙卿、丁公等,都是齐人。原来终始五德之运的学说,就是开始于齐人驺衍,为秦始皇所听得入耳而采用,又为汉文帝所向往,到了汉武帝就完成了巡狩封禅改历服色等事的。这一串的把戏,是发源于齐。再说汉代所崇敬的神,原是一些地方神,随着政治上的统一,这些神也被统一了。这些地方神中有大部分神是齐神,如所谓八神之属:"一曰天主,祠天齐,天齐渊水,居临菑南郊山下者。二曰地主,祠泰山、梁父。盖天好阴,祠之必于高山之下,小山之上,命曰畤;地贵阳,祭之必于泽中圜丘云。三曰兵主,祠蚩尤,蚩尤在东平陆监乡,齐之西境也。四曰阴主,祠三山。(《索隐》:顾氏案《地理志》,东莱曲成有参山,即此三山。)五曰阳主,祠之罘。六曰月主,祠之莱山,皆在齐北,并勃海。七曰日主,祠成山,成山斗入海,(《集解》韦昭曰:"在东莱长广县。")最居齐东北隅,以迎日出云。八曰四时主,祠琅邪。琅邪在齐东方,盖岁之所始。"(《史记·封禅书》)这就是齐人的宗教体系,秦始皇追求于此,汉武帝也追求于此。至于所谓封禅者,不过在八神之中,特别提出在泰山、梁父的地方神而加以崇礼而已。从一方面说，这种地方神因秦而有统一于中央之势，因汉而有统一于中央之实，但是反过来，实在不如说是这地方性的宗教恰正统一着汉人的信仰。这也可以说是齐学的又一表现了。

总之，汉代的经学，黄、老，宗教，在在被浸润着齐学的成分。经学作用了汉人的学术，黄、老支配了汉代的政治，宗教风靡了汉家的君臣。齐学的力量多么大！

我们说过，齐、楚文化是一系，都是浪漫精神的代表，那么，汉代在楚文化的胜利之余，又加上齐，真是如虎添翼，自然可以造成浪漫文化的奇观了。

四　异国情调和经济势力的膨胀

然而还不止此。浪漫精神大抵是偏于幻想、追求新奇的，于是异域的文化的倾慕也是一个不可或缺的成分。逢巧在汉武帝的时代又大通西域，所以许多见所未见、闻所未闻的风俗便被介绍进来了。

我们就看《史记·大宛列传》上所记的异国情调吧："安息……以银为钱，钱如其王面，王死，辄更钱效王面焉。画革旁行，以为书记。"这种雕刻人像的钱币，横行的文字，也就是西洋现在的样子，和中国那时的见闻是太有距离了，在那时的人看来，一定是十分有趣的。况且，"条枝，在安息西数千里……而安息役属之以为外国，国善眩"。眩就是魔术，所谓吞刀吐火、植瓜种树、屠人截马一类的戏法，这又是中国人所不曾饱过眼福的。还有呢，"宛左右以蒲陶为酒，富人藏酒至万余石，久者数十岁不败。俗嗜酒，马嗜苜蓿。汉使取其实来，于是天子始种苜蓿、蒲陶肥饶地。及天马多，外国使来众，则离宫别观旁，尽种蒲陶、苜蓿极望。——自大宛以西至安息，国虽颇异言，然大同俗，相知言。其人皆深眼，多须髯。善市贾，争分铢。俗贵女子，女子所言，而丈夫乃决正。其地皆无丝、漆，不知铸钱器。"这真煞是好看，他们的蒲陶、苜蓿也带进来了，一种就种一大片，望不到边儿。那副深眼多须的样子，斤斤较量的精神，尊重女权的风俗，这是和东方多么成为对照的呢！浪漫精神是追求异域情调的，而异域情调又丰富了浪漫精神的营养，西汉之为西汉，我们是大可想象了！

　　然而又还不止此。助长浪漫精神的另一因素乃是经济力的膨胀。而西汉在这上面又是条件具备的。我们且看司马迁的记载："至今上即位数岁，汉兴七十余年之间，国家无事，非遇水旱之灾，民则人给家足，都鄙廪庾皆满，而府库余货财，京师之钱累巨万，贯朽而不可校。太仓之粟，陈陈相因，充溢露积于外，至腐败不可食。众庶街巷有马，阡陌之间成群，而乘字牝者，傧而不得聚会。守闾阎者食粱肉，为吏者长子孙，居官者以为姓号。"（《平准书》）大凡人在不得解决现实问题的时候，就要先解决现实的问题；迨现实的问题既已解决，就要去满足理想、幻象、想象了。这后者是产生浪漫文化的最重要的条件。楚如此，齐如此，西汉（尤其是武帝时代）更如此。我在以前说这也可以部分地说明秦者，是因为秦虽物产不丰，但也据有一个商业中心（这就是李斯所谓"物不产于秦，可宝者多"）。假若秦能维持久一些，她也是依然会循着齐、楚文化的线索而前进的。现在，她却是只作了汉文化的前奏而已了！

五　这个时代的象征人物

——汉武帝

在这浪漫精神的大时代里，那些人物都是怎样呢？我们不妨从楚文化的最后一个代表人物说起，那就是项羽。这真是一个天马横空的人物，他少时学书不成，去学剑，又不成。因为剑是一人敌，不足学，要学是学万人敌，那就是兵法。学兵法大喜，可是略知其意，又不肯竟学。他身长八尺余，力能扛鼎，才气过人。他的作战完全以气胜。他可以带三万精兵，就打败了汉高祖的五十六万大军。他是道地的英雄色彩，他要与汉高祖决战，他说："天下匈匈数岁者，徒以吾两人耳，愿与汉王挑战决雌雄！"只要他一出马，让交战的人目不敢视，手不敢发，只有逃走。到了失败的时候，他爱的只有美人与名马，他会对美人和名马唱歌，慷慨悲泣，一洒英雄之泪。最后他会以二十八匹马还摆作阵势而突围，仍然以少胜多，证明自己之不败。他爱的名马，他送了好汉；他自己的头颅，也送给老朋友。他是自杀，他不能受辱。这一个咤叱风云的英雄在起事时，才二十四岁；到拔剑自刎时，也才三十一岁。他所代表的是狂飙式的青年精神，他处处要冲开形式。他是浪漫精神的绝好典型。他的魄力和豪气就是培养司马迁的精神的氛围，他的人格就是司马迁在精神上最有着共鸣的！（所以《项羽本纪》写得那样好！）

项羽死于公元前二〇二年，这距司马迁之生还有半世纪，所以这不过在楚文化的精神上是一线相递，鼓舞着司马迁而已。另一个和司马迁的年代相接的人物却是李广，在李广自杀时（公元前一一九），司马迁年十七。李广也可以说是项羽的化身。他同样是失败的英雄，他同样有豪气，他同样是"才气天下无双"。他的豪气也同样是冲开了形式，表现着浪漫的浓厚气息，他带兵是没有部伍行阵的，"就善水草屯舍止，人人自便，不击刁斗以自卫，莫府省约文书籍事"。他有无比的勇气，他曾以四千人被十倍的匈奴所包围，兵死了一半，箭也光了，到黄昏的时候，别人都吓得面无人色，但他意气自如。他又有超绝的体力和射法，曾射箭穿石，以为是老虎。平常善射虎，虎也常常伤着他。这样的人最后也失败了，而且也是自杀。他这浪漫的精神是同样和司马迁的内心有着深深的契合的。——所以《李将军列传》又写得那样出色！

然而项羽和李广却都还不能比另一个屹立于司马迁之旁，差不多和司马迁相终始，更能作为这一个时代的象征的人物——这就是汉武帝。

汉武帝比司马迁大二十二岁，但汉武帝有着七十一岁的高龄，而司马迁恐怕在武帝死前已经逝世了。（司马迁在四十六岁以后的生活已经没有记载可寻。）

武帝以十几岁执政，统治中国的年代超过半世纪。这是一个充分表现浪漫精神的人物。他的一生，简直像一部剧本。我们举几件具体的事情来看吧。例如他在即位后三年的时候，那时他已经二十岁了，就喜欢微服出来打猎，自称平阳侯，而且有一次住在人家里，被人疑为小偷，几乎灌了一嘴尿，这生活够浪漫了！我们再看他那封禅求仙的事吧！这事开始很早，在元光二年（公元前一二三①），那时武帝二十五岁，就有李少君献炼丹长寿之术，他说

---

① 应为公元前一三三年。

他吃过安期生给他的枣，枣大如瓜。李少君永远不说自己的年龄，有人问他，便永远答复是七十；而且有一次在众人广座中，他找着一个九十多岁的老头儿，谈到那老头儿的祖父的游射之所，于是一座大惊，大家以为他是好几百岁了。从这时起，武帝便派方士向东海求仙。此后在元狩四年（公元前一一九，武帝年三十九），又有少翁之事。少翁被拜为文成将军，说能够招鬼神，武帝信以为真。后来文成将军写好了字，给牛吃了，装做不知，说是杀牛可以得奇书。果然把牛杀了，书也有了，但汉武帝认出是他的手迹，便把他杀了。这样武帝应该觉悟了吧，可是不，他像吃鸦片一样，时而觉悟戒绝，却又时而瘾发再来。到了元鼎四年（公元前一一三，武帝年四十五），就又来了一个方士叫栾大，他不惟说"黄金可成，……不死之药可得，仙人可致"，而且"河决可塞"。河患本是当时的大问题，自然武帝听得更入耳了。但是这人的下场却和文成将军一样，也是所说不能兑现而被诛。然而就在这年的冬天又有公孙卿称说"黄帝且战且学仙"的榜样，武帝又动心了，说："嗟乎！吾诚得如黄帝，吾视去妻子如脱躧耳。"这样到了元封元年（公元前一一〇，武帝年四十八），那十八万骑兵，千有余里旗帜，一万八千里行程的大规模的封禅典礼就实现了。（这是司马迁年二十六岁，接受父亲遗命的一年。）由于公孙卿说"仙人好楼居"，于是堂皇的建筑也发达起来了。这是封禅求仙的副产物。最后一直到征和四年（公元前八九），武帝六十九岁了，才真正觉悟，承认过去的"狂悖"，把方士们都驱逐了，并说："天下岂有仙人，尽妖妄耳。节食服药，差可少病而已。"然而这时已到了他的生命的尽头，他的一生实在是在"且战且学仙"里度过的。

　　打猎和封禅的生活之外，我们再举他一件求马的故事，也是富有喜剧性的。他为了听说大宛有好马，便发动了四年大规模的战争，先是发了六千骑兵，几万的浮浪子弟，叫李广利率领前往。因为名马在贰师城，便叫李广利为贰师将军，指明是求马。可是两年过去了，没有成功，兵只余了十分之一二。武帝大怒，不许他们入关，入者斩之。凡是建议罢兵的，也都治了罪。于是又发了六万人，还有十万匹牛，三万多匹马，驴、骡、骆驼也各有万余，再去伐宛。因为宛王城中无水，要到城外来取水，便又派了水工去，封锁了他们的水源。还怕人数不够，又发十八万的预备补充的士兵。更重要的是，找了两个看马的专家，去选择马。这样小题大做的结果，当然成功了，可是收获不过上等马几十匹，中等马三千多匹而已。这时武帝已经是五十几岁的人了，可是做得多么天真！

汉武帝的真相，可由汲黯的批评看出来，汲黯的批评是说他"多欲"；也可由他自己的认识看出来，他不满意他的长子，因为他"仁恕温谨，才能少，不类己"；而武帝自己当然是这样的反面了。

武帝自己有才，也爱才，看他留下的诗歌，如《秋风辞》、《塞河歌》，都是飘逸苍凉兼而有之。他之爱才，可从他的《求贤诏》看出来："盖有非常之功，必待非常之人。故马或奔踶而致千里，士或有负俗之累而立功名。夫泛驾之马，跅弛之士，亦在御之而已。其令州郡，察吏民有茂才异等，可为将相及使绝国者！"他的求才却也是浪漫的。他喜欢奇才。例如他想伐南越，想派两千人去，庄参说两千人不够，他就把庄参罢免了。却有一个韩千秋说两百人就行，便立刻为汉武帝所赏识。这可以见出他的作风。他那一时人才之盛，可参看班固的话："汉之得人，于兹为盛。儒雅则公孙弘、董仲舒、兒宽，笃行则石建、石庆，质直则汲黯、卜式，推贤则韩安国、郑当时，定令则赵禹、张汤，文章则司马迁、相如，滑稽则东方朔、枚皋,应对则严助、朱买臣,历数则唐都、落下闳,协律则李延年,运筹则桑弘羊,奉使则张骞、苏武,将帅则卫青、霍去病,受遗则霍光、金日磾。"他们各有个性,各有特长,不拘常调,不拘一格,就恰像浪漫作品之形形色色似的,——而笼罩这一切的是汉武帝!

六　司马迁在这一个时代中的意义

在这种种氛围,种种作料,种种色彩,种种音符之中,而出现了司马迁。

大凡一种文化成自统治已久的中央地带的,多是古典的;而成自地方的,成自异域的,则是浪漫的。齐、楚的地方文化代周而起了,稍试其锋于秦,而完成于汉。齐人的倜傥风流,楚人的多情善感,都丛集于司马迁之身。周、鲁式的古典文化所追求于"乐而不淫,哀而不伤"者,到了司马迁手里,便都让他乐就乐、哀就哀了!所以我们在他的书里,可以听到人类心灵真正的呼声。以《诗经》为传统的"思无邪"的科条是不复存在了,这里乃是《楚辞》的宣言:"道思作颂,聊以自救兮!""发愤以抒情!"司马迁直然是第二个屈原!

老子也罢,黄、老也罢,齐也罢,楚也罢,他们的哲学基础是自然主义。这一点也成了司马迁的思想的骨子。自然主义和浪漫精神本是这一时代的精神生活的核心。如果用一句话以代表司马迁的人格时,只有"自然主义的浪漫派"一个形容!到了东汉,那自然主义的色彩是保留了,而浪漫精神的热焰已熄,所以那时产生的人物便只可以有班固、桓谭、王充了。这浪漫文化的复活,便是后来的魏、晋。然而浓烈和原始,却远不如司马迁了!司马迁是像屈原一样,可以和孔子(虽然在追慕着他)对立的!

汉武帝在许多点上,似乎是司马迁的敌人,抑且是司马迁所瞧不起,而玩弄于狡猾的笔墨之上的人;然而在另一方面,他们有许多相似处,而且太相似了!汉武帝之征服天下的雄心,司马迁表现在学术上。"天人之际","古今之变","一家之言",这同样是囊括一切的,征服一切的力量。武帝是亚历山大,司马迁就是亚里斯多德。这同是一种时代精神的表现而已。汉武帝之求才若渴,欣赏奇才,司马迁便发挥在文字上。汉武帝之有时而幼稚,可笑,天真,不实际,好奇,好玩,好幻想,司马迁也以同样的内心生活而组织成了他的书。汉武帝的人格是相当复杂的,而司马迁的内心宝藏也是无穷无尽!

驰骋,冲决,豪气,追求无限,苦闷,深情,这是那一个时代的共同情调,而作为其焦点,又留了一个永远不朽的记录的,那就是司马迁的著作!

三十五年四月五日写毕于南京

附录 司马迁生年为建元六年辨

关于司马迁的生年,向来有许多说法。根据都是由于《太史公自序》的两条注。那《自序》的原文是:"太史公……卒三岁,而迁为太史令,绁史记石室金匮之书,五年而当太初元年。"在"迁为太史令"下,有司马贞的《索隐》:"《博物志》:'太史令茂陵显武里大夫司马迁年二十八,三年六月乙卯,除六百石。'"在"五年而当太初元年"下,有张守节的《正义》:"按迁年四十二岁。"

我们知道司马谈是死于元封元年(公元前一一○)的,所谓"卒三岁"就是到了元封三年(公元前一○八),假若《索隐》是对的,这一年司马迁二十八岁,那么,司马迁应该生于汉武帝建元六年(公元前一三五)。

太初元年是公元前一○四,假若《正义》是对的,这一年司马迁四十二岁,那么,司马迁应该生于汉景帝中元五年(公元前一四五)。

这两种说法的差异是相去有十年。如果迁就《索隐》,则《正义》所谓四十二岁应该是三十二岁的误记;如果迁就《正义》,则《索隐》所谓二十八岁就是三十八岁的错写。

王静安、梁任公都是主张《正义》的,现在几乎已成为定说。只有张惟骧却另有一说,认为《正义》所谓四十二岁却并非是指太初元年时司马迁年四十二岁,乃是说司马迁只活了四十二岁。他说《索隐》所谓年二十八,也不是指元封三年司马迁年二十八,乃是指太初三年(公元前一○二)司马迁年二十八,所以司马迁应该生于元光六年(公元前一二九)。

我却认为仍是《索隐》对,司马迁应该生于公元前一三五。我的理由是:

第一,司马迁《报任少卿书》明明说:"早失二亲。"(据《汉书》)如果生于前一四五,则司马谈死时,迁已经三十六岁,说不上早。他决不能把父母是否早死也弄不清楚。假若生于前一三五,迁那时便是二十六,却才说得过去。

第二,《报任少卿书》的年代是可考的,这就是太始四年(公元前九三)。其中有"仆赖先人绪业,得待罪辇毂下,二十余年矣"的话。如果他生于前一四五,则这一年他五十三岁,而他做郎中又是二十岁遨游全国以后不久的事，那么，他就应该说待罪辇毂下三十余年了。他不会连自己做事的岁月又记不清楚。晚生十年，这话却才符合。

第三，班固说："司马迁亦从安国问故。"按王国维的考证，孔安国大概在元光、元朔间为博士。元朔三年是公元前一二六，如果司马迁生于前一三五，则"十岁诵古文"正符合。

第四，司马迁是一个不甘于寂寞的人，如果照郑鹤声的《年谱》（他也是主张生于前一四五的），司马迁在元朔五年（前一二四）仕为郎中，一直到元封元年（前一一〇），前后一共是十五年，难道除了在元鼎六年（前一一一）奉使巴蜀滇中以外，一点事情也没有么？这十几年的空白光阴恐怕就是由于多推算了十年而造出的。假若真是过了十四年的空白光阴（算至奉使以前），司马迁不会在自序里不提及。看他说："于是迁仕为郎中，奉使西征巴蜀以南，南略邛筰、昆明，还报命。"似乎中间为时极短。倘若生于前一三五，则仕于前一一五或一一四之际，跟着没有三年，就有扈从西至空峒之事（前一一二），奉使巴蜀之事（前一一一），不是更合情理么？

第五，《自序》上说："太史公仕于建元、元封之间……太史公既掌天官，不治民，有子曰迁，迁生龙门。"看口气，也很像是他父亲任为太史公之后才生他。那么，这也是他生于建元六年，即公元前一三五，较比提前十年更可靠的证据。

第六，《自序》上，司马谈临死时，执迁手而泣，告诉他"且夫孝始于事亲，中于事君，终于立身，扬名于后世，以显父母，此孝之大者"。他听了后，便俯首流涕，这也宛然是告诫一个青年的光景，说他这时是三十六岁，远不如说他是二十六岁，更逼真些。

第七，司马迁在元封三年始为太史令，《高士传》上说他既亲贵，因而有向挚峻劝进之书。那一种少年躁进的态度，与其说出自一个将近不惑之年（三十八岁）的人，决不如说出自还不到而立之年（二十八岁）的人，更适合些。

第八，郭解被杀于元朔二年（公元前一二七）。司马迁是曾经见过郭解的。但郭解并没有到过京师，只是郭解在死前却到过夏阳（司马迁的故里韩城）安置外祖家的老小，倘此年为司马迁之九岁，则司马迁在十岁学古文之前还在家乡，因而见到郭解是最可能的，否则这一年十九岁，就未必有见郭解的机会了。

第九，李广自杀于元狩四年（公元前一一九），迁及见广。但迁与李广之孙李陵为友，则迁见广时应很年幼，说李广死时司马迁二十七岁是不如说他十七岁更合理的。况且李广只活了六十几岁！

第十，照王静安说，《索隐》所引，是和敦煌汉简上的格式正是一样的，应该是"本于汉时簿书，为最可信之史料"，那么二十八岁之说也就应该信为实据，此条既系于"卒三岁，而迁为太史令"之下，那就是生于公元前一三五无疑了。王静安、梁任公一定要说是二十八是三十八之误者，不过是为符合《正义》太初元年四十二岁之说。但我想《正义》四十二岁之说的确可能并非指太初元年四十二岁，却只是指司马迁一生有四十二岁。再看《正义》原文："按迁年四十二岁。"不似特别标明某一年多大岁数，而且书中也很少有在某年忽然注出那人是某年几岁的例。《索隐》所引也是重在"为太史令"，不过很幸运，附带报告了一段信史，让我们知道了司马迁为太史令时的年岁，又因而让我们推出生于建元六年而已。四十二岁既不一定是指太初元年；王静安、梁任公改二十八为三十八之说也就不必了。张惟骧解释《正义》并不错，错只在不肯承认《索隐》所谓三年是元封三年，而硬说是太和三年，殊不知照《史记·自序》恰恰是指元封，可惜他一转手之间，竟面对真理而交臂失之了。至于司马迁年寿是否只有四十二岁，我们暂不讨论，现在只说他的生年，《索隐》未必误，而情事一切吻合罢了。

《自序》和《报任少卿书》是第一等史料，和这符合与否，就是试金石。

生年的考订，有人也许觉得不关重要，以为差十年也没有大关系。但我以为不然，因为假若司马迁早生十年，则《史记》是四十二岁到五十几岁的作品，那是一部成年人的东西，否则晚生十年，《史记》便是三十二岁到四十几岁的作品，那便恰是一部血气方刚，精力弥漫的壮年人的东西了，我们对于他整个人格的了解，也要随着变动。所以这十年之差，究竟是值得去争的！就现在论，我采取公元前一三五说。

三十三年三月五日写于重庆

第二章　司马迁的父亲

一　世传的历史家并天文家

司马迁的成功不止由于时代伟大，而且由于他有一个伟大的父亲。

司马迁之太远的谱系，我想不必去追溯。因为，就是追溯了，也不一定可靠。我们只记得在司马迁的父亲临死时，曾说："余先周室之太史也，自上世尝显功名于虞夏，典天官事，后世中衰，绝于予乎！"有这样一个粗略的轮廓，晓得他们是代代相传的历史家并天文家（在古代二者是一定要由一人去兼的），也就够了。

他们比较可考的先人，应该从司马错算起。司马错曾经和张仪在秦惠王跟前辩论过伐蜀与伐韩的利害。张仪的观点是政治的，他主张伐韩，伐韩其实是威胁周，"周自知不能救，九鼎宝器必出，据九鼎，案图籍，挟天子以令于天下，天下莫敢不听，此王业也。"司马错的观点则是经济的，认为要振国威，便先要有经济基础，所以他说："欲富国者，务广其地，欲强兵者，务富其民。"从这个观点看，则伐蜀的利要大些。而且他又觉得攻韩，劫天子，都是会刺激其他大国的注意的，只有伐蜀却只得实利，而谁也不会干涉，正是："拔一国而天下不以为暴，利尽西海而天下不以为贪。"这算盘的确打得精，眼光也的确够远！因而惠王就采取了司马错的政策了，后来秦之所以能打平六国，未始不归功于此。这事发生在公元前三一六年，距司马迁之生有一百八十几年的光景。

司马错的儿子是谁，我们不晓得，我们却只知道他的孙子是司马蕲。司马蕲曾经在白起的部下，参加过长平之战。那是有名的一次大战，赵国被杀的士卒有四十五万之多，赵从此便一蹶不复振了。但后来白起因为和范雎的摩擦，很不得意，再有战争，便常称病不出。结果秦昭王大怒，于是赐死。大概因为司马蕲是白起很忠实并十分亲近的部下之故吧，也就在这时一同赐死了。长平之战，是在公元前二六〇年，他们被赐死，是在公元前二五七年。这距司马迁的生年有一百二十几年的光景。

司马蕲的儿子是谁，我们却又不清楚。却又只知道他的孙子是司马昌。司马昌曾经在秦始皇的时代（公元前二四六—前二〇七）当过主铁官。这是治粟内史以下的管铁矿的官，仿佛现在经济部里的一个司长。

司马昌的儿子是司马毋怿，他做过汉市长。汉市是地名，在秦汉时代，凡是治万户以上的县官称令，万户以下的则称长。司马毋怿是司马迁的曾祖。

司马迁的祖父是司马喜。司马喜曾经得到"五大夫"的爵位，这是第九等爵，意义是"大夫之尊"。最高是第二十等爵，所谓"彻侯"，那意思是说和天子可以有着往还了。

司马迁这些先祖的事业，我们知道得太简略了，现在我们所可说的，只是他们早先是世传的历史家并天文家，曾经有过远见的司马错，曾经有过忠诚的司马蕲，另外，是些小官，如此而已。却只有司马迁的父亲,我们乃可以有着一个深刻的印象。

二 司马谈的思想之渊源

假若说司马迁伟大,这伟大,至少也要有一半应该分给他父亲。伟大的人物固然伟大,养育伟大的人物的人却更伟大!

他父亲名谈,生年不详,死的时候是元封元年(公元前一一〇),司马迁已经二十六岁了。

司马谈所受的教育是一种道家色彩的自然主义。他曾经在方士唐都那儿学过天官,天官就是一种星历的学问。《史记》上说:"夫自汉之为天数者,星则唐都,气则王朔,占岁则魏鲜。"可见是一位有名的专家。在汉武帝的初年,唐都曾经被诏,测定二十八宿的距离和角度。恐怕唐都活的岁数很大吧,到了司马迁三十二岁的时候,他还和司马迁等合作,规定过太初历呢。

司马谈又曾在杨何那儿学过《易》。杨何字叔元,山东淄川人。这是西汉《易》学的重镇,他是王同的学生,据近代人的看法,《周易》的《系辞》之类,就可能是出自王同之手的。① 杨何在元光元年(公元前一三四)为汉武帝征聘,做到中大夫。这时司马迁才两岁。

天官之学,可说近于阴阳家,和道家已经有点接近,因为他们所谈的都是天道,恰恰是儒家所不敢轻易过问的。《易》学也直然是受过道家洗礼的新儒学。但纯粹给司马谈以道家的熏陶的,却

---

① 冯友兰《中国哲学史》:"现在所有之《易·十翼》,皆王同等所作《易传》之类也。"(页四六〇)

是黄子。他曾在黄子那儿习过"道论"。道论的内容是什么？我们不能确说。黄子的名字也已不大可考，大概因为他是道家，本不注重名，又因为他十分被人尊崇，所以我们现在便只知道他是黄子或黄生，仿佛只是一位黄先生而已了。黄生很有反抗性，敢直言。曾有一次在景帝跟前，和辕固生辩论汤武革命。他说汤武并不是受命于天，直然是篡逆。辕固生却坚持着说："不然！夫桀纣虐乱，天下之心皆归汤武，汤武与天下之心而诛桀纣，桀纣之民不为之使而归汤武，汤武不得已而立，非受命为何？"黄生答道："冠虽敝，必加于首；履虽新，必关于足。何者？上下之分也。今桀纣虽失道，然君上也；汤武虽圣，臣下也。夫主有失行，臣下不能正言匡过，以尊天子，反因过而诛之，代立，践南面，非弑而何也？"儒家本来是讲君臣上下之分的，所以黄生就用儒家的理论来驳儒家的辕固生了，言外却是隐然讥讽汉朝之得天下也是等于篡逆的。——大概汉初的人对于秦的感觉并不像后来这样坏，就是司马迁也还在许多地方憧憬着秦呢。这辩论到了这里，已经图穷匕首见了，所以辕固生直然厚着脸皮说穿了："必若所云，是高帝代秦，即天子之位，非耶？"这是直然要诉诸统治者的权威以压倒论敌了，结果弄得汉景帝十分不好意思，于是说："食肉不食马肝，不为不知味；言学者无言汤武受命，不为愚。"这辩论遂不欢而散，以后便也再没有人敢讨论这个问题了。可惜的是，我们对黄生所知道的事情就限于此了，不过他给司马谈的影响恐怕是很大的。

星历之学，《易》学，尤其是道家，这构成了司马谈的思想面目。

三　批评精神和道家立场

司马谈在建元、元封之间，做了太史公。根据朱希祖先生的考证，太史公是官名，正名应该是太史令，称公者是楚制之别名，司马迁是追慕楚文化的，所以也就用楚制来称呼其父，后来并且自称了。① 太史公之秩是六百石，和下大夫之秩相当。

司马谈之做太史公大概在司马迁生下不久以前。他前后在职约有三十年的光景。司马谈重新收拾起远祖的事业来了，他有满腔的抱负，做一个职业的历史家和星卜式的天文家。不过他这抱负并没有在自身上实现，最后却热切地交付了自己天才的儿子。

现在唯一可以看出司马谈的全部学问和锐敏而正确的眼光的是他那不朽的论文——《论六家要旨》。这是对上古学术的总结算和总评价。他首先把上古的学术分而为六派，这就是：阴阳、儒、墨、名、法、道德。以下的文字便分为两段，前一段先提结论，对各家的得失，予以确切中肯的批评，后一段则对于这结论又一一加以证明。这叙述方法已经见出有科学头脑。

最可惊异的是他对于古代学术整理出的系统，但尤可惊异的则是他对于古代学术的不同派系都还它一个入木三分的得失俱论的真评价。中国学者向来的大病是求同而不求异，是只概括而不分析，是只想一笔抹煞或一味尊奉，很少有这样缜密而锋锐的！

他首先说阴阳家的好处是"序四时之大顺，不可失也"，因为秋收冬藏，春生夏长，原是应当遵循的天道。然而四时八位，十二

① 　朱希祖《太史公解》（见独立出版社所印行《中国史学通论》，页九三）。

度,二十四节,各有禁令,也一定要人必须服从,就"未必然"了,所以毛病是"使人拘而多所畏"。这态度多么明达！这比专讲灾异的董仲舒,岂不高去万倍！

他次说儒家的好处是"序君臣父子之礼,列夫妇长幼之别",这是"不可易"的方面,然而六艺经传的数量太大了,事情太繁琐了,闹得一个政治领袖事必躬亲,精疲力竭,毛病便是"博而寡要,劳而少功"。也真中肯！

他再次说墨家的好处是"强本节用",这是"人给家足之道","虽百家弗能废"的,然而墨家每每要过原始的生活,却是不合乎进化的原理的,"世异时移,事业不必同",而且社会上既有尊卑的分别,自然而然在生活上有差异,所以毛病乃是"俭而难遵"。这隐约间恐怕是指的汉文帝。因为汉文帝就是俭得不近人情的,他曾经想建筑一个露台,让工人来估价了一番,说是要百金,他就说这可以够中产之家的十倍了,于是中止。他的衣服向来是很粗糙的,就是他所喜爱的慎夫人,也不让她的衣服长得拖在地上。帐子上连绣花都不许有。他临死的时候,并且下诏,禁止人为他厚葬和重服。这都近乎墨家的作风。天下究竟有几个汉文帝？可见是俭而难遵了。

至于名家和法家,司马谈说一个是"专决于名,而失人情",这是短处,可是"控名责实,参伍不失",却也是有可取的;一个则是只讲法,不讲亲疏,"严而少恩",所以只能行一时之计,不能长久,这也是短处,然而定出尊卑,定出职分,却就又是"虽百家弗能改"了。

把这五家的短长都一一指出,这便是司马谈的识力过人和代表批评精神处。然而司马谈不是没有自己的立场的,(没有立场就不配是一个思想家了!)他的立场乃是道家,所以他对道家就全然赞许。各家的毛病是在只执一隅,而不能灵活的运用,在灵活的运用上见长的,只有道家。道家的好处,首先是富有综合性,所谓"因阴阳之大顺,采儒墨之善,撮名法之要",可说把各家的长处都采取来了;其次是富有弹性,所谓"与时迁移,应物变化",不死钉在一点上;而且,道家能够让人的身体和精神都常常处在一种从容有余的地步,于是无施而不可。一般人都以为道家很虚玄,司马谈却了解得极为正确,他说是"其辞难知",但却是"其实易行"的。他的眼光总较普通人透过一层!

他所说的道家,其中实含有一种很智慧,却也很实际的政治哲学。西汉本来是盛行黄老的,文帝和景帝之际,尤其是能运用黄老的精义的时代。能为这个时代留一个精神上的写照的,当推司马谈这篇重要文献了。这篇文章,也决不是一篇纯粹的学术论文,其中有很中肯的对当代政治的批评在。一般神神道道的今文学家,就是他指的阴阳,一般琐琐碎碎的定朝仪的经生,就是他所谓的儒,那像晁错主张削弱诸侯力量的人,就正是他所指的申商名法之学。他眼见那些实际上的得失,又看到汉武帝慢慢失掉了文景时代对于黄老精神的运用,政治上实已快走入窒碍不通之地了,所以才写了这篇重要政论。司马迁说他父亲作这文的动机是"愍学者之不达其意而师悖",正可见有一番苦心在内的。

司马谈作这篇文章的确切年代虽不可考,但就时代背景看去,一定是在黄老之学的势力已经式微,而董仲舒的罢黜百家的计划次第实现之际。这事当以窦太后之死为关键。窦太后是专门作弄儒家的,例如她听说辕固生批评《老子》是家人言,便罚他去杀猪,假若不是景帝给他一把快刀,不能把猪一刺就死,说不定还有其他

奇特的花样呢。窦太后死于公元前一三五年，也就是司马迁生的
那年。过了十二年，公孙弘就请求设博士弟子五十人，高第的人可
以为郎中，"自此以来，公卿大夫士吏斌斌多文学之士矣！"所以司
马谈《论六家要旨》一文，应该不出这十二年之间。

司马谈的精神面貌处处范铸了他的天才爱儿司马迁。司马迁
对于任何家的学问能欣赏，并能批评；他书中所记载的黄老派，也
都与司马谈所论的相符合；直然是司马谈的精神的副本啊！①

四　司马谈与封禅

大概因为是职务的关系吧，司马谈虽然站在自然主义的道家
的立场，可是对于汉代的封禅却也很有贡献。

是在公元前一一三年，司马迁已经二十三岁了，司马谈参与订
立祠后土的典礼。他和祠官宽舒等商议的结果是：在水洼的地方，
堆起五个圆土丘，称为坛，每一个坛上用黄牛祭祀，祭祀完了，就把
牛埋了，凡是陪从祭祀的人都要穿黄衣服。这是因为按五行讲起
来，土的颜色应该是黄的，以取相应。当时汉武帝就是照着这样做
的。

司马谈对于封禅还有一件大功劳，就是议立泰畤坛。这事情
在议祠后土的第二年。泰畤坛是祀太乙的，太乙是天神中最尊贵
的，有人说这就是北极神的别名。这典礼更隆重，太乙坛是三层，
周围是五帝坛，按方位罗列着。祭祀完了以后，祭品是烧掉。用的

---

① 　《老庄申韩列传》倘为迁著，亦可见他和他父亲的思想的相似处，但我以为恐
　　为谈著，请参看本书第六章第二节。

牛的颜色是白的，鹿放在牛中间，猪又放在鹿中间。祭五帝的官，要穿着和五帝相当的颜色的衣服。祭太乙的官则著紫色的衣服，绣着花。皇帝穿的衣服却是黄色的。在冬至的时候，天还没亮，皇帝就要亲自率领许多祠官来祭祀。坛上满是火光，坛旁摆着煮东西的大锅，或者鼎之类。陪从的人捧着六寸大的圆璧，这就是所谓瑄玉，献给神明。在那天夜里，果然看见很美的一道光；到了白昼，便又看见一股上属天，下属地的黄气。于是司马谈等便建议："神灵之休，祐福兆祥，宜因此地光域，立泰畤坛以明应。令太祝领秋及腊间祠，三岁，天子一郊见。"

　　但这些事都不过是正式的封禅的序幕。正式的封禅须要到泰山上去。封禅是大家都盼望着的，汉武帝一即位（公元前一四〇），大家就已经议论纷纷了，可是因为窦太后的作梗，让一切计划归于泡影。过了六年，窦太后死了，第二年汉武帝就开始郊祀。又过了十三年，济北王就晓得封禅快实现了，于是把泰山及其附近的地方都献给天子，天子便用其他地方偿还了，算是交换。再过了九年，是司马谈议祠后土的一年，汉武帝开始巡视郡县，泰山就仿佛是一个大诱惑似的，慢慢把他诱近了。这样又过了三年，是元封元年（公元前一一〇），大规模的正式封禅实现。先是汉武帝亲自率领了十八万骑兵，旗帜招展了千有余里，从长安出发，越过了长城，到了当时北方的边陲，现在绥远的五原、归绥一带（所谓单于台即在归绥），威振匈奴。汉武帝更打发人告诉单于说："南越王头已悬于汉北阙矣！单于能战，天子自将待边；不能，亟来臣服，何但亡匿幕北寒苦之地为？匈奴詟焉？"詟就是吓得不敢喘息的意思。大概匈奴的首领（单于）也没敢来交锋，所以他又率领了那十八万骑兵，又南下，到了陕西的中部县，那儿有桥山，相传有黄帝的坟在，于是祭过黄帝，回到甘泉。甘泉在现在陕西淳化县的西北，距长安二百里许。

这时的历法还是以十月为正首。汉武帝到边陲之地，即是十月间的事。到了春天正月，他又到了缑氏（现在河南的偃师县南，在洛阳以东）。汉武帝亲自登上嵩山，他们祭山的时候，听见空中有高呼万岁的声响，一共三次。于是又东巡，到了海上，夏天的四月，从海上还至泰山，于是正式封禅。因为这一年开始封泰山，所以叫元封元年。到了这年的五月，这封禅的大队人马才又由海上，到了现在辽宁的锦县，热河的承德一带，再经过绥远的五原，回到甘泉。他们一共走了一万八千里，真是大旅行！当时汉朝的国威既已达到顶点，汉武帝的高兴是可知的，那封禅典礼的隆重也是可以想见的。

封禅是一件大事，是士大夫和老百姓渴望了三十多年的大事。这不止是宗教上的大典，而且是政治上庆祝过去，更新将来的一种象征。——至少那时的朝野是这样想。

在这种热烈的欢腾中，不幸却有一人未能参加，这就是司马谈。他大概就在那一年的正月，随着汉武帝到了洛阳的吧，恐怕嵩山的典礼已经没赶上，泰山是更不用说了。更不幸的是，他已经病倒了！

五　伟大的遗命

这时，二十六岁的司马迁，正奉使巴蜀，到了昆明等地，归来复命，却看见父亲病危了！

他父亲见了司马迁，热切地把着他的手，泪流下来，告诉他了自己的心事，告诉他了那不得参加封禅的懊丧，并告诉他了如何尽孝道，善继父志。那话是断断续续着："余先周室之太史也，自上世常显功名于虞夏，典天官事，后世中衰，绝于予乎！汝复为太史，则续吾祖矣。"这是告诉他自己原有意要恢复祖上的专业的，可是不幸未能完成，这使命便只有由他儿子去继承着。

又说："今天子接千岁之统，封泰山，而余不得从行，是命也夫！命也夫！"一代的大典，不得参与，原是一个历史家所最放心不下的。

司马谈未尝不晓得他的儿子可以继续做太史公的官，可是事业的完成与否，却是不一定的，于是又很殷切地勉励道："余死，汝必为太史，为太史，无忘吾所欲论著矣！且夫孝始于事亲，中于事君，终于立身，扬名于后世，以显父母，此孝之大者！夫天下称诵周公，言其能论歌文武之德，宣周邵之风，达太王王季之思虑，爰及公刘以尊后稷也。幽厉之后，王道缺，礼乐衰，孔子修旧起废，论《诗》《书》，作《春秋》，则学者至今则之。自获麟以来，四百有余岁，而诸侯相兼，史记放绝；今汉兴，海内一统，明主贤君，忠臣死义之士，余为太史而弗论载，废天下之史文，余甚惧焉！汝其念哉！"

司马迁听了，低下头，便哭了，他在感动之中，给他父亲以安慰："小子不敏，请悉论先人所次旧闻，弗敢阙！"

汉武帝之东巡海上及封禅泰山，过辽西而归甘泉，司马迁以职务之故，是扈从了的。不知道司马谈在他儿子出发以前就诀别了呢，还是他儿子走了以后才自己寂寞地死去的，总之，是这一年，司马迁失掉了父亲，在怀念与哀思中，接承了做一个大历史家的使命。

此后，父亲的遗命时常在他脑海里回旋着："先人有言，自周公卒五百岁而有孔子，孔子卒后至于今五百岁，有能绍明世，正《易传》，继《春秋》，本《诗》《书》《礼》《乐》之际，意在斯乎！意在斯乎！"每当思念到这些话时，他就觉得自己的使命，简直应该是当仁不让了。

司马迁也很意识到，他的事业应该有大部分归功于他父亲。他父亲不惟是有批评精神，而且是能善于欣赏的人物，这印象也给他十分深。所以他有一次对壶遂就说："余闻之先人曰：'伏羲至淳厚，作《易》八卦。尧舜之盛，《尚书》载之，礼乐作焉。汤武之隆，诗人歌之。《春秋》采善贬恶，推三代之德，褒周室，非独刺讥而已也！'汉兴以来，至明天子，获符瑞，封禅，改正朔，易服色，受命于穆清，泽流罔极。海外殊俗，重译款塞，请来献见者不可胜道。臣下百官，力诵圣德，犹不能宣尽其意。且士贤能而不用，有国者之耻；主上明圣而德不布闻，有司之过也。且余尝掌其官，废明圣盛德不载，灭功臣世家贤大夫之业不述，堕先人所言，罪莫大焉！余所谓述故事，整齐其世传，非所谓作也。而君比之于《春秋》，谬矣！"

欣赏和批评原是一事，因为批评也无非是把最有价值的东西宣传出去。司马迁在他的书里，对各种人物都深具同情，在同情之中而复很深入地论其短长，其中确有司马谈的影子在！

六　天才的培养

为了培养一个天才的爱儿。司马谈可说费尽了心思。

在司马迁十岁以前，是在他的故乡韩城（陕西山西的交界上，汉代称夏阳，北五十里有所谓龙门，传说是禹凿的，临着黄河），杂在牧童和农民之群里。司马迁的身体相当好，后来能奉使巴蜀昆明，而且虽受了刑罚，还能著书，未始不是幼年的锻炼使然。

十岁之前，他父亲又早已经送他入过小学，当时的小学，是重在识字。据他自己说："年十岁，则诵古文。"这所谓诵古文，就是指从孔安国学古文《尚书》。因为照王国维的考证，孔安国在元光、元朔间为博士，司马迁十岁时正是元朔三年（公元前一二七①）。不久孔安国便死了。《汉书·儒林传》既载司马迁亦从孔安国问故，所以这时所谓诵古文，是指向孔安国学古文《尚书》无疑。他父亲在幼年便给他找到这样的名师，实在是太幸运了。②

单单读书是不会增长见识的，在他二十岁的时候，又曾做过一次大规模的壮游，到了江淮，到了会稽，到了沅湘，最后又到了北方的邹鲁。这次旅行，无疑是他父亲鼓励，——至少是在赞许着的。

很奇怪的是，他父亲的根本立场是道家，可是教育他儿子的时候，却又加入了儒家的熏陶。看司马谈临死时，给儿子的遗命，就是以六艺为依归的，他对于儿子的热望，也是做第二个孔子。因此，我猜想，司马迁之"讲业齐鲁之都，观孔子之遗风，乡射邹峄"，

① 　应为公元前一二六。

② 　王国维《太史公系年考略》："公从安国问古文《尚书》，其年无考。《孔子世家》但云安国为今皇帝博士，至临淮太守，蚤卒。安国生卬，卬生骧，既云蚤卒，而又及记其孙，则安国之卒当在武帝初叶。以《汉书·兒宽传》考之，则兒宽为博士弟子时，安国正为博士，而宽自博士弟子补廷尉文学卒史，则当张汤为廷尉时。汤以元朔三年为廷尉，至元狩三年迁御史大夫，在职凡六年，宽为廷尉史，至北地视畜，数年始为汤所知，则其自博士弟子为廷尉卒史，当在汤初任廷尉时也。以此推之，则安国为博士，当在元光、元朔间。考褚大亦以此时为博士，至元狩六年犹在职。然安国既云蚤卒，则其出为临淮太守，亦当在此数年中，时史公年二十左右。其从安国问古文《尚书》，当在此时也。"王氏考证孔安国的卒年，是很对的，现在采取。至于他说司马迁年二十左右，这是因为他持司马迁生于公元前一四五之说，我却不赞成。倘司马迁如我所考证，迟生十年，便正恰合"年十岁，则诵古文"了。

也应该是他父亲的设计。

道家立场的司马谈，却多给了他儿子一种儒家的陶冶，这使他们父子之间，有了一种思想上的差异。《史记》里究竟有多少东西是他父亲的，有多少是司马迁自己的，我们当然不容易判定，然而这多出的一种儒家成分，使司马迁的精神内容更丰富起来，使浪漫性格的司马迁，发生一种对古典精神的向慕，却是十分显明而无可疑了！

第三章　司马迁和孔子

一　教育之效

身为道家的司马谈给了他儿子的教育却是儒家的,勉励儿子却是做第二个孔子。这好像很奇怪了,其实完全是时代转变的结果。在时代转变中的人,往往如此,就像清末民初的人,自己也许还在作摇头摆尾的桐城派的古文或骈俪的选体,但对儿子就或者送他入新学校,受新教育,学科学,甚而练梁任公式的新文体了!

司马迁的青年时代,已是儒学大盛,"黄老"有点过去的时代了,所以他父亲便也设法给他受新教育,并且鼓励他做一个新时代中的大学者。

这教育奏了效。司马迁虽然在本质上是浪漫的,虽然在思想上也还留有他父亲的黄老之学的遗泽,可是在精神上却留有一个不可磨灭的烙印,对儒家——尤其孔子,在了解着,在欣赏着,在崇拜着了。

二　司马迁对孔子之崇拜

在整个《史记》一部书里,征引孔子的地方非常之多:

孔子曰:"殷路车为善,而色尚白。"

——《殷本纪赞》

孔子言:"必世然后仁,善人之治国百年,亦可以胜残去杀。"诚哉是言!

——《孝文本纪赞》

或问禘之说,孔子曰:"不知;知禘之说,其于天下也,视其掌。"

——《封禅书》

孔子言:"太伯可谓至德矣,三以天下让,民无得而称焉。"

——《吴太伯世家赞》

余闻孔子称曰:甚矣鲁道之衰也,洙泗之间,龂龂如也。

——《鲁周公世家赞》

孔子称"微子去之,箕子为之奴,比干谏而死,殷有三仁焉"。

——《宋微子世家赞》

余以为其人,计魁梧奇伟,至见其图,状貌如妇人好女;盖孔子曰:"以貌取人,失之子羽。"留侯亦云!

——《留侯世家赞》

孔子曰:"伯夷、叔齐,不念旧恶,怨是用希。求仁得仁,又何怨乎?"

——《伯夷列传》

子曰："道不同，不相为谋"，亦各从其志也。故曰："富贵如可求，虽执鞭之士，吾亦为之。如不可求，从吾所好。""岁寒，然后知松柏之后凋。"……"君子疾没世而名不称焉。"

——《伯夷列传》

夫子罕言利者，常防其原也。故曰："放于利而行，多怨。"

——《孟子荀卿列传》

孔子之所谓"闻"者，其吕子乎！

——《吕不韦列传赞》

仲尼有言曰"君子欲讷于言而敏于行"，其万石、建陵、张叔之谓邪！

——《万石张叔列传赞》

孔子称曰："居是国，必闻其政。"田叔之谓乎！

——《田叔列传赞》

孔子闵王路废而邪道兴，于是论次《诗》、《书》，修起礼乐。适齐闻《韶》，三月不知肉味。"自卫返鲁，然后乐正，《雅》、《颂》各得其所。"世以混浊莫能用。是以仲尼干七十余君无所遇。曰："苟有用我者，期月而已矣。"西狩获麟，曰："吾道穷矣！"

——《儒林列传》

孔子曰："导之以政，齐之以刑，民免而无耻；导之以德，齐之以礼，有耻且格。"

——《酷吏列传》

孔子曰："六艺于治，一也。"

——《滑稽列传》

子曰："我欲载之空言，不如见之于行事之深切著明也。"

——《太史公自序》

这些话有的是引自《春秋纬》，有的是引自《礼记》，有的是现在已不晓得出处，但大部分是援用《论语》——最可靠的孔子的语录。又有很多地方，他却已经把《论语》的成句，熔铸成自己的文章了。

很妙的是，司马迁已经把孔子当作唯一可以印证的权威，例如说田叔，就用"居是国，必闻其政"，说万石、张叔，就用"君子欲讷于言而敏于行"，有时甚而自己不加判断，直以孔子的话作为自己的代言，如"殷有三仁"，"吴太伯可谓至德"了。

司马迁以他那卓绝的天才的文笔，又常常袭用孔子的话，使人不觉，而且用得巧。子张问："十世，可知也？"子曰："殷因于夏礼，所损益，可知也；周因于殷礼，所损益，可知也。其或继周者，虽百世可知也。"这本来是说文化上的演变法则的，可是在司马迁愤憎佞幸的时候却也说："甚哉爱憎之时，弥子瑕之行，足以观后人佞幸矣——虽百世可知也！"

孔子本来说："富贵而求也，虽执鞭之士，吾亦为之；如不可求，从吾所好。"这是代表一种冲淡的胸怀的。可是在司马迁描写了"晏子为齐相，出，其御之妻，从门间而窥其夫。其夫为相御，拥大盖，策驷马，意气扬扬，甚自得也。既而归，其妻请去。夫问其故，妻曰：'晏子长不满五尺，身相齐国，名显诸侯，今者妾观其出，志念深矣，常有以自下者。今子长八尺，乃为人仆御，然子之意，自以为足，妾是以求去也。'其后夫自抑损，晏子怪而问之，御以实对，晏子荐以为大夫"以后，就说："假令晏子而在，余虽为之执鞭，所忻慕焉！"一方面袭用孔子语，一方面却配合这个故事，文笔多么巧!

　　司马迁的精神,仿佛结晶在孔子的字里行间了,仿佛可以随意携取孔子的用语以为武器而十分当行了,所以当他褒贬吕不韦时,只用一个字,就是"孔子之所谓'闻'者,其吕子乎!"原来孔子所谓闻,乃是包含"色取仁而行违,居之不疑",和"直而好义,察言而观色,虑以下人"的"达"是正对待的。司马迁的褒贬够经济! 其养育于孔子精神中者,够凝炼!

　　孔子的教化是有着人情的温暖和雍容博雅的风度的,这也让司马迁发生一种明显的共鸣。司马迁在《卫康叔世家》的赞里说:"余读世家言,至于宣公之太子,以妇见诛,弟寿争死以相让,此与晋太子申生,不敢明骊姬之过同。——俱恶伤父之志,然卒死亡,何其悲也! 或父子相杀,兄弟相灭,亦独何哉?"这有人伦的至性的感慨在! 司马迁在《汉兴以来诸侯年表》的序里又说:"殷以前尚矣! 周封五等,公、侯、伯、子、男,然封伯禽、康叔于鲁、卫,地各四百里,亲亲之义,褒有德也。"这儒家的亲亲之义,也是司马迁所深深体会的。

　　雍容博雅的风度,就是孔子所理想的人格——君子。司马迁也每每称君子:

　　　　文帝时,会天下新去汤火,人民乐业,因其欲然,能不扰乱,故百姓遂安。自年六七十翁亦未尝至市井,游敖嬉戏如小儿状。孔子所称有德君子者邪!

　　　　　　　　　　　　　　　　　　　　——《律书》

　　　　延陵季子之仁心,慕义无穷,见微而知清浊。呜呼,又何其闳览博物君子也!

　　　　　　　　　　　　　　　　　　——《吴太伯世家赞》

甘罗年少，然出一奇计，声称后世，虽非笃行之君子，然亦战国之策士也。方秦之强时，天下尤趋谋诈哉！

——《樗里子甘茂列传赞》

蒯成侯周缫操心坚正，身不见疑，上欲有所之，未尝不垂涕，此有伤心者然，可谓笃厚君子矣。

——《傅靳蒯成列传赞》

塞侯微巧，而周文处讇，君子讥之，为其近于佞也。然斯可谓笃行君子矣。

——《万石张叔列传赞》

余与壶遂定律历，观韩长孺之义，壶遂之深中隐厚，世之言梁多长者，不虚哉！壶遂官至詹事，天子方倚以为汉相，会遂卒；不然，壶遂之内廉行修，斯鞠躬君子也。

——《韩长孺列传赞》

所谓有德，所谓闳览博物，所谓笃行，所谓深中隐厚，所谓内廉行修，都是君子一义的内涵，活画出一个有教养，有性情，有含蓄，有风度的理想人格来。这是孔子的理想人格，也是司马迁的理想人格。人格的衡量，这君子的标准就是尺度，司马迁受孔子的精神影响有多么深！

司马迁在《孔子世家》的赞里说："自天子王侯，中国言六艺者，折中于夫子。"别人折中于夫子与否，我们不敢说，但他自己却确是如此了。而且，也不只在谈六艺时如此，就是对于一般人物的品评，对于大小事物的看法，也几乎总在骨子里依孔子的标准为试金石。他直然以孔子的论断作自己的论断处不必说了，此外如说"鲁连其指意虽不合大义"，大义是什么呢？也无非用孔子的尺度，而居高临下地看，而见其如此而已。"考信于六艺"，是司马迁所拳拳服膺的,在六艺之中,而"折中于夫子",尤其是司马迁所实行着的。他心悦诚服地说:"《诗》有之,'高山仰止,景行行止。'虽不能至,然心乡往之。余读孔氏书,想见其为人。适鲁,观仲尼庙堂,车服礼器,诸生以时习礼其家,余祗回留之不能去云。"其中有纯挚的依恋,仰慕的情感在着。假若说司马迁是孟子之后,孔子的第二个最忠诚的追随者,大概谁也不能否认了吧!

三　司马迁在性格上与孔子
之契合点及其距离

儒家的真精神是反功利,在这点上,司马迁了解最深澈,也最有同情。

《孔子世家》里记载孔子厄于陈蔡,粮也绝了,跟随的人也病得起不来了,子路已经发脾气,子贡已经不能忍耐,于是孔子用同样的"《诗》云,'匪兕匪虎,率彼旷野。'吾道非邪?吾何为于此"的问话来开导弟子。子路在这时是最动摇的,他便说:"意者吾未仁邪?人之不我信也;意者吾未知邪?人之不我行也。"孔子给他当头一棒:"有是乎!由!譬使仁者而必信,安有伯夷、叔齐?使智者而必行,安有王子比干?"子贡对孔子的信仰稍为坚定一点,但也觉得和现实未免有些脱节,于是也说:"夫子之道至大也,故天下莫能容夫子,夫子盖少贬焉?"殊不知孔子的真精神就在不顾现实上,所以孔子也不满意,因而驳斥他道:"赐!良农能稼而不能为穑,良工能巧而不能为顺,君子能修其道,纲而纪之,统而理之,而不能为容。今尔不修尔道而求为容,赐!尔志不远矣!"可见他们两人都不能了解孔子。最后却只有颜渊说得好:"夫子之道至大，故天下莫能容。虽然，夫子推而行之，不容何病，不容然后见君子！夫道之不修也，是吾丑也；夫道既已大修而不用，是有国者之丑也。不容何病，不容然后见君子！"这种只问耕耘，不问收获，只求在己，不顾现实的精神，才是孔子的真正价值。所以孔子不能不很幽默地加以赞许了："有是哉颜氏之子，使尔多财，吾为尔宰。"

这个故事有意义极了，孔子的真精神在这里，儒家的全部精华在这里！不错，孔子因为不顾现实，直然空做了一个像堂·吉诃德式的人物而失败了，然而是光荣的失败，他的人格正因此而永恒地不朽着！

司马迁便是最能在这个地方去把握孔子，并加以欣赏的。一篇整个的《孔子世家》，正是这样一个伟大的人格之光荣的失败的记录。孔子一方面有救世的热肠，然而另方面决不轻于妥协，他热中，但是决不苟合。他的热心到了天真的地步，公山不狃拿小小的费这个地方要造反，想召孔子，孔子就高兴得小题大做地说："夫召我者岂徒哉？如用我，其为东周乎？"已经想建立一个东方的大周帝国了！然而他并没有真去。（《史记》上在这种地方写得好！）而且后来他到任何地方，都是走得极为干脆。——司马迁是能够为一个伟大人物的心灵拍照的！

反功利是孔子精神的核心。说来好像很容易，其实是非常难能的，尤其在一个热心救世如孔子的人更难能。小己利害，容易冲得开，大题目一来，便很少有人能像孔子那样坚定了。救世是一个最大的诱惑，稍一放松，就容易不择手段，而理论化，而原谅自己了！孔子偏不妥协，偏不受诱惑，他不让他的人格有任何可袭击的污点。司马迁最能体会孔子这伟大的悲剧性格。

骈子重于齐；适梁，惠王郊迎，执宾主之礼；适赵，平原君侧行撤席；如燕，昭王拥彗先驱，请列弟子之座而受业，筑碣石宫，身亲往师之。作《主运》；其游诸侯见尊礼如此，岂与仲尼菜色陈蔡，孟轲困于齐梁同乎哉？故武王以仁义伐纣而王，伯夷饿不食周粟，卫灵公问陈，而孔子不答；梁惠王谋欲攻赵，孟轲称大王去邠，此岂有意阿世俗苟合而已哉？持方枘欲内圜凿，其能入乎？

——《孟子荀卿列传》

周衰，礼废乐坏，大小相逾。管仲之家，兼备三归，循法守正者见侮于世，奢溢僭差者谓之显荣。自子夏，门人之高弟也，犹云出见纷华盛丽而说，入闻夫子之道而乐，二者心战，未能自决，而况中庸以下，渐渍于失教，被服于成俗乎？孔子曰："必也正名！"于卫所居不合。仲尼没后，受业之徒沈湮而不举，或适齐楚，或入河海，岂不痛哉！

——《礼书》

这其中都有极深的了解和极大的同情。只有站在反功利上，才明白孔子何以称"三以天下让"的泰伯为"至德"，才明白孔子何以称"微子去之，箕子为之奴，比干谏而死"为"殷有三仁"，才明白老子斤斤于无益于身的事，比起孔子来，虽高明，但实则多么渺小！

也只有站在反功利上，才明白司马迁为什么在列传之中先叙述的是伯夷，（《自序》上称他：末世争利，维彼奔义）才明白司马迁为什么把布衣的孔子升入了世家，才明白司马迁为什么很感慨地叙述了刎颈交的张耳、陈余终于以利相仇，才明白司马迁为什么很赏识商鞅、李斯的才干，却只因为他们主张不坚定（商鞅对孝公既说王道，又改霸道，李斯则惧祸重爵，苟合赵高），只因为他们单为现实而求售，而取容，遂不能不放在一个较低的估评而鄙夷着了。

司马迁彻头彻尾的反功利精神，反现实精神，不以成败论英雄的态度，都有深深的孔子的影子。这是他们精神的真正契合处。

可是他们并不是没有距离的，这就是：孔子看到现实的不可靠，遂坚定自己的主张，而求其在我，因而坦然地安静下去了。司马迁则不然，现实既不可靠，自己虽站在反抗的地位，然而他没有平静下去，却出之以愤慨和抒情。他们同是反功利，孔子把力量收敛到自身了，司马迁却发挥出去。因为同是反功利，所以司马迁对孔子能够从心里欣赏，而向往着，却又因为有屑微的差异，所以司马迁只可以羡慕，而不能做到孔子——在激荡的惊涛骇浪之中，只有对于一个不可及的平静如镜的湖面在羡慕着了！

四 司马迁对六艺之了解

毕竟孔子是哲人，司马迁是诗人，在性格上司马迁没法做第二个孔子！

可是在事业上——尤其在由司马迁的眼光中所看到的孔子的事业上，却是可以继承的。

司马迁所认为的孔子的大事业是什么呢？这就是论述六艺。下面都是司马迁讲到孔子和六艺的关系的地方：

> 周室既衰，诸侯恣行，仲尼悼礼废乐崩；追修经术，以达王道，匡乱世反之于正，见其文辞，为天下制仪法，垂六艺之统纪于后世。
>
> ——《太史公自序》

孔子布衣，传十余世，学者宗之。自天子王侯，中国言六艺者折中于夫子,可谓至圣矣。

——《孔子世家赞》

于威、宣之际,孟子、荀卿之列,咸遵夫子之业而润色之,以学显于当世。及至秦之季世,焚《诗》《书》,坑术士,六艺从此缺焉。

——《儒林列传》

缪公立三十九年而卒,其后百有余年,而孔子论述六艺。

——《封禅书》

几乎一提到孔子,就不能放过六艺,几乎所谓"夫子之业",就只有六艺的文化传统的负荷可以概括,六艺当然是总名,分而言之,就是《诗》、《书》、《礼》、《乐》、《易》、《春秋》。这个次第是今文学家的次第,《史记》中《儒林列传》所序的次第就是这样的,原来司马迁在文字上虽然学古文,但经学思想上却是今文派的。

六艺并不是六种技术,实在是代表六种文化精神或六种类型的教养。司马迁在这方面,或则征引孔子的话,或则自己加以消化和了解,那意义是这样的:

孔子曰:"六艺于治一也。《礼》以节人,《乐》以发和,《书》以道事,《诗》以达意,《易》以神化,《春秋》以义。"

——《滑稽列传》

夫《春秋》,上明三王之道,下辨人事之纪,别嫌疑,明是非,定犹豫,善善恶恶,贤贤贱不肖,存亡国,继绝世,补敝起废,王道之大者也。《易》著天地阴阳四时五行,故长于变;《礼》经纪人伦,故长于行;《书》记先王之事,故长于政;《诗》记山川溪谷禽兽草木牝牡雌雄,故长于风;《乐》乐所以立,故长于和;《春秋》辩是非,故长于治人。是故《礼》以节人,

《乐》以发和，《书》以道事，《诗》以达意，《易》以道化，《春秋》
以道义。

——《太史公自序》

从这里看起来，《礼》是一种"社会生活"的规律，《乐》是一种
"情感生活"的轨道，《诗》是一种"表现生活"的指南，《书》是一种
"历史生活"的法则，《春秋》是一种裁判的圭臬，《易》是一种通权
达变的运用。合起来，是一个整个的人生，既和谐，又进取；既重群
体，又不抹杀个性；既范围于理智，又不忽视情感；既有律则，却又
不至使这些律则僵化，成为人生的桎梏。在古代人心目中，的确觉
得六艺是完全的，是天造地设的，是不能再有所增加，也不能再有
所减少的了；别说古代人，就是在现代的我们看了，在小地方或有
可议，但就大体论，我们也不能不惊讶古代人的头脑之细，目光所
烛照之远，所以也就无怪司马迁是完全被这优越的文化的光芒所
降伏或者陶醉了！

六艺在精神上是六种文化教养，具体的表现则为六经，司马迁
援用六经作为根据的地方也非常之多：

《易》基乾坤，《诗》始《关雎》，《书》美釐降，《春秋》讥不
亲迎，夫妇之际，人道之大伦也，《礼》之用，唯婚姻为兢兢；夫
乐调而四时和，阴阳之变，万物之统也，可不慎与？

——《外戚世家》

这是总起来依据六经，以说明夫妇在人伦中之重要的。分别
援用的，则有：

余以《颂》次契之事，自成汤以来，采于《书》《诗》。

——《殷本纪》

农工商交易之路通,而龟贝金钱刀布之币兴焉。所从来久远,自高辛氏之前尚矣,靡得而记云。故《书》道唐虞之际,《诗》述殷周之世。

——《平准书》

夫学者载籍极博,犹考信于六艺,《诗》《书》虽缺,然虞夏之文可知也。

——《伯夷列传》

自《诗》《书》称三代"戎狄是应,荆荼是征"。

——《建元以来侯者年表序》

余每读《虞书》,至于君臣相敕,维是几安,而股肱不良,万事堕坏,未尝不流涕也。成王作颂,推己惩艾,悲彼家难,可不谓战战恐惧,善守善终哉!

——《乐书》

夫神农以前,吾不知已,至若《诗》《书》所述虞夏以来,耳目欲极声色之好,口欲穷刍豢之味,身安逸乐,而心夸矜势能之荣,使俗之渐民久矣。

——《货殖列传》

这都是《诗》《书》并引,大致是征信之用,认为《诗》《书》是可靠的最早史料,应该取为依据。所以然者,在司马迁看,孔子是最早而且最伟大的历史家,《书》是孔子编次的,《诗》是孔子删取的,自然是最可珍视了。司马迁又说:"夫《诗》《书》隐约者,欲遂其志之思也。"(《太史公自序》)这却是说明《诗》《书》之性质,又终有苦闷的象征的背景。至于《史记》中:

周道缺,诗人本之衽席,《关雎》作,仁义陵迟,《鹿鸣》刺焉。

——《十二诸侯年表序》

则是专门对于《诗》的了解，认为《诗》仍是以儒家精神——人伦——为出发，人伦的道理的崩溃，乃是《诗》由抒情而变为讽刺的枢纽。

> 《大雅》言王公大人而德逮黎庶，《小雅》讥小己之得失，其流及上。所以言虽外殊，其合德一也。相如虽多虚辞滥说，然其要归引之节俭，此与《诗》之风谏何异？
>
> ——《司马相如列传赞》

这是根据诗教以评论后世文章，司马迁认为《诗》总有讽谏的作用。司马迁叙述读《诗》后的感印的，则有：

> 召公奭可谓仁矣！甘棠且思之，况其人乎？
>
> ——《燕召公世家赞》

司马迁有时赋《诗》断章，借为代言：

> 《诗》有之，"高山仰止，景行行止。"虽不能至，然心乡往之。余读孔氏书，想见其为人。适鲁，观仲尼庙堂车服礼器，诸生以时习礼其家，余祗回留之不能去云。
>
> ——《孔子世家赞》

更有时借《诗》为评论的权威：

> 《诗》之所谓"戎狄是膺，荆舒是惩"，信哉是言也。淮南、衡山亲为骨肉，疆土千里，列为诸侯，不务遵蕃臣职以承辅天子，而专挟邪僻之计，谋为叛逆，仍父子再亡国，各不终其身，为天下笑。此非独王过也，亦其俗薄，臣下渐靡使然也。夫荆楚僄勇轻悍，好作乱，乃自古记之矣。
>
> ——《淮南衡山列传赞》

　　难得的是司马迁对于《诗》的总认识则又有："《诗》三百篇，大抵贤圣发愤之所为作也。"（《太史公自序》）他终于以文学家的立场，而还这部古代诗歌总集一个抒情的本来面目。在那乌烟瘴气的经生见地中，这不啻是一个照彻万里的灯塔！

　　专论到《书》的，则有：

　　　　孔子之时，周室微而礼乐废，诗书缺。追迹三代之礼，序《书传》，上纪唐虞之际，下至秦缪，编次其事。曰："夏礼吾能言之，杞不足征也；殷礼吾能言之，宋不足征也。足，则吾能征之矣。"观殷夏所损益，曰："后虽百世可知也。"以一文一质，"周监二代，郁郁乎文哉。吾从周。"故《书传》《礼记》自孔氏。

　　　　　　　　　　　　　　　　　　　——《孔子世家》

　　这是说明"书"不但是一种史，而且是有一种文化的传统之理解在。礼本是社会与个人的关系的定规，《书》便恰恰是和礼相配合，而记录着这种关系的变迁的。这样一来，礼的意义便充实了，书的意义也扩大并提高了。其他像：

　　　　《书》曰："协和万国。"迁于夏商，或数千岁。盖周封八百，幽厉之后，见于《春秋》。《尚书》有唐虞之侯伯，历三代千有余载，自全以蕃卫天子。岂非笃于仁义，奉上法哉？

　　　　　　　　　　　　　　　　　　——《高祖功臣侯年表序》

　　　　言九州山川，《尚书》近之矣，至《禹本纪》、《山海经》所有怪物，余不敢言之也。

　　　　　　　　　　　　　　　　　　　——《大宛列传赞》

　　　　《夏书》曰："禹抑鸿水十三年，过家不入门。陆行载车，水行载舟，泥行蹈毳，山行即桥。以别九州，随山浚川，任土作贡。通九道，陂九泽，度九山。然河灾衍溢，害中国也尤甚，唯是为务。故道河自积石历龙门，南到华阴，东下砥柱，及孟津、雒汭，至于大邳。于是禹以为河所从来者高，水湍悍，难以行平地，数为败，乃厮二渠以引其河，北载之高地，过降水，至于大陆，播为九河，同为逆河，入于勃海。"九川既疏，九泽既洒，诸夏艾安，功施于三代。

——《河渠书》

这都是援用《书经》之文，或则加以熔铸的。《史记》中援用了经文，而泯却了痕迹的，那就更多了。

《书》曰："不偏不党，王道荡荡，不党不偏，王道便便。"张季、冯公近之矣。

——《张释之冯唐列传赞》

这就又是拿《书经》作为衡量的尺度了。

礼和乐，司马迁也有他很深澈的了解和发明。这是见之于《礼书》和《乐书》之首：

洋洋美德乎！宰制万物，役使群众，岂人力也哉！余至大行礼官，观三代损益，乃知缘人情而制礼，依人性而作仪，其所由来尚矣。人道经纬万端，规矩无所不贯。诱进以仁义，束缚以刑罚，故德厚者位尊，禄重者宠荣，所以总一海内而整齐万民也。人体安驾乘，为之金舆错衡以繁其饰；目好五色，为之黼黻文章以表其能；耳乐钟磬，为之调谐八音以荡其心；口甘五味，为之庶羞酸咸以致其美；情好珍善，为之琢磨圭璧以通其意。故大路越席，皮弁布裳，朱弦洞越，大羹玄酒，所以防其淫侈，救其凋敝。是以君臣朝廷尊卑贵贱之序，下及黎庶车舆衣服宫室饮食嫁娶丧祭之分，事有宜适，物有节文。

——《礼书》

佚能思初，安能唯始，沐浴膏泽而歌咏勤苦，非大德谁能如斯！《传》曰："治定功成，礼乐乃兴。"海内人道益深，其德益至，所乐者益异。满而不损则溢，盈而不持则倾，凡作乐者，所以节乐。君子以谦退为礼，以损减为乐，乐其如此也。以为州异国殊，情习不同，故博采风俗，协比声律，以补短移化，助流政教，天子躬于明堂临观，而万民咸荡涤邪秽，斟酌饱满，以饰厥性。故云《雅》《颂》之音理而民正，嘄噭之声兴而士奋，郑卫之曲动而心淫。及其调和谐合，鸟兽尽感，而况怀五常，含好恶，自然之势也？

——《乐书》

司马迁对于礼，可说赞美极了，称为"洋洋美德"，称为"岂人力也哉"！简直把它神秘化，而以为能"宰制万物，役使群众"了。"缘人情而制礼，依人性而作仪"，也可说是最中肯的对于礼的理解。礼无非是人情，正是儒家所谓"人情之所不能免也"。把人情（包括欲望）放在适当的地位，不是阻遏而是节制，并且让它有适当的发泄，这是礼的真意义，也是儒家的大功绩。像司马迁的父亲司马谈所认识的，好像只是"序君臣父子之礼，列夫妇长幼之别"似的，就未免仍旧有点皮相了。我敢说司马迁之认识和理解儒家，尤有超过于其父者。然而那机会却仍是他父亲给他的，所以我们就仍不能不感谢司马谈了！司马迁又说："凡作乐者，所以节乐"，也是大发现。只有在这一点上，礼与乐才有相通。至于所谓"荡涤邪秽""以饰厥性"，简直像亚里斯多德所谓的净化作用（Katharsis):一切艺术都是如此的,一切艺术性的礼乐文化也都是如此的!最后,司马迁用"自然之势"来解释乐之感人,就又表示他没辜负父亲所遗留给他的道家立场了。

司马迁对于《诗》、《书》、《礼》、《乐》的认识说过,现在说到他和《易》的关系。书中引《易》的,有:

> 《易》曰:"井泄不食,为我心恻,可用汲。王明,并受其福。"王之不明,岂足福哉!
>
> ——《屈原贾生列传》

> 《易》曰:"失之毫厘,差以千里。"故曰:"臣弑君,子弑父,非一旦一夕之故也,其渐久矣。"
>
> ——《太史公自序》

这里所引的是《井卦》爻辞和系辞。书中赞美《易》的,有:

> 盖孔子晚而喜《易》,《易》之为术,幽明远矣。非通人达才孰能注意焉?故周太史之卦田敬仲完,占至十世之后,及完奔齐,懿仲卜之亦云。田乞及常所以比犯二君,专齐国之政,非必事势之渐然也,盖若遵厌兆祥云。
>
> ——《田敬仲完世家赞》

孔子晚而喜《易》之说,是司马迁所坚持的,在《孔子世家》上就有:"孔子晚而喜《易》,序彖、系、象、说卦、文言。读《易》,韦编三绝,曰:'假我数年,若是,我于《易》则彬彬矣!'"大概因为司马迁在经学上的传受是今文家之故吧,所以他心目中的孔子和六经的关系都是十分密切。司马迁对于《易》的认识既是"幽明",所以凡是《史记》中讲幽明的地方,大抵都可认为是《易》教。例如:

> 人能弘道,无如命何。甚哉,妃匹之爱,君不能得之于臣,

父不能得之于子，况卑下乎？既欢合矣，或不能成子姓；能成子姓矣，或不能要其终，岂非命也哉？孔子罕称命，盖难言之也！非通幽明之变，恶能识乎性命哉？

——《外戚世家》

孔子论《六经》，记异而说不书，至天道命，不传；传其人，不待告；告非其人，虽言不著。……此其荦荦大者，若至委曲小变，不可胜道。由是观之，未有不先形见而应随之者也。

——《天官书》

自古圣王将建国受命，兴动事业，何尝不宝卜筮以助善？唐虞以上，不可记已。自三代之兴，各据祯祥，涂山之兆从而夏启世；飞燕之卜顺故殷兴；百谷之筮吉故周王。王者决定诸疑，参以卜筮，断以蓍龟，不易之道也。

——《龟策列传》

在《论语》中孔子不常讲的性命与天道，就是《易》道。孔子人格本有神秘的一方面，也就是浪漫的一方面，在这一点上，尤其惹动司马迁的内心深处。越不可测度，越有诱惑性。孔子的人格乃是无限的，乃是"虽欲从之，末由也已"的，然而因此，却越发让崇拜他的人兴"高山仰止"之思了！

《易》的内容是讲幽明之变，是讲性命之际，是讲天道。至于《易》的构成原理，司马迁却也有扼要的说明："《春秋》推见至隐，《易》本隐之以显。"（《司马相如列传赞》）原来《春秋》是借一些具体事实而推出一些抽象道理，《易》却是由一些抽象原则而借象征为说明的。

《六经》中，最后应该说到《春秋》。却因为《春秋》对司马迁的精神更有着内在的连系了，所以我们留在下面，特别去探讨。现在可说的，是司马迁浸润于《六经》者实在深而且久。他对李斯的惋惜，是"斯知六艺之归，不务明政以补主上之缺"，可见知六艺之归，他便认为是应该大有所作为了。司马迁的抱负，正可在这里窥见一个消息！

五　司马迁与《春秋》

六艺之中的《春秋》，司马迁尤其重视着。这是无怪的，因为不惟他的父亲的遗命是希望他做第二个孔子，继续《春秋》，就是他自己的心胸，也实以作《春秋》的孔子自居。《春秋》绝笔于获麟，《史记》也是"卒述陶唐以来，至于麟止"的；照《史记》上说，孔子是厄于陈蔡，才作《春秋》的（《太史公自序》），而司马迁却也是"遭李陵之祸，幽于缧绁"，才"述往事，思来者"的；尤其妙的是，孟子不是说过"五百年必有王者兴"么？孔子到司马迁，也恰是五百岁，"自周公卒五百岁而有孔子，孔子卒后至于今五百岁"，那么，更是应该有第二个作《春秋》的孔子的时候了！这些话的事实如何，我们不必去问，汉武帝是否真获了麟，孔子是否真在陈蔡之厄作《春秋》，司马迁是否真因李陵之祸才动手写《史记》，孔子到司马迁是否已经恰有五百岁，我们都不必管。我们注意的是，不在事实而在心理上，司马迁的话有它的真实性。——这就是：司马迁是第二个孔子，《史记》是第二部《春秋》！

《春秋》是一部单纯的史书么？当然不是，尤其在司马迁的眼光里不是。"《书》以道事"，《书》尚且不是单纯的史书，其中已有文化的政治的意义如上所说，何况是"《春秋》以道义"，其中的政治性哲学性乃更浓。

　　在司马迁觉得，《春秋》原来代表一种政变。你看他在《自序》
里说："桀、纣失其道而汤、武作，周失其道而《春秋》作，秦失其政，
而陈涉发迹，诸侯作难。"原来这部《春秋》是和打倒桀纣的汤武，
打倒秦始皇的陈涉同类的，那么，它已不止是一部空洞的书册了，
却是一种行动，孔子也不止是一个文化领袖了，而且是一个政治领
袖——开国的帝王了！

　　必须在这个意义下，才能了解《春秋》在孔子整个人格中的关
系，也必须在这个意义下，才能了解司马迁寄托于《史记》中者之
深远。

　　六艺本不是分割的，每一部代表某种文化上的意义的经典，都
和其他经典在沟通着，在印证着，在发明着。因此，《春秋》乃是礼
义的根本大法的例证和实施：

　　　　上大夫壶遂曰：昔孔子何为而作《春秋》哉？太史公曰：
　　余闻董生曰："周道衰废，孔子为鲁司寇，诸侯害之，大夫壅
　　之，孔子知言之不用，道之不行也，是非二百四十二年之中，以
　　为天下仪表，贬天子，退诸侯，讨大夫，以达王事而已矣。"子
　　曰："我欲载之空言，不如见之于行事之深切著明也。"夫《春
　　秋》，上明三王之道，下辨人事之纪，别嫌疑，明是非，定犹豫，
　　善善恶恶，贤贤贱不肖，存亡国，继绝世，补敝起废，王道之大
　　者也。……《春秋》辩是非，故长于治人。……《春秋》以道
　　义。拨乱世反之正，莫近于《春秋》。《春秋》文成数万，其指
　　数千。万物之散聚皆在《春秋》。《春秋》之中，弑君三十六，
　　亡国五十二，诸侯奔走不得保其社稷者不可胜数。察其所以，
　　皆失其本已，故《易》曰："失之毫厘，差以千里。"故曰："臣弑
　　君，子弑父，非一旦一夕之故也，其渐久矣。"故有国者不可以

不知《春秋》，前有谗而弗见，后有贼而不知。为人臣者不可以不知《春秋》，守经事而不知其宜，遭变事而不知其权。为人君父而不通于《春秋》之义者，必蒙首恶之名。为人臣子而不通于《春秋》之义者，必陷篡弑之诛，死罪之名。其实皆以为善，为之不知其义，被之空言而不敢辞。夫不通礼义之旨，至于君不君，臣不臣，父不父，子不子；夫君不君则犯，臣不臣则诛，父不父则无道，子不子则不孝，此四行者，天下之大过也。以天下之大过予之，则受而弗敢辞。故《春秋》者，礼义之大宗也。夫礼禁未然之前，法施已然之后，法之所为用者易见，而礼之所为禁者难知。

——《太史公自序》

这样看来，《春秋》可以代表一种法制——是禁于未然的法制，这也就是“礼”。在这里，《春秋》是“是非”的权衡，是“王道”的纲领，是一切人“通权达变”的指南。关于《春秋》在孔子生命史上的重要，以及《春秋》中之确有大义微言，司马迁尤记得详明，那是：

子曰：“弗乎弗乎，君子病没世而名不称焉；吾道不行矣，吾何以自见于后世哉？”乃因史记作《春秋》，上至隐公，下讫哀公十四年，十二公。据鲁，亲周，故殷①，运之三代，约其文辞而指博。故吴楚之君自称王，而《春秋》贬之曰“子”；践土之会实召周天子，而《春秋》讳之曰“天王狩于河阳”；推此类以绳当世。贬损之义，后有王者举而开之，《春秋》之义行，则

---

① 《史记》张守节《正义》，解释这句话是：“殷中也，又中运夏殷周之事。”我不采取。

天下乱臣贼子惧焉。孔子在位听讼，文辞有可与人共者，弗独有也；至于为《春秋》，笔则笔，削则削，子夏之徒不能赞一辞。弟子受《春秋》，孔子曰："后世知丘者以《春秋》，而罪丘者亦以《春秋》。"

——《孔子世家》

　　孔子明王道，干七十余君，莫能用，故西观周室，论史记旧闻。兴于鲁而次《春秋》，上记隐，下至哀之获麟，约其辞文，去其烦重，以制义法。王道备，人事浃，七十子之徒口受其传指，为有所刺讥褒讳挹损之文辞不可以书见也。

——《十二诸侯年表序》

　　那么，《春秋》可说是孔子的最大著述，乃是整个生命之最后寄托，其创作时之不苟与认真，子夏也不能有所修润，而且是一生功罪之所系了。假若说六艺中的其他经典也许多少还有身外之物之意，《春秋》却是孔子真正性命心灵中所呼吸着的。《春秋》不是记"实然"的史实，却是"应然"的理想的发挥。"据鲁，亲周，故殷"，就是公羊派所谓三科。何休说："新周，故宋，以《春秋》当新王。"故宋即故殷（宋为殷后），新周即亲周（《大学》上："在亲民"即"在新民"），以《春秋》当新王即据鲁（孔子说："吾其为东周乎？"孔子原想建一个新的东方周帝国！）。故殷者，是因为孔子本是殷后，不忘本。亲周者，是因为孔子有集权思想，他整个一部《春秋》，都是表现一种政治上的向心力的。据鲁者，乃是因为新帝国的理想建设，就以鲁为根据地。这就是《春秋》的大义微言！孔子志在周公，只有在《春秋》里表现得最明显。讲义法，讲传指，都可见司马迁是公羊家的嫡派，不愧他有董仲舒那一位好师友！

　　《史记》中用公羊家言的地方非常多。例如：

《春秋》讥宋之乱，自宣公废太子而立弟，国以不宁者十世。……襄公既败于泓，而君子或以为多，伤中国阙礼义，褒之也，宋襄之有礼让也。

——《宋微子世家》

这都是采的《公羊传》。《公羊传》隐公三年："君子大居正，宋之祸，宣公为之也。"《公羊传》僖公二十二年："君子大其不鼓不成列，临大事而不忘大礼，有君而无臣，以为虽文王之战，亦不过此也。"尤其前一条，为《春秋左氏传》所无。

擅长《公羊传》的是董仲舒。在《儒林列传》中已有："汉兴至于五世之间，唯董仲舒名为明于《春秋》，其传公羊氏也。"《太史公自序》中讲《春秋》是引董生，《十二诸侯年表序》中也说："上大夫董仲舒推《春秋》义，颇著文焉。"都可见司马迁的《春秋》之学的渊源。

孔子的《春秋》既含有建一个新国之意，难道司马迁也要建一个新国家么？其实并不然。大概照汉人一般的想法，汉朝就已经是一个理想的国家之部分的实现了。司马迁也认为汉朝之"获符瑞，建封禅，改正朔，易服色"，就已经是一个新国家的象征了。他说："《春秋》采善贬恶，推三代之德，褒周室，非独刺讥而已也。"（《太史公自序》）原来《春秋》也有颂扬的一方面，他的《史记》就把这方面发挥在对于当代上。司马迁讽刺，固然是真的，他对于当代之感到伟大，感到应该歌颂，也同样是真的。不过不很明显罢了。

歌颂的方面不太明显，讽刺的方面更其不能明显。就是在这一点上，他也是取法的《春秋》：

孔氏著《春秋》，隐桓之间则章，至定哀之际则微，为其切
当世之文而罔褒，忌讳之辞也。

——《匈奴列传赞》

在别一机会，司马迁说："《春秋》推见至隐"（《司马相如
赞》），固然一方面是因为《春秋》在具体事实中见抽象原则，另方
面却也是由于《春秋》有它的忌讳，所谓"为尊者讳，为亲者讳"
（《公羊传》闵公元年），因而把一部分史实故意隐藏了；只是那原
则却也还是由没隐藏的记录中可以推出而已。

《春秋》不单包含了孔子的政治抱负和政治哲学，而且暗示了
孔子对于历法的见解。所以"周襄王二十六年闰三月，而《春秋》
非之"（《历书》）。孔子关于历法的主张是什么呢？原来就是夏
历。"孔子正夏时，学者多传《夏小正》云。"（《夏本纪赞》）《论语》
上孔子也有"行夏之时"（《卫灵公》十一）之语，后来司马迁参加
汉朝太初历的订定，便也是实现孔子这个理想的。

中国的历史家，一方面是要懂得天道，一方面是要知道并非是
记录"实然"的史实，而是发挥"应然"的理想，司马迁在前者是得
自《易》教，在后者就是得自《春秋》。司马迁所谓"成一家之言，厥
协六经异传"（《太史公自序》），的确是当之无愧了。司马迁既学
《春秋》，《春秋》又有那样多的"忌讳""义法""推见至隐"，所以他
的《史记》，在我们读去时，便也当有很多的保留，当有很多口授的
"传指"，"不可以书见"的地方，这也是自然的了！

六　司马迁在精神上受惠于孔子的所在

孔子之为历史家，不自作《春秋》始。在《论语》中：

　　子曰："述而不作，信而好古，窃比于我老彭。"

——《述而》一

　　子曰："我非生而知之者，好古，敏以求之者也。"

——《述而》二十

　　子曰："夏礼吾能言之，杞不足征也；殷礼吾能言之，宋不足征也：文献不足故也，足则吾能征之矣。"

——《八佾》九

　　子曰："吾犹及史之阙文也，有马者，借人乘之，今亡矣夫。"

——《卫灵公》二十六

这都可以看出孔子之历史的兴趣。

　　子曰："殷因于夏礼，所损益可知也；周因于殷礼，所损益可知也。其或继周者，虽百世可知也。"

——《为政》二十三

则代表一种历史哲学。

　　子曰："夷狄之有君，不如诸夏之亡也。"

——《八佾》五

　　子曰："管仲相桓公，霸诸侯，一匡天下，民到于今受其赐，微管仲，吾其披发左衽矣。"

——《宪问》十七

　　这似乎是《公羊传》"《春秋》内其国而外诸夏，内诸夏而外夷狄"（成公十五年），和"不与夷狄之执中国也"（隐公七年）之浓厚的国家思想的先声。

　　叶公语孔子曰："吾党有直躬者，其父攘羊，而子证之。"

孔子曰:"吾党之直者异于是,父为子隐,子为父隐,直在其中矣。"

——《子路》十八

陈司败问昭公知礼乎?孔子曰:"知礼。"孔子退。揖巫马期而进之曰:"吾闻君子不党,君子亦党乎?君取于吴为同姓,谓之吴孟子,君而知礼,孰不知礼?"巫马期以告,子曰:"丘也幸,苟有过,人必知之。"

——《述而》三十一

这都似乎是《公羊传》"《春秋》为尊者讳,为亲者讳,为贤者讳"(闵公元年)之温暖的人情的根据。至于"齐一变至于鲁,鲁一变至于道"(《雍也》二十四),更似乎是"据鲁,亲周,故殷"的建一个新国的张本。所以单就《论语》看,孔子实在已经有一个历史家——特别是《春秋》公羊派的历史家——的首领的资格而无愧了。

司马迁学孔子,以《史记》当《春秋》,可说有内在的逻辑的连系性,而无可疑者!除了《春秋》的大义微言,为司马迁所吸取了,以作为他那《史记》的神髓之外,司马迁却也在《史记》中,只就史的方面,受惠于孔子者很多。这是:

第一,对历史上的人物之人格的欣赏和评论

孔子称泰伯为至德(《泰伯》一),称伯夷"不念旧恶"(《公冶长》二十三),称子产"有君子之道四"(《公冶长》十六),称禹"吾无间然矣"(《泰伯》二十一),称"晋文公谲而不正,齐桓公正而不谲"(《宪问》十五),称"晏平仲善与人交"(《公冶长》十七),称尧"巍巍乎其有成功也,焕乎其有文章"(《泰伯》十九),这种趣味也传给了司马迁。因而《史记》是以人物为中心的一部古代史诗,每一人物,他都有所评论或欣赏。

第二,古典精神

"好古"已是古典精神的表现了,而最代表孔子之古典精神处,则在孔子讲节制,所谓"以约失之者鲜矣"(《里仁》二十三);所谓"从心所欲,不逾矩"(《为政》四);所谓"乐而不淫,哀而不伤"(《八佾》二〇);所谓"《诗》三百,一言以蔽之,曰思无邪"(《为政》二),这都是在规矩之中,而不流入于放纵或过分的,假若用一个名词说出来,就是所谓雅。在雅的反面,是一些恶趣味,那便是孔子所一律排斥的了,例如"恶紫之夺朱也,恶郑声之乱雅乐也"(《阳货》十六),"子不语怪力乱神"(《述而》二十一)等都是。可是古典精神并不是只注重节制的形式或规矩的,却也还注重内容的充实,只是二者必须立于一种和谐而各得其所的状态,这就是孔子所谓"质胜文则野,文胜质则史,文质彬彬,然后君子"(《雍也》十八),这才是雅的真意义。司马迁的精神本是浪漫的,常常要横决古典的藩篱而奔逸出去,然而因为被孔子的精神所笼罩之故,所以也便每每流露一种古典趣味了。你看他说:"百家言黄帝,其文不雅驯,荐绅先生难言之。"(《五帝本纪赞》)"余并论次,择其言尤雅者。"(同)"其语不经见,搢绅者不道。"(《封禅书》)"至《禹本纪》、《山海经》所有怪物,余不敢言之也。"(《大宛列传赞》)这都完全是孔子之重雅的口吻!

第三,理智色彩

古典精神的一个重要方面,即理智。孔子不语怪力乱神,对生死鬼神都采取一个极其保留的态度,便正是这方面的表现。司马迁也颇有些地方,极其理智。他不信地脉,《蒙恬传赞》上有:"夫秦之初灭诸侯,天下之心未定,痍伤者未瘳,而恬为名将,不以此时强谏，振百姓之急，养老存孤，务修众庶之和，而阿意兴功，此其兄弟遇诛，不亦宜乎？何乃罪地脉哉？"他也不信龟策，而且很客观地采取两种解释："或以为圣王遭事无不定，决疑无不见，其设稽神求问之道者，以为后世衰微，愚不师智，人各自安，化分为百室，道散而无垠，故推归之至微，要洁于精神也；或以为昆虫之所长，圣人不能与争。其处吉凶，别然否，多中于人。"（《龟策列传》）这也是像孔子那样的保留的。他更不信天，例如他说项羽："背关怀楚，放逐义帝而自立，怨王侯叛己，难矣。自矜功伐，奋其私智而不师古，谓霸王之业，欲以力征经营天下，五年卒亡其国，身死东城，尚不觉寤而不自责，过矣。乃引'天亡我，非用兵之罪也'，岂不谬哉？"（《项羽本纪赞》）在这里他只从情势上分析，而不信悠悠的命运。其他地方像叙述豫让拔剑击赵襄子之衣，而不采《国策》的"衣尽出血，襄子回车，车轮未周而亡"；叙述荆轲而不采"天雨粟，马生角"的传言；叙述黄帝，还他一个常人的面目："黄帝崩，葬桥山"（《五帝本纪》）；叙述老子，也著出他的乡里和子孙，指明他和黄帝统统不是腾云驾雾的活神仙；这都是极开明，极理智的。

第四，慎重和征信的态度

在司马迁的心目中的孔子是非常谨慎而小心的，所以在《孔子世家》中有："丘生而叔梁纥死，葬于防山，防山在鲁东，由是孔子疑其父墓处，母讳之也。孔子为儿嬉戏，常陈俎豆，设礼容。孔子母死，乃殡五父之衢，盖其慎也"；在《三代世表序》中也有："孔子因史文次《春秋》，纪元年，正时日月，盖其详哉。至于序《尚书》则略，无年月，或颇有，然多阙，不可录，故疑则传疑，盖其慎也。"孔子之"知之为知之，不知为不知"（《为政》十七），孔子之"多闻阙疑，慎言其余"（《为政》十八），司马迁是承受了的，所以《高祖功臣表序》上就有"颇有所不尽本末，著其明，疑者阙之"的话，《史记》中常有两三说并存的时候，在司马迁决不自加判断，却留待后人的抉择；在不懂得他这种保留态度的人，却就以为司马迁多所抵牾了！由于孔子之慎，所以孔子主张"无征不信"（《大学》）。尧舜以上，孔子是不谈的，也就是一种征信的表现。司马迁对这种精神，常常牢记于心：

> 学者多称五帝，尚矣；然《尚书》独载尧以来。
>
> ——《五帝本纪赞》

> 唐虞以上，不可记已。
>
> ——《龟策列传》

> 夫神农以前，吾不知已。至若《诗》、《书》所述虞夏以来，耳目欲极声色之好，口欲穷刍豢之味，身安逸乐，而心夸矜势能之荣，使俗之渐民久矣。
>
> ——《货殖列传》

> 夫学者载籍极博，犹考信于六艺，《诗》《书》虽缺，然虞夏之文可知也。
>
> ——《伯夷列传》

> 农工商交易之路通，而龟贝金钱刀布之币兴焉。所从来久远，自高辛氏之前尚矣，靡得而记云。故《书》道唐虞之际，《诗》述殷周之世。
>
> ——《平准书》

《诗》《书》所断的时代，也就是司马迁所断的时代。历史家的精神本在求真，本在考信，而司马迁的考信犹不止于文字，他更要参之耳闻目见，他在《大宛列传》的赞上说："《禹本纪》言'河出昆仑，昆仑其高二千五百余里，日月所相避隐为光明也，其上有醴泉、瑶池'，今自张骞使大夏之后也，穷河源，恶睹《本纪》所谓昆仑者乎？"这就不止是考信了，而且有一种科学家的实证精神！在这一点上，司马迁或者业已超过孔子了！

第五，人生的体验与智慧

孔子和一切世界上的哲学家不同，而有一种独特的价值处，就在他不是空洞的理论家，而是渗透于人生者极深，有着丰富的体验与智慧的。像孔子对人生的穷困便是极为了解并同情的，所以他能够说："贫而无怨，难。"（《宪问》十）孔子对一般人的意志是知道不可勉强或阻遏的，所以他能够说："三军可夺帅也，匹夫不可夺志也。"（《子罕》二十六）他又深知人之一生里的诱惑是各有其阶段的，所以他能够说："少之时，血气未定，戒之在色；及其壮也，血气方刚，戒之在斗；及其老也，血气既衰，戒之在得。"（《季氏》七）他很明了思想上之格格不入而合作的困难，所以他又能够说："道不同，不相为谋。"（《卫灵公》四〇）大概他看到的有希望的青年而无所成就的太多了吧，所以他能够说："苗而不秀者有矣夫，秀而不实者有矣夫。"（《子罕》二十二）他更看到许多东倒西歪的人物之禁不住风浪吧，所以他会很感慨而含蓄地说："岁寒，然后知松柏之后凋也。"（《子罕》二十八）——这都是多么亲切而深远的阅历！司马迁不能不对这有所感印着，于是他的《史记》也便不是一部普通的枯燥的历史教科书，其中也同样有着生活的了悟和烙印了。他的判断，极其明澈，他对人情的揣摩，极其入微。这更不能不说是由孔子之赐使然了！

总之，由于孔子，司马迁的天才的翅膀被剪裁了，但剪裁得好，仿佛一个绝世美人，又披上一层华丽精美而长短适度的外衣似的；由于孔子，司马迁的趣味更淳化，司马迁的态度更严肃，司马迁的精神内容更充实而且更有着蕴藏了！一个伟大的巨人，遥遥地引导着一个天才，走向不朽！

七　司马迁在心灵深处和孔子的真正共鸣

孔子果然是一个纯粹古典的人物，单单发挥冷冷的理智的么？

并不然。孔子在"不逾矩"的另一面，是"从心所欲"。他的情感上仍有浓烈陶醉的时候，他听音乐，可以三月不知肉味，可以说"不图为乐之至于斯"（《述而》十四）；他的气魄上仍有不可逼视而震撼人的地方，他会说："吾未见刚者"（《公冶长》十一）；他会说："朝闻道，夕死可矣"（《里仁》八）；他会说："非其鬼而祭之，谄也，见义不为，无勇也"（《为政》二十四）；他会说："天之未丧斯文也；匡人其如予何？"（《子罕》五）在这种地方，我们能说孔子没有浪漫倾向么？

在《论语》中，孔子是不语怪力乱神的，可是在《史记》的《孔子世家》中，孔子却就懂得木石之怪，山川之神，以及三尺的短人，三丈的长人了。这说明着什么呢？这是说明司马迁已经把孔子浪漫化，或者说，他所采取的孔子，已不是纯粹的古典方面了。

而且照我看，孔子根本是浪漫的，然而他向往着古典。他一生的七十多的岁月，可视为乃是一个浪漫人物挣扎向古典的过程。"七十而从心所欲，不逾矩"，是到了生命的最后，他的挣扎成功了！孔子是殷人，到他临死时，他有着身为殷人的自觉，所以他对子贡说："天下无道久矣，莫能宗予，夏人殡于东阶，周人于西阶，殷人两柱间，昨暮予梦坐奠两柱之间，予殆殷人也。"过了七天，他便死了（《孔子世家》）。可是他羡慕的是周，"郁郁乎文哉"的周。

殷人尚鬼,殷本是一种重感情,富有宗教情绪的文化,周却是讲度数,讲礼乐的一种理智文化。殷是浪漫的,周是古典的。孔子身为殷人,而向慕周,这说明他本为浪漫而渴望着古典!

也就在这种心灵深处,司马迁有了自己的归宿了。所不同者,孔子的挣扎是成功了,已使人瞧不出浪漫的本来面目,而司马迁却不能,也不肯始终被屈于古典之下,因而他像奔流中的浪花一样,虽有峻岸,却仍是永远汹涌着,飞溅着了!

三十三年三月二十二日,写于重庆

第四章　司马迁之体验与创作（上）

——无限之象征

一　从耕牧到京师受学

固然由于孔子的影响之故，司马迁对于人生也有他的体验和智慧，可是假如实际生活不丰富，那体验便仍将是贫乏，而智慧也仍将是浅薄了。

很幸运的却是司马迁一生和实际生活都在连系着，他虽然在二十八岁（公元前一〇八）以后，就"绅史记石室金匮之书"，而且有着"百年之间，天下遗文古事靡不毕集太史公"的方便，可是他以生命力的活跃和进取，并没单单关在书斋里做书呆子。

十岁以前，他曾经杂在牧童和农人的中间，这已经是接近民间实际人生的初步了。

九岁这一年（公元前一二六），那个有名的江湖好汉郭解全家被朝廷杀了，在被杀以前，郭解曾把自己的外祖家安置在夏阳。夏阳在现在山西陕西交界的韩城，也就是司马迁的故里。司马迁后来在《史记》中说到郭解的身材短小，面貌平凡，应该就是这一次见到的。从这里，我们可以推知司马迁在九岁时还没离开家乡，他应该是时常和一些野孩子一道玩儿的罢；我们可以想象到他一定锻炼得一副好体格。

他自己说："十岁诵古文"，恐怕就是十岁到了京师的。这一年孔臧是掌宗庙礼仪的太常，他的同宗弟弟孔安国当侍中，假若说司马迁跟着孔安国学过古文《尚书》，便正是这时候。

在司马迁的少年时代，正是国家最热闹的时代。卫青为大将军，出塞大征匈奴，带了十几万人，所卤获的是右贤王裨将五十余人，众男女万五千余人，牲口数十百万，这一年(公元前一二四)，司马迁十一岁。过了三年，张骞奉命通西域。

在司马迁十六岁的时候，汉武帝开始立乐府，由大文学家司马相如作词，由大音乐家李延年制谱，并领导演奏。

在司马迁十七岁这一年，李广自杀了。对匈奴的征伐，自此也告了一个段落。因为李广是郎中令，虽然屡次出征，但由于职务的关系，也时常在京师。司马迁的父亲既也在朝廷做官，他们一定有不少的往还。所以司马迁对于长辈的李广是有着很深的印象的。他说那才气纵横的李广却很和气，像一个乡下老，这应该也是亲眼目睹的。次年老诗人司马相如也死了。

司马迁何幸而生在汉武帝的大时代，又何幸而住在当时政治军事文化中心的长安！他的少年时代，已经过得不寂寞了。

二　东南和中原的大旅行

二十岁开始了他的壮游。

他为什么去的，是父亲的指示呢？还是由于"父与子"的冲突而赌气出走呢？我们不晓得。他怎么去的，是一个像陶潜所谓

"少时壮且厉，抚剑独行游"么？还是陪奉了什么人？我们也茫然。

我们只知道这次大规模的旅行，是先到了江淮，这就是江苏和安徽的北部。他恐怕早是对于历史有着兴趣，而且有着一种实证的习惯的罢，所以他到了淮阴，就打听了韩信贫困的故事：韩信的母亲死了，埋的钱都没有，可是选了个很高的茔地，让旁边可以住一万多人家。司马迁便亲自到韩信坟上去看了看，果然一点儿也不错！

从江淮又南上江西的庐山，"观禹疏九江"（《河渠书》）；又到了浙江绍兴县南的会稽山，据说禹在这儿曾大会诸侯，计算他们的贡赋，所以叫会稽，会稽就是会计呢。禹大会诸侯以后，便崩了，于是即葬在此地。山上有一个洞，传说禹曾经进去过，因而叫禹穴。司马迁便也上去探察了一番。禹的后代越王勾践，也是在会稽卧薪尝胆而复了仇的。这故事也一定在当地传播着，后来采入《史记》了。

既看了禹所葬的地方，舜葬的地方也不能不看。他就又由浙江到了湖南的南部宁远县境，这里有九疑山，传说就是舜的最后归宿。

九疑山是在湘水的上游，司马迁又顺流北下，到了长沙。屈原的《离骚》、《天问》、《招魂》、《哀郢》，贾谊的《吊屈原赋》和《鵩鸟赋》，司马迁是早已很感动地读过的了，这时他就亲自去看了看屈原投水的汨罗江；他于是哭了，从心里悼念着那个志洁行廉，因方正而不见容的大诗人！同时长沙是一个卑湿之地，也是那只有三十三岁的天才政论家贾谊所不得意之所，司马迁为了贾谊之吊屈原，更增加了对屈原的悼惜，但也为贾谊之聊以自广的《鵩鸟赋》，又在无可奈何中似乎解脱了！司马迁是太敏感，太有感受性，太偏于抒情的了。所以对任何人同情着，何况是屈原和贾生？更何况是正在他二十岁的多情的青春时代？

楚文化的遗泽，他既尽量地呼吸着，于是再北上，大概先到了姑苏和五湖，凭吊了吴王阖闾和夫差的旧地，就到了儒家的根据地齐鲁。他大概在齐鲁盘桓的时候最长，一方面深深地体会孔子的教化之遗风，所以他说：

> 陈涉之王也，而鲁诸儒持孔氏之礼器往归陈王。于是孔甲为陈涉博士，卒与涉俱死。陈涉起匹夫，驱瓦合适戍，旬月以王楚，不满半岁竟灭亡。其事至微浅，然而缙绅先生之徒负孔子礼器往委质为臣者，何也？以秦焚其业，积怨而发愤于陈王也。及高皇帝诛项籍，举兵围鲁，鲁中诸儒尚讲诵习礼乐，弦歌之音不绝，岂非圣人之遗化，好礼乐之国哉？故孔子在陈，曰："归与！归与！吾党之小子狂简，斐然成章，不知所以裁之。"夫齐鲁之间于文学，自古以来，其天性也。
>
> ——《儒林列传》

另方面则实习孔子的事业，在邹鲁间学乡射之礼，并对孔子的人格深深地崇敬着，向往着：

> 余读孔氏书，想见其为人，适鲁，观仲尼庙堂车服礼器，诸生以时习礼其家，余祇回留之不能去云。
>
> ——《孔子世家赞》

因为"讲业齐鲁之都"，于是司马迁在深味邹鲁的儒风之余，观察兼及于齐。不过他对于齐的整个印象之获得，却还是以后扈从封禅时的事。

经过齐鲁之游以后，司马迁却也像孔子的遭遇——菜色陈蔡——一样，困厄于鄹、薛、彭城。这都是山东南部和江苏北部之地。薛在滕县西南，是孟尝君被封的所在，后来司马迁说：

> 吾尝过薛，其俗闾里率多暴桀子弟，与邹、鲁殊；问其故，曰："孟尝君招致天下任侠，奸人入薛中盖六万余家矣！"世之传孟尝君好客自喜，名不虚矣。

——《孟尝君列传赞》

那印象就应该是这一次获得的吧。彭城则是现在惯称的徐州，丰沛在其北，邳县在其东，汉初的要人大半生长于此。例如汉高祖是沛丰邑中阳里人，萧何是沛丰人，曹参是沛人，周勃是沛人，卢绾是高祖同里，樊哙是沛人，夏侯婴（即滕公）是沛人，周昌是沛人，周苛是沛人；张良虽不是这一带的人，但早年是在下邳亡匿，而遇见圯上老人的；项羽虽和汉高祖对立，但他的籍贯是下相（现在江苏北部宿迁县西），他那西楚大帝国的都城也仍在彭城（徐州）。项羽势力最大的时候，是表现在和汉高祖的彭城大战（公元前二〇五）的时候，高祖以五十六万大军为项羽三万精兵所败，赶得汉兵有十余万人挤到睢水里，睢水为之不流，当时许多新立的诸侯都再度归楚而叛汉了。这有名的古战场便也在徐州及其东南。

司马迁到了这个汉初史迹的宝库来，岂能轻易放过？那许多要人之微贱时的生活，便一定是这时采访所得。所以他说：

> 吾适丰沛，问其遗老，观故萧、曹、樊哙、滕公之家，及其素，异哉所闻！方其鼓刀屠狗卖缯之时，岂自知附骥之尾，垂名汉廷，德流子孙哉？

——《樊郦滕灌列传赞》

樊哙本来是屠狗的，后来因为军功，封为舞阳侯，他是一员猛将；灌婴是卖缯的，因军功封为颍阴侯，更是勇敢善战的急先锋。其他如萧何、曹参、周勃后来都做到相国，而前二人为当地的狱吏，后一人则为当地治丧时的吹鼓手；周昌也是当地的小吏，后来却是御史大夫；夏侯婴本来是和高祖戏耍的伴侣，有一次并且把高祖打伤了，后来却封为汝阴侯；卢绾则和高祖同日生，因为是同里，两家又原有情谊，乡下人便同时持羊酒去贺过他们两家，到他俩长大了，交情也十分好，乡下人便又拿羊酒来再去贺他们两家，后来卢绾便是燕王。这些故事，假若不实地去打听，也如何能得到？

至于像汉高祖之好酒色，对廷吏无不狎侮，又喜大言，吕公迁沛的时候，客人出不到一千贺钱的，就坐在堂下，高祖却诈言贺钱一万，其实不名一文，以及高祖服役咸阳时，别人都出三钱，萧何却出五钱，所以后来以萧何为第一功，封赏是最厚；把一个流氓集团的面貌画得这样生龙活现，更是司马迁之得力于实地访求处了。

司马迁困厄于徐州附近以后，又到过河南一带。照现在的地理讲，司马迁是顺了陇海路，由徐州到了开封的。开封是战国时魏的京城大梁。魏的整部历史，立刻又浮现在司马迁的脑海中了。梁的最后一幕，却便是当地人告诉给他的：

> 吾适故大梁之墟，墟中人曰："秦之破梁，引河沟而灌大梁，三月城坏，王请降，遂灭魏。"

——《魏世家赞》

魏之亡和信陵君之毁废病酒是有关的，信陵君本为司马迁所崇拜，所以司马迁到了大梁，就又搜寻信陵的故事。信陵的故事中最精彩的乃是执辔迎夷门监者侯嬴。所以司马迁说：

> 吾过大梁之墟，求问其所谓夷门，夷门者，城之东门也。天下诸公子亦有喜士者矣，然信陵君之接岩穴隐者，不耻下交，有以也。名冠诸侯，不虚耳。高祖每过之而令民奉祠不绝也。
>
> ——《魏公子列传》

开封以东，到徐州一带，是战国末年楚地。司马迁在《春申君列传赞》上说：

> 吾适楚，观春申君故城，宫室盛矣哉！

那时楚已迁陈（现在河南的东部淮阳），后来再迁寿春（现在安徽北部寿县），春申君的故城宫室便应该在淮阳一带，大概是司马迁在到开封时所路过的。吊古之余，司马迁又同时留心了这一带的水利。

当司马迁到了大梁以后，当又西行。他所谓："余登箕山，其上盖有许由冢云。"箕山在现在河南洛阳以东登封县境，大概就也是这一次壮游所到的，但却已是壮游的尾声了。

这一次的大旅行，我们不敢说他已经存心作《史记》，然而无疑的他的历史兴趣发达得极早，也就是这种兴趣，鼓舞他漫游天下了。说是历史兴趣，或者还不十分确切，更正当地说，乃是他那少年时所蓄蕴的生命力，乃是他那像含苞而要怒放的才华，乃是他那青春的活力之燃烧，才迫使他的足迹放纵于天南地北吧！可是结果让他宛然像一个伟大的观客一样，在各种实地布景中，畅快地欣赏着历史上的悲喜剧了；却又让他仿佛身居为一个好导演似的，在摄制着各地的风光，准备着自己也在指挥历史剧的舞台了！他是"历史剧"的观客，却也是"历史剧本"的舞台长！

此行结束后没有好久,时时长征的机会却又跟着来了。

三　仕宦生活的开始

——空峒扈驾和奉使蜀滇

原来他在二十壮游以后,就开始了仕宦生活,当了郎中。郎中是一种近侍的贵官,属于郎中令,平常并无一定的工作,但有事时则奉命出使,或者扈驾巡行,相当于现在侍从室一类的职务。

在汉朝仕为郎中的,大概有两种来源,一是假若他父亲官在二千石的,则可以把儿子选送了去;二是自从元朔五年(公元前一二四年,司马迁十二岁时),公孙弘出了一个主意,十八岁以上的优秀青年,可以补博士弟子员。名额是五十,每年有一度考试,那博士弟子员成绩好的,就可以为郎中。司马迁的父亲是太史令,在官阶上只是六百石,当然不能选送司马迁为郎中。所以司马迁之为郎中,应该是先经过博士弟子员,又考试得好,才得到的。

有人以为元朔五年公孙弘有那样的建议,遂推测那一年司马迁即仕为郎中了,并认为司马迁在十九岁补的博士弟子。其实所谓十八岁以上,未必就是限于十九岁;元朔五年有那样的建议,也未必就是限于元朔五年只选一次,其实却是应该自此以后年年有补充的。既有选为郎中者,就有来补博士弟子的了。

假若照我的考证,则元朔五年(公元前一二四),司马迁才十二岁。当是又过了十年,司马迁已经二十二岁,这时是元鼎三年(公元前一一四),司马迁或者才做了郎中的吧。他的壮游究竟占了几年,我们不能确知,但为时未必很长,因为那时的交通虽困难,但决不如想象中之甚,汉武帝每次封禅,常常走半个中国,可是也不过几个月。不要说汉朝，就是孔子时的季札（距司马迁约有四百多年），他历聘各国，到了郑，到了鲁，到了齐，到了晋，也不过一年呢。

所以我推测司马迁壮游时所占的时光，也不过三四年。二十二岁时已为郎中是可能的。

元鼎五年（公元前一一二），他二十四岁了。汉武曾经幸雍，雍是秦德公卜居（公元前六七七）之所，就是现在长安以西扶风的地方。汉武帝在这里祭五畤，五畤即青黄赤白黑五帝之祭地。汉武帝从此又西行，越过了陇山，到了甘肃的平凉以西，登过了空峒，据说这是黄帝所登过之处，更西行，到了祖厉河岸；大概是现在的会宁一带，才转回来。再过去，便是现在的兰州了。司马迁无疑是曾扈驾，也到过了这些地方的。他说："余尝西至空峒"（《五帝本纪赞》），也只有这一次的机会最相符合。到了空峒，便将黄帝的传说又温习着了。

空峒之行刚毕，在次年（元鼎六年，司马迁二十五岁），他又有奉使巴、蜀、滇中之事。这是关系汉朝经营西南夷的一件大事。这经营开始于元光五年（公元前一三〇），那时司马迁才六岁。由唐蒙带兵千人，从巴（现在重庆一带）、蜀（现在成都一带）、筰关（现在四川西南汉源县）分道入夜郎国（它的中心是在现在贵州北部桐梓），夜郎附近小邑因而归汉，汉遂建了犍为郡，这就是现在的四川宜宾。宜宾又称僰人道，因为这是僰人所居，僰是现在所谓摆夷。当时为经营西南，曾动员了数万巴蜀之地的人民，预备从宜宾修路，直达贵州的北盘江（这江当时叫作牂柯）。人民有逃亡的，每加以军法从事。因此骚扰得不堪，渐渐便有酿成民变的可能了。于是汉武帝遂派了司马相如去晓谕他们，推说只是唐蒙等的私意而已，朝廷本无心于此，这样才把他们安下了。同时邛（即邛都国，在现在西康的西昌东南）、筰（汉源）、冉骁（现在四川的茂县，在成都西北）等地的君长也都请求内附，因而西夷和南夷一样地归顺了。这事在司马迁奉使前的十九年。

司马迁的奉使，却比他的前辈走得更远了一些，不但到了巴蜀以南，邛筰（西昌一带）之地，而且到了昆明。这一年设了五郡。即武都（甘肃东南角武都到陕西西南角宁羌一带）、牂柯（自贵州北部遵义到中部平越一带）、越嶲（西康西昌一带，所谓邛都）、沈黎（四川汉源一带，所谓筰都）、文山（包括云南南部开化一带）是。到了司马迁这一次奉使，西南的经营才算是更具体化，真正告了一个段落。

司马迁这一次的收获，除在国家方面不言外，在文学上乃是《西南夷列传》那篇很有韵致的地理文之产生。后来柳宗元的《游黄溪记》和《袁家渴记》就都是模拟这篇《西南夷列传》的。

司马迁的二十壮游是偏于东南及中原地带，但他当了郎中以后，那二十四岁的扈驾西行，和这次二十五岁的奉使川滇，就把西陲和西南也补充了，于是几乎全中国的巡礼便完成了。

四　封禅与北地之游

——"无限"之象征

司马迁奉使巴、蜀、滇中的第二年是元封元年（公元前一一〇），汉武帝举行了大规模的封禅。在封禅之前，那招展了千余里的旌旗，十八万的骑兵，却先越过了长城，到了五原、归绥，把匈奴威胁了一番（因为封禅先要罢兵），遂又到了陕西的中部县，去祭过黄帝（因为那儿相传有黄帝葬于桥山的坟墓）。从此就折回陕西淳化县的西北甘泉，甘泉有泰畤，祭的是泰乙。当时历法以十月为岁首，这事便在元封元年的十月。

到了这年的春天正月，这大队人马才又东下，去正式封禅。就在到了洛阳的时候，原是跟随着的司马谈却病倒了，这时司马迁正从西南奉使归来，在洛阳见到了他的父亲。

司马迁这一年二十六岁，在父亲的弥留之际，接受了做第二个孔子，并著第二部《春秋》的遗命。那为一般人所盼望了三十年的封禅大典，并为司马谈本人所参加设计过的封禅大典，可惜只能看了一个序幕，就饮恨而终了。

司马迁是什么时候追上了大队，是否赶得上缑氏和嵩山的祭祀，我们不晓得，但是因为职务的关系，终于扈驾东行，到了海上。这一年的四月，又随从汉武帝从海上到了泰山，参加了封禅。所以他的《封禅书》并非耳食之言，却也是实地的收获：

> 余从巡祭天地诸神名山川而封禅焉。入寿宫侍祠神语，究观方士祠官之意，于是退而论次自古以来用事于鬼神者，具见其表里，后有君子，得以览焉。

所谓寿宫是奉神之宫，早在元狩五年（公元前一一八），那时司马迁才十八岁，寿宫中就已经有神君下降，借巫为主人，不过说些普通话，可是为汉武帝所宝贵着了。司马迁为郎中以后，大概时常有参观这种喜剧的机会的。

封禅固然热闹，然而司马迁的父亲之死，一定给司马迁以很大的创痛，所以他在《封禅书》里，一方面是飘忽神逸之笔，一方面却又极尽讽刺笑骂的能事，这也是当然的了。

因为封禅而有了至海上的机会，这使司马迁对于齐才有一种更总括的了解。他说：

> 吾适齐，自泰山属之琅邪，北被于海，膏壤二千里，其民阔达多匿知，其天性也。以太公之圣，建国本，桓公之盛，修善政，以为诸侯会盟，称伯，不亦宜乎？洋洋哉，固大国之风也！
>
> ——《齐太公世家赞》

此外《史记》中关于齐人的许多记载，如驺衍、公孙弘以及许多方士如少翁、栾大、公孙卿、丁公、公玉带等，也一定是由于在实地旅行中所得的灵感而着笔的了。

元封元年的五月，那封禅的行列，又由海上而到了现在辽宁的锦县，热河的承德一带，再经过绥远的五原，回到甘泉。他们这一万八千里的旅行，于是结束。司马迁这次北边之行，是记载在《蒙恬列传赞》里：

> 吾适北边，自直道归，行观蒙恬所为秦筑长城亭障，堑山堙谷，通直道，固轻百姓力矣！

直道就是五原到云阳（现在陕西淳化县西北，亦即甘泉）的直通之道，所以恰恰是这一次的纪行呢。司马迁从前游了东南和中原，游了西陲和川滇，所遗憾的就是缺海上的景色和塞外风光了，这一次北地之游便又给弥补起来。

他到了任何地方，都访问长老，并都缅怀着中国的往古先烈。所以他又说："至长老皆各往往称黄帝、尧、舜之处，风教固殊焉。"精神的遗泽，在他是深深地感印着了。

司马迁的旅行，其意义也许不只是在表面上而止。以天才纵横的司马迁的精神论，本是有囊括宇宙，气吞山河的魄力的，因为它无从放置了，所以奔溢而出，迫使他各处纵游。司马迁的精神是浪漫的，浪漫的意义——最重要的——之一就是无限，这遨游也无非是那"无限"之象征而已。

这一年桑弘羊的平准政策成功了，由国家统制货物，贵即卖之，贱则买之，因此十分富足，汉武帝各处巡狩，并赏赐，就是取给于此。司马迁也正叨了时代的光！不过后来平准的流弊丛生，司马迁也亲见之，那也就是他作《平准书》的来由了。

五　负薪塞河

旅行也许是司马迁的命运了，封禅的第二年，元封二年（公元前一〇九），他二十七岁了，又有扈驾负薪塞河之役。

原来这一年的春天，汉武帝又到了缑氏城（现在河南的偃师县南），更东行，到了山东半岛胶东，四月的时候，又去祭了泰山。因为这一年天旱，收成不好，而黄河在瓠子决口，人民的生活是更苦了。于是汉武帝乃率领百官去塞河。

瓠子在现在河北南端濮阳县南。当时汉武帝一面让百官都带了薪柴，加上竹片插起来，把石和土填在里边，去防塞，另方面却又给河水两条通路，使其宣泄。又是宣，又是防，所以在这里盖了一个宫，称为宣房（同防）宫。汉武帝更亲自祭河，把白马玉璧投在水里。这样还怕不成功，于是作有《瓠子之歌》。那词是：

> 瓠子决兮将奈何？皓皓旰旰兮闾殚为河；
>
> 殚为河兮地不得宁，功无已时兮吾山平。
>
> 吾山平兮钜野溢，鱼沸郁兮柏冬日；
>
> 延道弛兮离常流，蛟龙骋兮方远游。

　　　　归旧川兮神哉沛，不封禅兮安知外？

　　　　为我谓河伯兮何不仁，泛滥不止兮愁吾人！

　　　　啮桑浮兮淮、泗满，久不反兮水维缓！

　　另有一首是：

　　　　河汤汤兮激潺湲，北渡污兮浚流难；

　　　　搴长茭兮沈美玉，河伯许兮薪不属。

　　　　薪不属兮卫人罪，烧萧条兮噫乎何以御水？

　　　　颓林竹兮楗石灾，宣房塞兮万福来！

　　但却幸而用数万人之力把河塞好了，河南、皖北、苏北一带的水灾也消了。司马迁在这一次又是参加了的，他的《河渠书》就是因为实际的感印，以及有感于《瓠子之歌》而写下的。

六　父职的继续

——司马迁之活跃与积极

　　在司马谈死的时候，就已经告诉过司马迁："余先周室之太史也……汝复为太史，则续吾祖矣。……余死，汝必为太史，为太史，无忘吾所欲论著矣。"

　　这事，在元封三年（公元前一〇八），也就是司马迁参加塞河的第二年，果然实现了，他已经二十八岁。大概司马迁的文才早为汉武帝所赏识，并早已表示过要他继续做太史令了，所以司马谈才晓得他儿子"必为太史"。

　　为什么在父亲死后的第三年才为太史呢？这是因为父死有三年之丧的缘故。却只因为他身为郎中，所以虽在守制之期，也还扈驾封禅并塞河。

司马迁为太史令的这一年，正是少年英俊，富有活力的时代，当时汉武帝已经四十九岁了，但也正在英雄事业的盛期。在司马迁初为郎中时，汉武帝约四十三岁。君臣的相遇，到这时不觉已经六年了。

天才怒发的司马迁当了太史令，立刻表现出了躁进和不知人世艰辛的模样。太史令自然是一个亲贵的位置，于是劝他的朋友们也都借此登政治舞台。所以当时有劝他的朋友挚峻的一封信：

> 迁闻君子所贵乎道者三：太上立德，其次立言，其次立功。伏惟伯陵（挚峻的字）材能绝人，高尚其志，以善厥身，冰清玉洁，不以细行累其名，固已贵矣；然未尽太上之所由也！愿先生少致意焉。

这是劝挚峻也出来立功的意思。那挚峻却比较世故得多，却宁欲当阰山的隐士而不肯出来。那答书是：

> 峻闻古之君子，料能而行，度德而处，故悔吝去于身。利不可以虚受，名不可以苟得。汉兴以来，帝王之道，于斯始显，能者见利，不肖者自屏，亦其时也。《周易》"大君有命，小人勿用"，徒欲偃仰从容，以游徐齿耳。

这样韬光隐晦却也是司马迁所做不来的，他乃是很得意地"绝宾客之知，忘室家之业，日夜思竭其不肖之材力，务一心营职，以求亲媚于主上"（《报任安书》），而"出入周卫之中"了。

司马迁做太史令的这一年，不惟是他自己得意之时，国威也在蒸蒸日上着。这时不惟距匈奴战争告一段落已有十二年，距南越（两广）之平已有四年，距东越（福建之地）之平已有三年，而且这一年又把朝鲜定了，西域的经营则自酒泉（甘肃西部）以至玉门，都设有亭障，更因为和西域交通的结果，杂戏（角抵、鱼龙、漫衍之属）也开始出现，凡此一切，都在说明那时代的活跃和盛大。司马迁正是大时代的骄儿！

做了太史令以后的司马迁，他的生活当然是日以"绅史记石室金匮之书"为事，"百年之间，天下遗文古事，靡不毕集太史公"，他的精神生活，不用说，是较以往更丰富了。

可是他除了游泳于这些文化遗产之中以外，随从巡幸之事，却还是不能免。例如他在二十九岁的时候，就又扈从封禅，这次的路线，是先到了雍（长安以西扶风之地），祭五畤，又通回中道，出了萧关（在现在甘肃的东北部），绕了一个大圈子，经过独鹿鸣泽（现在察哈尔的涿鹿），到了山西北部的恒山，才转回来。到了这时，司马迁是可以骄傲地说："余尝西至空桐，北过涿鹿，东渐于海，南浮江淮矣！"（《五帝本纪赞》）的确，一个不满三十岁的人，已经把全国都游遍了，原是值得骄傲的！

司马迁三十岁时，汉武帝又有南巡之事。先是到了南郡（现在湖北一带），又到了九疑山（湖南南部的宁远县境），因为传虞舜葬于此，所以即在这儿祭过了虞舜，又到了灊天柱山（即现在安徽东南部的霍山，当时号称南岳），自此到了浔阳（现在九江），这时大队伍是改为水路了，《汉书》上称"舳舻千里"，声势之大是可以想见的。汉武帝并且在江中发现了一只蛟，便亲自把它射获了，这时汉武帝已经五十一岁，体魄却还证明十分健旺。从浔阳，舟行到了枞阳（现在安徽桐城东南）。当时作有《盛唐枞阳之歌》，盛唐就是现在安徽怀宁之地。中间所游的是庐山和彭蠡（就是鄱阳湖）。南巡完了，汉武帝便又北上，到了琅琊和海上，更到了泰山增封。

司马迁自然又跟着走了一大遭。

盛之始，却也就是衰之渐。这时汉朝的许多名臣大将多半物故了，卫青即死于这一年，张骞则死了八年，张汤死了十年，霍去病死了十二年，李广是死了十四年，于是汉武帝下诏求人才："盖有非常之功，必待非常之人，故马或奔踶而致千里，士或有负俗之累而立功名，夫泛驾之马，跅弛之士，亦在御之而已。其令州郡察吏民有茂材异等可为将相及使绝国者！"像一幕戏似的，汉武帝的事业是快到了尾声了，是快成为历史家的对象了。——但表面上却未必有人觉得！

七　太初历的订定和著述

司马迁三十一岁这一年，在他个人没有什么大事。汉武帝却又巡幸回中，即甘肃的固原。也到过河东，到河东是为的祭后土，后土祠在汾阴（现在山西西南部荣河的地方），不用说司马迁也是奉陪了的。这一年，为要彻底消灭匈奴，便和乌孙（在现在新疆西界伊犁河流域）连络，以江都王的女儿细君冒充公主，去下嫁乌孙。这时通西域的使者已到过安息（在现在伊拉克、伊朗一带），安息便也曾把大秦（即罗马帝国）的魔术师献送给中国。往时有许多外国人到中国来，他们也随了汉武帝巡行，汉武帝往常赏赐很厚，是炫耀，却也是示威。（汉武帝是天真而又可笑的！）又因为得到乌孙的好马，称为天马，天马好吃苜蓿，于是宫观之旁，也便种了无数苜蓿。异国情调是越来越浓了！司马迁呼吸于这种浪漫的空气之中，你能怪他成为一个浪漫的大抒情诗人么？

太初元年（公元前一〇四），司马迁三十二岁，却有两件不朽的事业，一是完成了，一是开始着，都表现在这一年了。

完成了的一件大事业是太初历。在这一年以前的历法，都是认冬天十月为岁首的，有点像现在的阳历。到了这年的夏五月，改订历法，以春正月为岁首，遂奠定了现在阴历的基础，支配了中国人的时间观念在两千年以上。这种历法，又不止只是争一个正月为岁首而已，晦朔弦望也都因经过这一次改订而十分确切了。更重要的是，照汉人五行学说推起来，汉德有三说：汉高祖自认是赤帝子，色尚赤，所以以十月为岁首。后来张苍主张汉应该是水德，色当尚黑，也以十月为岁首。只有鲁人公孙臣却主张汉应该是土德，色尚黄。但后一说当时为张苍的学说压倒，未见采用。不料在公孙臣说过那话的第三年，即文帝十五年（公元前一六五），在成纪（现在甘肃天水）却出现了一条黄龙，于是公孙臣的话的重要性便立时增加了。自此以后，大家便都盼望着依照土德而改服易制。可是这事一直搁置了六十几年，中间被那会望气的新桓平之欺诈而使文帝打消了兴致，以后景帝也没有动作，武帝初年又为爱好黄老的窦太后所阻梗，最后到了这次改正历法的时候，才把服色正式规定了。紧跟着"色尚黄"之后，乃是："数用五，定官名，协音律。"（《汉书·武帝本纪》）原来历法的改订，乃是国家政治制度的一个大整理。这种大改革，参加的人有三四十位，其中如公孙卿、兒宽、壶遂、唐都、洛下闳等，更是有名的专家。这些人有的是司马迁的晚辈，有的是司马迁的父执。不过主动的应该认为还是司马迁，所以他曾说："余与壶遂定律历。"（《韩长孺列传赞》）司马迁本是要学孔子的，孔子有"行夏之时"（《卫灵公》十一）之语，《史记》中也有"孔子正夏时，学者多传《夏小正》"之文，这次就由司马迁之手而实现了孔子的理想了；司马迁本是世传的历史家，古代历史家即兼管星历，他这一次大功劳，也正是他父亲那"上世……典天官事，……复为太史，则续吾祖"的一种九泉下的安慰。太初历对后来的影响之大，不下于《史记》，在汉代的重要，那就更不必说了。《史记》中《天官书》及《历书》之作，是有它的实际根据和价值的。

至于他那正在开始着的一件大事，不用说，就是那不朽的著述——《史记》了。国家的政法既然更新，在司马迁看来，就仿佛开一个新纪元似的了，所以他的《史记》也"于焉着笔"。这时正是他年富力强的时候——三十二岁，所以那文字中精力弥漫，生气益然，矫健之中带有浓烈的感情。《史记》起初叫《太史公书》，共百三十篇，五十二万六千五百字，自此一直到他四十五岁，费了十四年的功夫才写成。假若加上他旅行及细读史料的开始时代，恐怕前后不下二十年！

司马迁开始写《史记》的这一年，汉武帝仍然巡幸。在改历之前，汉武帝又到了泰山和海上。在改历之后，秋天的八月，则到了安定（现在甘肃固原县）①。这一年，开始征大宛（中亚细亚之地），因为大宛的贰师城有好马，遂称去征伐的将军李广利为贰师将军，预备一到那儿就把马取来。哪知道李广利来往两年，回到敦煌（甘肃西界），去的数万人不过只剩了十分之一二了，于是李广利请求罢兵。汉武帝听了大怒，打发人在玉门把败兵截住，说：敢回来的就斩！因此李广利吓得留在敦煌，不敢回来。汉武帝觉得大宛是一个小国，小国还攻不下，岂不为人耻笑，于是又发了六万人，十万只牛，三万多匹马，骆驼驴骡也以万计；更因为大宛城内无水，他们吃水是到城外的井里取，于是加派了水工，去把水汲干，

---

① 今为宁夏固原市。

好让城内没得水吃。再为万全起见，加发了十八万人，保卫酒泉（甘肃西部），同时也是后备军。伐大宛，目的是为得马，于是随着大军，又派了两位善于选马的人，预备一攻下大宛城，就取马。因此李广利再整队西征。这事一直到太初四年（公元前一〇一），才告结束，好马得了数十匹，中等马得了三千多匹，大宛王由汉兵立了一位对中国一向情感好的昧蔡，李广利凯旋回到长安。为了几千匹马，就那样小题大做，这就是那一个时代之富有传奇性和诱惑性的地方。（威风而有趣的《大宛列传》就是在这种氛围中产生的！）同时，西域的建设，却因此更巩固并更扩大了，元封三年（公元前一〇八）时，亭障不过设到玉门（甘肃西部之中心），现在隔了八年，就又从敦煌设亭障至于盐泽（现在新疆的罗布诺尔）了。到这时，司马迁年三十五！这其间，汉武帝曾经幸河东（公元前一〇二），本年也到过回中。汉武帝的车辇是没有一年休息过，司马迁的游踪也就没有一年中断过！

这时却有一桩可注意的事，这就是汉高祖所封的一百四十多位为侯的功臣，到了太初三年（公元前一〇二），因为子孙犯法，就只剩了四个人了。这表示法律的网子是越来越密，这密网不久也就套在司马迁身上了！——那便是有名的李陵案。

司马迁的体验本已经够丰富了，但却还另有这一页，使其更充实，更沉痛，也更辉煌！

第五章　司马迁之体验与创作（中）

——必然的悲剧

一　司马迁的性格之本质

李陵案的悲剧是必然发生的。首先是由于司马迁的性格。我们试想想看吧，假定司马迁没受过儒家的熏陶，十岁时不曾去学孔安国的古文《尚书》，二十岁前也不曾去接触董仲舒的公羊派《春秋》，壮游时也不曾到齐鲁去练习乡射，后来也不曾到大行礼官去看三代损益的"礼"，甚而根本没有一个让他"祇回留之，不能去云"的孔子，就是有，他根本也不曾晓得，那么，他将是一个什么人物呢？我想，他恐怕是一个再放诞也没有的人物，像庄周；他恐怕是一个再多情也没有的人物，像屈原；他恐怕是一个再任性也没有的人物，可以超过陶潜了。

不过，事实上，他笼罩于孔子的精神之下了，他的横溢的天才，已经像泛滥的河流一样，终于入了一个峻峭的岩壁中了！

虽然如此，他的本来面目还是时隐时现的。孔子的精神是理性的——纵然根底上也不尽然；但司马迁终于是情感的。孔子的趣味，表现而为雅，这是古典的；但司马迁的趣味，表现出来，却是奇,这却是浪漫的了。

　　他的情感极浓烈,平常就有一种说不出的极苦闷,极寂寞的郁结的烦恼在;德文所谓 Leidenschaft,最足以表现他这种心情。

　　他这种情感,又不止是愤懑的、破坏的而已,却同时是极为积极,极为同情,对一切美丽的,则有着极度的热爱,而不能平淡。他对于孔子吧,称为"至圣",称"心向往之",称"想见其为人",称"祇回留之,不能去云";对于屈原吧,称"能无怨乎?",称"盖自怨生也",称"悲其志",称"未尝不垂涕";就是对于季札,也称"何其闳览博物君子";对于韩非,也称"余独悲韩子,为《说难》,而不能自脱";对于苏秦,竟也说"毋令独蒙恶声";对于游侠,更说"自秦以前,匹夫之侠湮灭不见,余甚恨之","余悲世俗不察其意,……令与暴豪之徒同类而共笑之也";没有一个地方没有同情,没有一个地方没有深挚的怀念! 至于他废书而叹的时候,更非常多,他读到《孟子》"何以利吾国",废书而叹;他读乐毅《报燕王书》,废书而叹;他读到功令,广厉学官之路,也废书而叹;他读《虞书》,"至于君臣相敕,维是几安,而股肱不良,万事堕坏",(《乐书》)又未尝不流涕——他的情感像准备爆发着的火山一样,时时会喷放出来!

　　他之作《史记》,也决不像一个普通平静的学者似的,可以无动于衷而下笔着,看他的《自序》:"嘉伯之让,作《吴世家》第一;……嘉父之谋,作《齐太公世家》第二;……末世争利,维彼奔义,让国饿死,天下称之,作《伯夷列传》第一;……李耳无为自化,清净自正,韩非揣事情,循执理,作《老子韩非列传》第三;……天下患衡秦毋餍,而苏子能存诸侯,约从以抑贪强,作《苏秦列传》第九;六国既从亲,而张仪能明其说,复散解诸侯,作《张仪列传》第十;……能以富贵下贫贱,贤能诎于不肖,唯信陵君为能行之,作

《魏公子列传》第十七；……勇于当敌，仁爱士卒，号令不烦，师徒乡之，作《李将军列传》第四十九。"几乎没有一篇不是基于一种感情而去着手了的。

情感者，才是司马迁的本质。他的书是赞叹，是感慨，是苦闷，是情感的宣泄，总之，是抒情的而已！不惟抒自己的情，而且代抒一般人的情。这就是他之伟大处！不了解情感生活的人，不能读司马迁的书！许多责备司马迁的人，可以休矣！

因为司马迁是这样情感的，所以对于李陵的遭遇，不能不大声疾呼。加之，他的诚坦，使他不会说违心之论，使他不能（也不肯）观测上峰的颜色；他的正义感，更使他不能怯懦地有所含蓄或隐藏。所以，李陵案便决不是偶然的了！

二　好奇与爱才

李陵案之必然性，还不止上面所说的而已。

原来司马迁一生最大的特点是好奇——一种浪漫精神之最露骨的表现。

最早提到司马迁好奇的是扬雄。扬雄生于公元前五二年，死于纪元后十八年。他之生，距司马迁之死只有三四十年。他的话是好极了："多爱不忍，子长也！仲尼多爱，爱义也。子长多爱，爱奇也。"（《法言·君子篇》）多爱不忍，是司马迁的同情之广处，爱奇，尤其是司马迁的浪漫性格之核心。后来唐朝作《史记索隐》的司马贞也说："其人好奇而词省，故事核而文微。"（《史记索隐后序》）

因为好奇，所以他在二十岁，在现在也不过一个高中学生的学龄，就遍游全国，而且专门"探禹穴"，"窥九疑"，"浮于沅湘"，"厄困鄱、薛、彭城"，过一种冒险而浪漫的生涯了。因为好奇，所以他的文字疏疏落落，句子极其参差，风格极其丰富而变化，正像怪特的山川一样，无一处不是奇境，又像诡幻的天气一样，无一时一刻不是兼有和风丽日，狂雨骤飙，雷电和虹！

司马迁爱一切奇，而尤爱人中之奇。人中之奇，就是才。司马迁最爱才。司马迁常称他爱的才为奇士。例如："武帝立，求贤良，举冯唐，唐时年九十余，不能复为官；乃以唐子冯遂为郎，遂字王孙，亦奇士，与余善。"（《张释之冯唐列传》）

他对一切有才能的人，不论古今，一律在爱着。古代的是周公、召公，所以他对于李斯的惋惜，就是没做到周召，"人皆以斯极忠而被五刑死，察其本，乃与俗议之异，不然，斯之功，且与周召列矣。"对于韩信的同情，也是认为他伐功矜能，不能做周召，"假令韩信学道谦让，不伐己功，不矜其能，则庶几哉，于汉家勋，可以比周、召、太公之徒，后世血食矣。"对于周勃的称赞，也以周公拟之，"及从高祖定天下，在将相位，诸吕欲作乱，勃匡国家难，复之乎正，虽伊尹、周公，何以加哉！"

在近代人中，则萧、曹、陈平之才，都是他推许的。他说："申屠嘉可谓刚毅守节矣，然无术学，殆与萧、曹、陈平异矣。"（《张丞相列传》）其实这般人在人格上本来未必多么高的，但在才能上，都是不凡的；只要在才能上不凡，就为司马迁所欣赏了——像欣赏一种奇花异草然。这数人中，尤其是陈平，司马迁更倾倒地说："陈丞相平少时，本好黄帝、老子之术，方其割肉俎上之时，其意固已远矣。倾侧扰攘楚魏之间，卒归高帝，常出奇计，救纷纠之难，振国家之患。及吕后时，事多故矣，然平竟自脱，定宗庙，以荣名终，称贤相,岂不善始善终哉! 非知谋孰能当此者乎!"

司马迁之爱才,是爱到这样的地步,就是在他所痛恨的人物之中,他也仍抑不下对于"才"的品评。以司马迁那样多情的人,当然最恨冷板板的法家,可是他对于韩非仍极其赞叹着。以司马迁身受酷吏之毒手,对酷吏应该是死敌了,可是他的《酷吏列传》,对酷吏仍按人才的眼光分出了高下:"自郅都、杜周十人者,此皆以酷烈为声。然郅都伉直,引是非,争天下大体;张汤以知阴阳,人主与俱上下,时数辩当否,国家赖其便;赵禹时据法守正,杜周从谀,以少言为重。自张汤死后,网密,多诋严,官事寖以耗废,九卿碌碌奉其官,救过不赡,何暇论绳墨之外乎? 然此十人中,其廉者足以为仪表,其污者足以为戒,方略教导,禁奸止邪,一切亦皆彬彬质有其文武焉;虽惨酷,斯称其位矣。至若蜀守冯当暴挫,广汉李贞擅磔人,东郡弥仆锯项,天水骆璧推咸,河东褚广妄杀,京兆无忌、冯翊殷周蝮鸷,水衡阎奉朴击卖请,何足数哉! 何足数哉!"司马迁不但在这里忘了仇恨和憎恶,评论起他们的人才来了,而且后来在《自序》中竟说:"民倍本多巧,奸轨弄法,善人不能化,唯一切严削为能齐之,作《酷吏列传》第六十二。"简直也赞许了他们的生存了! 司马迁的心胸又有时这样广!

因为爱才,司马迁常有遗才之叹。《卫将军骠骑列传赞》中引苏建的话,说卫青、霍去病都不敢招选贤者,怕为天子所切齿,这隐约中就是暗示不知埋没了多少人才了。

因为爱才,所以他对于一切自负其才者也都非常同情而有着共鸣:"以项羽之气,而季布以勇显于楚,身屡典军搴旗者数矣,可谓壮士! 然至被刑戮,为人奴而不死,何其下也! 彼必自负其材,故受辱而不羞,欲有所用其未足也!"

至于司马迁在所爱的才之中，最爱的是哪一种？一般地说，是聪明智慧，是才能，是不平庸，或不安于平庸，或意识到自己不平庸的。但尤其为他所深深地礼赞的，则是一种冲破规律，傲睨万物，而又遭遇不幸，产生悲壮的戏剧性的结果的人物。够上这个资格的，就是项羽和李广。他们的共同点是才气，而且是超特的才气。项羽吧，"长八尺余，力能扛鼎，才气过人"，李广吧，也是"李广才气，天下无双"，而且"自负其能"。项羽不肯学书，书足以记姓名而已，不肯学剑，剑一人敌，要学是学万人敌；他不管什么兵法不兵法，他会自己被甲持戟，出来挑战，只要一"瞋目叱之"，那敌人就"目不敢视，手不敢发"，就"人马俱惊，辟易数里"；他爱马，爱美人，爱故交，最后自刎而死！这是一个十足的让人快意的英雄！李广也不耐烦那些部伍行阵的束缚，也不愿意理会那些幕府文书的琐事，他之治军，是让人人自便；他有的是胆识，是箭法，是急智，他可以把石当作老虎，箭射到石头里；他可以在四万人的包围中，自己四千骑兵只剩了一半，敌人的矢下如雨，自己已弹尽粮绝，到了黄昏，什么人也吓得面无人色了，但他还意气自如；他的下场却也是自刎。又是一个可以让人拿着酒，而叹惋他的遭遇的好汉！这都是和司马迁的精神最相连属的，所以写到他们的文章——《项羽本纪》和《李将军列传》——也便是《史记》中最精彩的，最炫耀人的文章了！

好奇和爱才是一事，因为爱才还是由好奇来的。这是司马迁之浪漫的性格所必至，于是李陵案，也就越发成为不可避免的了！

天地间好像有一个好作弄人的造物者似的，好奇的人往往让他有很奇特的结束。好奇的金圣叹，最后是杀头，他说："杀头至痛也，籍家至惨也，而圣叹以不意得之，大奇！"于是一笑受刑。这事是在公元一六六一年。好奇的司马迁,却也在金圣叹受刑的前一千七百六十年(公元前九八),有着比金圣叹还料不到的摧折——因李陵案而受了宫刑了！造物者不是太恶作剧了么？

司马迁好奇,遂有那么一个奇而惨的磨难。同时,司马迁爱才,爱奇士,向往李将军,逢巧李陵就也是在司马迁眼光中的奇士——"仆观其为人,自守奇士",而李陵也就是李广的孙子,也是"善骑射,爱人,谦让下士"的,就是汉武帝也认为"有广之风",你想,这样一个人有了不白之冤,司马迁能够袖手旁观么？

三　司马迁与友情

——司马迁交游考

再说像司马迁这样生来就富有情感的人,他之渴望人情的温暖是当然的。例如从前在卫宣公十八年(公元前七〇二①)时,因为宣公娶了前妻之子伋的未婚妇,就想趁伋使齐之便,派人在路上截杀他,后来为后妻之子寿晓得了,寿便劝阻伋之行,说:"界盗见太子白旄,即杀太子,太子可毋行！"可是伋答道:"逆父命求生,不可！"遂行。"寿见太子不止,乃盗其白旄而先驰至界",界盗果然看见白旄了,就把寿杀了。寿死之后,太子伋又来了,告诉刺客说:"所当杀,乃我也。"刺客便把他也一并杀了。这个故事为司马迁读了以后,就说:

> 余读《世家言》,至于宣公之太子以妇见诛,弟寿争死以
> 相让;此与晋太子申生不敢明骊姬之过同,俱恶伤父之志,然

---

① 应为公元前七〇一。

卒死亡,何其悲也! 或父子相杀,兄弟相灭,亦独何哉!

人伦的感慨,立即充满在司马迁的笔端了。又如李广之口讷少言,恂恂然像乡下人,对士兵则仁爱到"乏绝之处,见水,士卒不尽饮,广不近水,士卒不尽食,广不尝食",而且"宽缓不苛",这又是司马迁在遭遇里所感觉缺少的了,也便为他梦寐以求而赞叹着!

友情! 是枯燥冷冽的人生中的甘露,司马迁便更是渴望,而且要求得极为急切! 你看他记载管仲、鲍叔的一段是多么动人:

> 管仲曰:"吾始困时,尝与鲍叔贾,分财利多自与,鲍叔不以我为贪,知我贫也;吾尝为鲍叔谋事而更穷困,鲍叔不以我为愚,知时有利不利也。吾尝三仕三见逐于君,鲍叔不以我为不肖,知我不遭时也;吾尝三战三走,鲍叔不以我为怯,知我有老母也。公子纠败,召忽死之,吾幽囚受辱,鲍叔不以我为无耻,知我不羞小节而耻功名不显于天下也。生我者父母,知我者鲍子也。"

友情到了这个地步,当然也是最难的了,然而不是司马迁醋畅之笔,也何能达之! 假如不是他自己也同样幽囚受辱而渴望一个了解他之"不羞小节,而耻功名不显于天下"的知己,又如何能写得这样委宛曲尽?

不过文学的笔墨究竟只是文人的安慰而已,世界上的一般交游,却太可叹了! 张耳、陈余是刎颈交,后来张耳随赵王歇入巨鹿城,被秦将王离所围,希望陈余来救,陈余却以兵少不敢前,两人就不能相谅而互怨起来了,最后竟至相攻杀,张耳归汉,陈余又竟以杀张耳为助汉击楚的条件,一到利害之间,友情的维系竟是这样脆弱! 无怪乎司马迁感慨地说:

> 张耳、陈余，世传所称贤者，其宾客厮役，莫非天下俊杰，所居国无不取卿相者。然张耳、陈余始居约时，相然信以死，岂顾问哉？及据国争权，卒相灭亡，何乡者相慕用之诚，后相倍之戾也！岂非以利哉？名誉虽高，宾客虽盛，所由殆与太伯、延陵季子异矣！

利害是真正友情的试金石，经得住一试的未免太少了！汉朝的汲黯，是一个难得的直言敢谏之士，有才能，有眼光，并曾为主爵都尉，列于九卿，可是一到无势时，朋友就十分稀少起来。司马迁写道：

> 夫以汲、郑之贤，有势则宾客十倍，无势则否，况众人乎？下邽翟公有言，始翟公为廷尉，宾客阗门，及废，门外可设雀罗。翟公复为廷尉，宾客欲往，翟公乃大署其门曰："一死一生，乃知交情，一贫一富，乃知交态，一贵一贱，交情乃见。"汲、郑亦云，悲夫！

朋友的相知既难，聚散又以利，穷人就不该有朋友的份儿了。冯骓提醒孟尝君的话："富贵多士，贫贱寡友，事之固然也！"够多么沉痛！更糟糕的是，一到人失败了，那些从前来依附的人，也便都来投井下石了。主父偃就是这样的例："主父偃方贵幸时，宾客以千数，及其族死，无一人收者。唯独洨孔车收葬之。天子后闻之，以为孔车长者也。"这最惨，到死的时候，连收葬的人也几乎没有！可是也最足发人深省，就连治主父偃以罪的汉武帝也竟觉得一般人太刻薄了！司马迁说：

> 主父偃当路，诸公皆誉之，及名败身诛，士争言其恶，悲夫！

　　这和李陵的遭遇："今举事一不当,而全躯保妻子之臣随而媒孽其短",有多么相像!这又和司马迁自己为救李陵下狱,那时"家贫,货赂不足以自赎,交游莫救,左右亲近不为一言",情况更多么如出一辙!叙到这种地方,那其中就有司马迁自己的血,司马迁自己的泪了!

　　在渴求与幻想中,他因而写了刺客和游侠。豫让为智伯变姓名为刑人,肯漆身为厉,吞炭为哑,让妻子都不能认出自己来,也无非是一点"士为知己者死,女为悦己者容"的知己之感而已;这表示什么?不过表明友情太难得,所以一遇到(纵然不十分值得!智伯又究竟高去赵襄子多少?)就已足以牺牲个人的热血和头颅了!聂政只为了严仲子给母亲送了一点礼,夸奖了几句,就卖了死力,把韩累杀了,剜掉自己的眼,剖出自己的肠子,试想他是多么寂寞!刺客都是太寂寞了!其他像侯嬴,像朱亥,像毛遂,像荆轲,像田光,像高渐离……他们也实在太寂寞了,"相乐也,已而相泣",这是什么滋味?后来一部《水浒传》也无非是写一种寂寞之感而已。你想,平白地一百单八个好汉,还不是都像阮氏兄弟一样,只要把一腔热血卖与识货的(自己认为)么?原因是太寂寞了!司马迁写这些人物,更是由于自己的寂寞,不过来消遣自己,正如施耐庵(假若作《水浒传》的人叫施耐庵)写一百单八人也是来消遣自己而已!至于司马迁之写游侠,更是因为士大夫中有血性有感情的人太少,倒不如这些市井之人,下层社会中,或可有点真味。"今游侠,其行虽不轨于正义,然其言必信,其行必果,已诺必诚,不爱其躯,赴士之厄困,既已存亡死生矣,而不矜其能,羞伐其德,盖亦有足多者焉;且缓急,人之所时有也!"后一句尤其道出了司马迁的心事。友情,友情,士大夫中既然渺茫了,便只能求之于那些寂寞（或者不意识到寂寞，那就更可哀！）的"江湖"中了！

至于在司马迁的当时，究竟交了些什么朋友？这也是值得我们清理一下的。大概见于记载的，是这样：

长一辈的，有：唐都、孔安国、董仲舒、苏建、樊佗广、冯遂等。

唐都是方士。司马迁的父亲司马谈即曾学天官于唐都（《自序》）。可是后来司马迁定太初历时（公元前一〇四），唐都却也还健在，并且参加。"夫自汉之为天数者，星则唐都，气则王朔，占岁则魏鲜"（《天官书》），可知唐都必是颇为人称道的一个专家。

孔安国为汉武帝时的博士，官至临淮太守，早卒（《孔子世家》）。他在经学上的地位是很重要的，因为"孔氏有古文《尚书》，而安国以今文读之，因以起（起发以出）其家。逸书得十余篇，盖《尚书》滋多于是矣"（《儒林列传》）。这是经今古文之争的根源。据王静安先生的考证，孔安国之死，当在元光、元朔间（公元前一三四—前一二三）。司马迁曾从孔安国学古文《尚书》，应该是元朔三年（公元前一二六）的事，那时司马迁十岁（依我的考证），所谓"年十岁则诵古文"，就是这件事。十岁时的老师，当然是一位长辈了。

董仲舒是广川人，广川是现在河北中部冀县附近。他是孝景时的博士，乃是当时一位《春秋》公羊学的权威。他讲学的时候，曾经三年不窥园庭，专心到如此！武帝即位以后，他有著名的《贤良对策》，奠定了大一统思想和养士的政策的基础。《贤良对策》呈献于公元前一四〇，到了公元前一三八，汉武帝就"招选天下文学材智之士，待以不次之位"了；到了公元前一三六，就置了五经博士；到了公元前一三四，就令郡国举孝廉各一人了；这都是他对策之次第实现。所以他不但在学术史上有重要的地位，即在政治史上也有不可磨灭者在。他曾和位至公卿的公孙弘相摩擦，公孙弘死于元狩二年（公元前一二一），廷尉张汤曾常向他请教，张汤为廷尉的最后一年是元狩三年（公元前一二〇）；这些事都在董仲舒的晚年，所以董仲舒大约就是在这时候死去的。以元狩三年计，那时司马迁十六岁，他之向董仲舒学《春秋》的大义微言，也一定是在少年。《刺客传》中有一位董生，和秦始皇的侍医夏无且有来往，曾亲自听到荆轲的故事（公元前二二七），《史记》中却说，他和太史公很有交情，这必是另一位董生无疑，即所谓"始公孙季功、董生与夏无且游，具知其事为余道之如是"之"余"，亦必非司马迁。假如是司马谈，也必须司马谈活了七十几岁，而在早年听到了七十几岁的董生的话而后可，因为从荆轲之事到司马谈之卒也有一百一十七年。所以那个"余"实不知是何人。

苏建是有名的苏武的父亲。他曾在元朔二年（公元前一二七）跟随大将军卫青出云中（现在绥远的托克托），定朔方（绥远黄河以南之地），封为平陵侯。到了元朔五年（公元前一二四），又随卫青出朔方，大败匈奴，卫青被拜为大将军。第二年，苏建以右将军资格，再随卫青出定襄（归绥以南和林格尔之地），击匈奴。但苏建不幸所率领的一部分军队失败，他自己也仅以身免。还好，汉武帝未加诛，赎为庶人。这时司马迁十三岁。后来苏建又做过代郡太守，代郡是现在山西北部雁门一带。卫青死于元封五年（公元前一〇六），大概苏建的卒年和这相去不远，这时司马迁三十岁了。苏武出使于天汉元年（公元前一〇〇），已经四十多岁（这是由苏武卒于汉宣帝神爵二年，即公元前六〇年，《汉书》上说他"八十余"推知的），则元封五年时，苏武年三十五六，苏武是苏建中子，其时苏建必已六十以上，所以他死于公元前一〇六左右是可能的。苏建曾告诉司马迁以活的史料，那便是："吾尝责大将军（卫青）至尊重，而天下之贤大夫毋称焉，愿将军观古名将所招选择贤者，勉之哉！大将军谢曰：自魏其、武安之厚宾客，天子常切齿，彼亲附士大夫，招贤绌不肖者，人主之柄也。人臣奉法遵职而已，何与招士？骠骑（霍去病）亦仿此意。"这史料很可珍贵，因为可从而见出汉武之专权来。

樊佗广则是汉高祖时的功臣樊哙之孙。本来是世袭的舞阳侯，在孝景中元六年（公元前一四四），废为庶人。这时距司马迁之生还有十年，所以他也一定是司马迁的长辈了。他曾告诉过司马迁关于汉之初起时的许多功臣的故事。

冯遂字王孙，是冯唐之子，冯唐曾在文帝时为中郎署长，向文帝陈说过从前廉颇、李牧之贤，借以谏正文帝对边臣应该宽大。是一个敢言的长者。到了武帝初立时，他已经九十多岁，乃以他的儿子冯遂为郎。司马迁说"冯遂亦奇士，与余善"（《张释之冯唐列传》）；司马迁从他那儿晓得秦灭赵的原故是因为赵王迁的母亲是倡女，出身不正，所以轻信谗言，杀了良将李牧，因而大局才不可收拾了的（《赵世家》）。

以上六人，或则为司马迁的父执（唐都），或则为司马迁的师辈（孔安国、董仲舒），或则为司马迁友辈的尊亲（苏建），或则为贵族的后裔（樊佗广、冯遂），他们给司马迁的帮助是大都在学业和史料方面。

比司马迁晚一些的友人则有：壶遂、杨敞、杨恽。

壶遂是司马迁定律历时的同事（公元前一〇四，时司马迁年三十二），司马迁称赞他"深中隐厚"，说他不愧是梁中的长者；又说他"官至詹事（掌皇后太子的家事），天子方倚以为汉相，会遂卒;不然,壶遂之内廉行修,斯鞠躬君子也。"(《韩长孺列传赞》)可知是未得施展的一位有操行的政治家。壶遂之死,在司马迁之前,然而称司马迁为夫子(《自序》),请教过司马迁关于《春秋》的道理,以及司马迁著《史记》的来由,似乎是在弟子的行辈。他们这一段问答,似乎就在太初元年,因为下面紧接着有"七年而遭李陵之祸"的话,大概就是在定律历时所谈及的吧。长者不过是一个形容词,壶遂的年事或者根本不高。

杨敞是司马迁的女婿,陕西华阴人。先在霍去病的弟弟霍光的幕府中,霍光在武帝末年为大司马大将军,后来辅佐汉昭帝,助立汉宣帝,是汉朝大功臣之一。杨敞因霍光之故,官做到大司农,御史大夫并丞相,封为安平侯。他是一个谨慎小心而怕事的人,议立宣帝的时候,他吓得直出汗。他死于宣帝元年(公元前七三)。

杨恽则是杨敞之中子。杨恽的母亲,即司马迁的女儿,所以他给司马迁叫外祖。他还有后母,后母却没有儿子。杨恽的性格和他父亲却不同了,极有棱角,恐怕是受外祖的遗传。在宣帝五凤四年(公元前五四)时,杨恽因口祸被腰斩。他是宰相之子,因报知霍光后人的乱谋,封平通侯(公元前六六),那是在他死前十三年。只要他活了四十岁以上,那就是生于太初三年(公元前九四)以前,那时司马迁不过四十二岁,他是可以来得及见他的外祖的。据记载,他爱好外祖的《史记》,也致力于《春秋》,并且因为他的热心,《史记》才为人周知了(《汉书·杨敞列传》及《司马迁列传》)。

以上三人,一个是学生,一个是女婿,一个是外甥,都是晚辈。杨敞和司马迁的关涉不见记载,但一定是来往颇密的,否则《史记》的副本不会在他家。其他二人,则大多传受司马迁的史学,而杨恽在文学上尤受着司马迁很深的影响,这都是可以随着司马迁而永远在人记忆中的了。

现在说到司马迁的平辈朋友了，这是：贾嘉、东方朔、挚峻、兒宽、田仁、任安等，之外就是李陵。

贾嘉是贾谊之孙。贾谊死于文帝十二年（公元前一六八），在司马迁生前三十四年，只活了三十三岁。《史记·贾生列传》上说："孝武皇帝立，举贾生之孙二人至郡守，而贾嘉最好学，世其家，与余通书，至孝昭时，列为九卿"，或者只是司马迁通信的朋友而已。武帝所占的时代共五十四年，贾嘉到昭帝时却还健在，大概是年寿很大的。霍光在立宣帝时（公元前七三），那联名奏表上有长信少府臣嘉，或者也就是贾嘉，那么他所活动的时代就有六十年（武帝元年为公元前一四〇，至公元前七三）以上了。

东方朔为司马迁的好友，是见桓谭《新论》。他是平原厌次（现在山东阳信县）人，他不只是一个滑稽人物，而且体格魁梧有力，并有直谏的勇气。汉武帝建元三年时（公元前一三八），他上书自言"年二十二，长九尺三寸"，那么，他应当生于文帝后元五年（公元前一五九）。他的死年不详。我们只知道在元封元年（公元前一一〇）时，他谏过汉武帝不要去海上。在这时他年五十，司马迁年二十六。桓谭虽称他为司马迁的好友，可是《史记》并未道及，而且《滑稽列传》中也没有他的名字，大概未必为司马迁所重视罢。

挚峻是一个隐士，长安人，司马迁为太史令时（公元前一〇八），曾劝他出仕，但却为他拒绝了。

兒宽和司马迁一块定过太初历。他是千乘（现在山东的高苑县）人，早年也在孔安国那儿受过学，可以说是司马迁的老同窗呢。他很刻苦自励，在读书时，曾为其他学生忙伙食，他对于经典的探研,那基础都是在耕地之余打下的。他锄地,就带着书。人很平和,聪明,而没有棱角。擅长的是文学,不能的是口才。曾为张汤所知,曾赞助过封禅,元封元年(公元前一一〇)也曾扈驾到过泰山,这时司马迁也在内的。他在这一年是御史大夫,过了九年,就是和司马迁订太初历的第二年(公元前一〇三),死了。他死时,司马迁三十三岁,所以他应是比司马迁年长一些的。

田仁,赵陉城(河北定县之地)人,田叔之少子。田叔是一个黄老派,在高祖七年(公元前二〇〇)时露头角,到景帝时为鲁王相,数年才死。鲁王是景帝三年(公元前一五四)时才立的,距高祖七年差不多有五十年,可知田叔恐有八十左右的高寿。田叔死时,鲁王曾送来百金的赙仪;但为这少子田仁所拒绝了,他说:"不以百金伤先人名!"田仁就是司马迁的友人。田仁曾随卫青好几次出征匈奴,因卫青之故,田仁仕为郎中。后来做到二千石,当过丞相长史,京辅都尉和司直(佐丞相,举不法)。卫青为大将军,征匈奴,是元朔五年(公元前一二四)事,那时司马迁才十二岁。他们之认识,恐是后来同为郎中时的事。田仁很有政治才能,并且有不畏强御之称。到了征和二年(公元前九一),武帝与戾太子发生误会,父子大动干戈,前后死了数万人,当时田仁把守东南门,太子兵败,他觉得皇帝父子之争,不便操之过急。便让太子由东南门逃走了。但武帝在盛怒之下,把田仁腰斩。这时司马迁四十五岁。

任安即司马迁那有名的书札《报任少卿书》中的少卿。少卿是字。他也是征和二年时戾太子之变的牺牲者。他是和田仁一同被腰斩的。他死得更冤,他那时是护北军使者,太子给他节,叫他发兵,他受了节,但没敢出门。事后汉武帝听了却大怒道:"是老吏也! 见兵事起,欲坐观成败,见胜者,欲合从之,有两心。安有当死之罪甚众，吾常活之，今怀诈，有不忠之心！"下安吏，诛死。任安其实是一个很有气节的人，他本在卫青的门下，后来卫青的势力渐渐为霍去病压倒了，许多人都弃卫就霍，到那边就可以得着官爵，可是只有任安不肯（《卫将军骠骑列传》）。他和田仁，也是好朋友。他俩曾同时见武帝，彼此推许。田仁说："提枹鼓，立军门，使士大夫乐死战斗，仁不及任安！"任安也说："夫决嫌疑，定是非，辩治官，使百姓无怨心，安不及仁也！"可知一个长于政治，一个长于军事，任安又是一个眼明手快的人，他曾为数百人分猎品，不但分得公平，而且到第二日再会合的时候他能一眼看出有什么人缺了席。他又曾为益州（现在四川）刺史。

最后是李陵，李陵不用说，是关系司马迁的命运的一人。但关于他，我们却要留在以后再说了。

以上七人，都是司马迁平辈的朋友，任安和田仁都是和司马迁气味最相投的；儿宽、挚峻、东方朔则和司马迁的作风有些两样，贾嘉未必和司马迁有太深的交情，李陵则只是因为司马迁为他仗义执言，所以后来人把他和司马迁的关系看得密切了，实则司马迁明明说过"素非相善也，趣舍异路，未尝衔杯酒，接殷勤之余欢"的。可是，就是这样一个不深交的朋友，已够司马迁做了牺牲了！

老辈，晚辈，平辈一块算起来，见于记载的，是这十六人。此外像当时的老诗人司马相如（死于元狩五年，即公元前一一八，见《史记》徐广注，时司马迁年十八），枚乘之子枚皋（他也随着武帝封禅及塞河，时司马迁年二十六到二十七），李陵的朋友苏武（司马迁和他父亲苏建交好），以及其他在武帝周围的一部分名臣大将文人，恐怕都可能有着友谊的。至于《郦生陆贾列传》中所称的朱建之子"与余善，是以得具论之"，却在文帝时使匈奴，因骂匈奴而死在匈奴中,和司马迁的年代颇有距离,这是和《刺客列传》中所称的见到刺秦始皇的故事的公孙季功和董生,同样不可能是司马迁有所往还的人了。

年代之不相及的不必说了,就是那些和司马迁可以有着来往的,也何尝可以填充司马迁之心灵上的空虚和寂寞?司马迁对于朋友太热心了,他一出仕,就劝挚峻也出来立功;为一个不甚有深交的李陵,就肯冒死去救,结果自己被了最可耻的刑罚;但是他所得于朋友的呢?"交游莫救,左右亲近不为一言",这是多么刺心的!他除了"述往事,思来者",又有什么可说?

感慨于友情的司马迁,渴望友情并笃于友道的司马迁,李陵案的一幕,是要逃也逃不掉了!

四 武帝时代之严刑峻法

假若不是处在一个严刑峻法的时代,司马迁也不会遭这样奇惨的命运。

猜忌和刻薄,几乎成了刘汉家传的法宝。从汉高祖到汉武帝,中间经过文景,面目虽异,骨子却都太相像了!黄老之学,也不止文景为然,高祖是序幕,武帝是余波,统统有黄老精神在。说穿了,黄老精神也不过四个字,这就是"外宽内深"而已,也就是表面马虎,与人无争,内心则十分计较,得机即施毒手而已。在这种太极拳式的社会中,最吃亏的,当然就是一般太直性,太热情的诗人,像司马迁了。

我们从汉高祖说起吧,汉高祖要废除秦之苛法,号称"大度",号称"长者",可是他本人乃是忌刻之极。他对于韩信,即随路收取其精兵，甚而有一次冒充汉使，趁韩信还没有起身，便在韩信卧房里把印符夺走了；他对于萧何，也深怕萧何得民心，迫得萧何故意用贱价买民田，才使他放心而且喜欢了。

文帝和景帝，则表面上是最和善，最仁慈的，但其实那真相却正相反。文帝，不用说，是对于黄老之术最精的人，他的谦让和宽厚都只是手段。那时的政治家如晁错，如贾谊，如张释之，也都是申商刑名之学的法家，这是他的周围。周勃出了狱以后，说："吾尝将百万军，然安知狱吏之贵乎？"这时是文帝三年（公元前一七七），可见那时的法也何尝宽？至于那个直言的老实人冯唐，便曾当面说文帝："一言不相应，文吏以法绳之，其赏不行，而吏奉法必用，臣愚以为陛下法太明，赏太轻，罚太重！"吴王濞的使者也当面警告过文帝："察见渊中鱼，不祥！"这都是可以看出文帝的真面目的。有着可法精神的张释之，并且一则对文帝说："法者，天子所与天下公共也，今法如此，而更重之，是法不信于民也"；二则对文帝说："法如是足也！"可知严法重刑本是文帝的倾向。文帝对于削诸侯事，表面上好像不听晁错的奏书，可是他对于淮南王就辒车传送，"暴摧折之"（袁盎语），后来死在路上；更从贾谊的谏书上看，"大国之王，幼弱未壮，汉之所置傅相，方握其事"（二事均公元前一七四），傅相便明明是派去了监视的；最后，又把周亚夫交给太子，说："即有缓急，周亚夫真可任将兵。"后来周亚夫却就是平七国之乱的主将。文帝的表面做得那样好，其实早已处心积虑，准备收拾一切碍眼的势力了！晁错是被称为峭直刻深的了，实则文帝正似之。他之废除肉刑，好像是仁政了，其实更滑稽，原来"外有轻刑之名，内实杀人；斩右趾者又当死，斩左趾者笞五百，当劓者笞三百，率多死"（《资治通鉴》卷十五），这不是太可笑了么？此外,文帝相当荒淫,如宠幸邓通;也相当褊急,如怒责张释之;加上对改正朔,易服色的欲望,对封禅的向往(也有方士如新垣平等);对伐匈奴的设计用心;凡此一切,更都太像武帝的先驱了!

文帝如此,景帝也差不多。他在位只有十六年,比文帝还少七年,可是那种外宽内深的作风,酷肖其父。不过他做得没有文帝那样圆滑,狞恶的面孔容易被人识破而已。例如把民间许多游侠杀了的是他,把信任的晁错骗去斩了的是他,把周亚夫逼得绝食五日而死的也是他。这时有名的酷吏已经出现了,在景帝七年(公元前一五〇),做中尉(仿佛首都的卫戍司令)的是郅都,他专用严酷的刑罚以对待列侯贵戚,外号是"苍鹰"。到了中元六年(公元前一四四),继任是宁成,他也是让宗室豪杰,皆人人"惴恐"的一位毒手。这时因为宗室强暴,不用严法是不能慑服的,然而自此种下根子,就成了一种相传的心法了。

于是到了武帝。武帝统治时期最长,一共有五十四年,而酷吏也多。先是"外宽内深,为人所忌"的公孙弘由对策为博士,一年之内,迁至左内史(仿佛首都市长),他以《春秋》之义绳臣下,这是元光五年(公元前一三〇)亦即司马迁年六岁时的事。同年张汤为太中大夫,与赵禹一块改定律令,专主严刻,这便是武帝时用法趋于峻烈的开始。但起初还只是守法,后来便慢慢变为舞法,最后是避法。巧于舞法和避法的,也就是张汤这般人。他是一个典型的官僚,他会推荐人,他会装假,他会逢迎,他用了不少爪牙,作为他实行舞法避法的工具。张汤在元朔三年(公元前一二六)为廷尉,当时司马迁十岁。他后来树敌太多,为人排挤,遂于元鼎二年(公元前一一五)自杀了,这时司马迁二十一岁。最险恶的是,张汤在元狩六年(公元前一一七),那时司马迁十九岁,定出一种腹诽的死罪来,在张汤的任内,有义纵,他就连法也不顾了,专讲斩杀,但他却在张汤死的前一年,被弃市。张汤底下,又有一位王温舒,更是贪杀的,从前都是冬日才决囚,他于是到了春天便叹息:"嗟乎,令冬月益展一月,足吾事矣!"王温舒却因为受贿,在太初元年(公元前一〇四),也自杀了。那时司马迁三十二岁。更有一个杜周,也曾在张汤的底下,他在元封二年(公元前一〇九)时为廷尉,京师的监狱中,逮捕的人有六七万。他在太始二年(公元前九五)才死去,那时司马迁已经四十一岁,受过刑罚四年了。中间的酷吏还有无数,总之,都是张汤培养出来的。其初的酷吏也只是酷而已,后来酷就包括贪。我们的大诗人司马迁就是毁在这些贪官污吏的毒手中了!汉武帝本人更是极其忌刻的,不知道有多少大臣在他手下都是畏罪自杀,当公孙贺被拜为丞相的时候(太初二年,公元前一〇三),竟不敢受印,跪着不肯起来,勉强受了以后,便说:"我从是殆矣!"至于武帝之多酷吏,又和景帝时的背景不同,那时是由于宗室之强,这时是由于国家经济力量之膨胀,吏治的庞杂,以及武功的盛大,不这样便不能统治了,但是司马迁却做了这个时代中的牺牲了!

司马迁处在这严刑峻法的忌主之下,身受其祸,所以不能不写《酷吏列传》,把他们的面谱刻画一下了。像张汤那样典型的"诈忠"的官僚,又要以公孙弘为开端,所以他又写了《平津侯列传》。更为表示武帝时严刑峻法之社会背景起见,他写了《平准书》——司马迁能越过了个人爱憎,而从大处着眼,这是他究竟不失为一个大历史家处!

可是他到底是受这一方面的打击和刺激太深了,所以他在有机会时便抑不住说出自己的感慨来。秦二世时,因为要续做阿房宫,度用不足,也就"用法益刻深",结果陈胜等便反攻荆地为张楚了;陈胜所用的人也是以"苛察为忠"的,他们的做法是"其所不善者,弗下吏,辄自治之",可是"陈王信用之",司马迁便道:"诸将以其故不亲附,此其所以败也。"这都是暗讽汉武的。司马迁在叙《晋世家》时,更说:"灵公既弑,其后成景致严,至厉太刻,大夫惧诛,祸作;悼公以后,日衰,六卿专权;故君道之御其臣下,固不易哉!"这是尤其明显地在说汉朝了!文人的笔诚然利害,可是有什么用?李陵案终于发生了!

五　李陵案的原委

原来当汉武帝对西域的经营告一段落之后,就转而再注意到匈奴了。本来通西域的动机之一,也就是为的迂回了,好包围匈奴,并使其孤立的。

在太初四年(公元前一〇一),汉武帝便想以伐大宛的余威,去从事伐匈奴,因而下诏道:"高皇帝遗朕平城之忧(汉高祖曾为匈奴困于平城,平城在现在山西大同),高后时,单于书绝悖逆,昔齐襄公复九世之仇,《春秋》大之!"

匈奴这时是且鞮侯初立为单于,自从有了这个风声以后确很担忧,便说:"我——儿子——安敢望汉天子?汉天子,我丈人行也。"更为表示好感起见,又把从前所拘留了八年的汉使郭吉、路充国等也放了回来,自己并派了修好的使臣来。

汉武帝就也在第二年,即天汉元年(公元前一〇〇)派了苏武、张胜、常惠等一般人,到匈奴去。苏武之去也是把汉朝所拘留了的匈奴使臣带了过去的。可是匈奴的好意并非真诚的,却仍然很傲慢,又因为汉的降将虞常要劫单于母阏氏归汉,事情业已发觉;不幸虞常又把这事早告诉过和苏武同去的张胜,因此就又牵涉到苏武了。苏武要自杀,终于被放在一个大窖里,要不是苏武用雨雪当水,把旄毛当饭,早饿死了。匈奴这时已不敢加害,便把他迁到北海(现在西伯利亚贝加尔湖)无人的地方去牧羊。羊是公羊,却告诉他:羊生了奶,就放他回去!后来把他一直留了十九年。他去的时候不过四十岁左右,回来时却发须全白了。他活到八十多岁!苏武是苏建的儿子,苏建是司马迁的朋友。

苏武使匈奴的这一年,司马迁年三十六,汉武帝曾到过甘泉,去祭泰乙,又到过河东,去祭后土。次年即天汉二年(公元前九九),司马迁年三十七了,在春天,汉武帝又去东海和回中巡幸,大概司马迁都是陪奉着的了。

就在这天汉二年的夏五月,汉武帝对匈奴再用兵。这次用的大将就是征大宛的贰师将军李广利。他带了三万大军,由酒泉出兵,击左贤王于天山。当时却有一个自负而要急于单独立功的人物出现了,这就是李广的孙子李陵。

李陵是早死了的当户之遗腹子。当户即李广之长子。李陵在年轻的时候当侍中,所以司马迁《报任安书》上有"仆与李陵,俱居门下"的话。李陵长于骑射,谦和而仁爱,人缘极好,武帝觉得他有些像他的祖父李广,因而很喜欢他。他曾带着八百骑兵,深入匈奴二百多里,去探察过地形。于是拜他为骑都尉,叫他在酒泉、张掖一带练五千兵以备胡。当李广利出发征匈奴了,汉武帝便又想命李陵去管辎重。

可是那有着李广之风的李陵,极不高兴做这样屈居人下的事,便向武帝叩头请求,说他所练的兵,都是荆楚之地的奇才剑客,且是力能搏虎,射法奇巧的,他却很愿意带他们去独当一面,到兰于山前,以为分兵,这样便可以让匈奴不致专战李广利的大军了。

汉武帝听了道:"将士难道怕隶属于什么人么？现在我发的兵多,分不出骑兵给你!"

李陵说:"也用不着骑兵,臣愿以少击众,只带步兵五千人,去直捣单于的巢穴就是了!"

武帝觉得他的话很壮,便答应了。为万全起见,却又派了强弩都尉路博德带了兵,作为李陵的接应。可是路博德从前曾是伏波将军,有过伐破南越(现在的两广)的大功,也不肯屈做李陵的助手,便奏言现在正是匈奴秋高马肥的时候,不如待到来春,和李陵各带五千人,到浚稽山(现在阿尔浑河与土拉河之间)去夹击匈奴,那是一定可以大胜的。

汉武帝看了奏书大怒,以为李陵自己后悔了,故意托路博德这样上书的。于是命令路博德立即出兵西河(绥远境黄河以西之地),又命令李陵在九月里出发,到达东浚稽山南龙勒河,观察敌势,如无所见,即先回到受降城(在绥远西北),休养士卒。

李陵带了步兵五千人,便从居延(在现在宁夏北部)向北进军,行了三十多天,直到了浚稽山。把营安下,把所经过的山川地形都画了,使他的部下陈步乐来报告武帝。武帝见说李陵的士兵很肯效死,也便很高兴。陈步乐也因此拜了郎官。

可是不久李陵就遭遇了六倍以上的敌人,被包围了。那三万多敌骑是在山上,用大车做营寨。李陵看见情势不好,便让前列的人都拿了戟盾,后尾的人都拿了弓弩,下令道:"闻鼓声而纵,闻金声而止",打算突围而出。敌人看出李陵的兵并不多来了,便更围上来。于是李陵命他的步兵千弩齐发,匈奴大都应弦而倒,其余的

则逃到山上去了。汉军又追杀了数千人。单于大惊，又调了八万
多骑兵来攻李陵。李陵一路战，一路向南退却。过了好几天，退到
山谷里。因为连战的结果，士兵多半中了箭伤了。他让受了三处
伤的，就放在车里，受了两处伤的，扶着车走，只有一处伤的，就仍
然接战，李陵说："我们士气有点不旺，怕不是军中有女人么？"原
来出发的时候，有些徙边的关东强盗的妻子，随军藏在车里，经李
陵搜出，都斩了。第二天再战，便又杀了敌人三千多。

　　李陵又引兵向东南撤退，想沿了到龙城的故道回师。走了四
五天，却走到一个有芦苇的湖沼地带，敌人便在上风里放起火来，
李陵为自救计，也预先放起火来，为的是先把草烧掉，好免得烧到
自己。这样又往南走，便到了南山（当是阿尔泰山的一部分），单
于即在山上，命他的儿子带兵击李陵。李陵在树林里带步兵肉搏
还击，又杀了好几千人。李陵更命人发连弩（弩之可连发数矢者，
用意有点像机关枪），以射单于，单于只好下山逃去了。

　　这一天据捕得的俘虏报告："单于曾说：'这怕是汉的精兵，攻
是攻不下的，只顾引我们南下进塞，会不会有伏兵呢？'匈奴的其
他长官却说：'单于自己带数万骑兵，和几千汉兵作战，假若还不
能胜，岂不更遭汉人轻视了？现在还可以利用在山谷里和汉兵拼
一下，再过四五里，就是平地了，假如到那时打不过，再退兵也不
迟！'"

　　因此战事又趋凶恶，匈奴仗着骑兵多，每每冲开了，就又围上，
这一天就这样有数十次。可是敌人又死伤了两千多，他们看看打
得不利，便真正要收兵了。

　　谁知道李陵的部下有一个刺探军情的管敢，因为受辱而投降
敌人了，他告诉匈奴说，李陵实在没有后援，箭也快完了，只有李陵

和跟随的校尉韩延年各带八百人,这是前锋,分别打着黄白旗子的就是,倘如用精骑把他们射中了,就可以一气解决。

单于一听,高兴极了,便大胆带骑兵再围攻李陵等,一面大叫着:"李陵、韩延年快降!"把李陵拦截了,就立刻加以猛攻。当时李陵处在山谷中,敌人居高临下,箭从四面射,像急雨似的。在汉兵还没到鞮汗山的时候,一百五十万枝箭早已用光了。他们便把军车放弃了,人还有三千多,于是只拿了车轮的撑子作为武器,只有将官们才有刀拿。他们慢慢走到山谷里了,单于从后面赶上来,检山路的拐曲处就投石而下,士兵死得更多,走也没法走了。

到了黄昏,李陵穿了便衣,单独走出营寨来。叫左右都不要跟随他,他说大丈夫应当一个人去把单于擒来。可是过了颇久的时间,李陵又回来了,叹口气说:"兵是败了,只有死了!"他的部下就有人向他说:"将军威震匈奴,现在不过是时运不济罢了,以后总可以归还,像浞野侯赵破奴为敌人所得,后来逃回,天子不仍是对他很好么?"李陵答道:"你叫我不死,这是不配称一个壮士的!"他于是把所有旗子都毁了,把所有贵重物件都埋在地下了,叹道:"假若再多几十枝箭,就一定可以突围了! 现在连作战的东西也没有了,挨到天明,便恐怕只有受缚了! 现在不如作鸟兽散,有跑得脱的,还可以给天子报个信儿。"

他让士兵每个人都带二升干饭,一块大冰,准备支持着到达遮虏障(就是居延城)。他们等到夜半,待要出发,可是鼓也敲不响了。李陵和韩延年都上了马,跟随着的壮士有十来个人。后边追上来的敌人却是好几千。

韩延年战死了! 李陵看着这狼狈的样子,说:"无面目见天子",便降了。部下则四散而逃,逃到边塞上来的,只有四百余人而已。李陵战败的地方，隔边塞不过一百多里，边塞上便立刻报告了。

武帝本来的意思是希望李陵不成功便成仁的，于是把他的母亲和妻子招了来，让相面的相了相，她们却没有家里遭丧的气色。武帝已很不快，后来听说李陵投降了，立即大怒。先是责问以前回来报信的陈步乐，陈步乐吓得自杀了。又问其他群臣，其他群臣也吓得没有一个敢说李陵的好话的。

只有问到太史令司马迁的时候，司马迁却觉得李陵是一个"事亲孝，与士信，临财廉，取予义，分别有让，恭俭下人，常思奋不顾身，以徇国家之急"的奇士，奇士是好奇爱才的司马迁所放不过的呵，所以虽然彼此平素没有什么交情，既没有饮过酒，也没欢聚过，可是不能不早已在神交着了；加之这一次李陵之冒万死去赴公家之难，更唤起他的钦敬；而一般自私的只知道保全个人和一家老小的群臣之随声诬伤，尤让他觉得伤心和不平；假若李陵就为一般达官贵人所不齿，倒也罢了，然而在他未败的时候，凡有信使来，大家都是奉觞上寿，在武帝跟前夸赞李陵的，可是一到败的消息来了，武帝的兴致完了，大家也就不开口了；司马迁深晓得李陵之矢尽道穷，救兵不至，士卒死伤如积的苦况，也深晓得李陵得士卒爱戴之诚，就是到了那种绝境，只要李陵说一句话，士兵都是个个流着泪，带着伤，张了没箭的空弓，去和敌人的刀锋去拼的，司马迁为这而感动着；他再不出来说话，是没有人来说话的了，武帝的忧心也是没人能给解慰的了。——因此，他便诚坦地答复武帝的垂问了，他说："现在许多人之说李陵的坏话，只是因为他平日少与人应酬而已，假若有人吹嘘，他不灭于古代任何名将，他现在虽然败了，一定是想将来得机会好立功而归的，况且无论如何，就他现在的功劳论,杀了匈奴那么多,也可以到什么地方都说得过去了!"

出乎司马迁的意料之外的,是武帝更大怒,认为司马迁的话只是给李陵讲情,尤其疑心他言外在讥讽这一次功少的李广利——武帝所爱的李夫人之兄贰师将军。因而武帝立刻把这太热心,太多情,太爱好正义,太笃于友道,太好奇爱才的司马迁交给狱吏了!

这一年,司马迁三十七岁了。他的家是穷的,没有钱去贿赂出狱;他的所谓朋友是冷血的,没有人去给他说话;他的地位不高,势力不大,也惊动不着那些达官贵人去疏通;渴望人间温暖的司马迁,自此以后,却只好时时看一些冷酷的狱吏的面孔,处在冰湿而凄惨的囹圄中了!

更不幸的是第二年。虽然在有一个时候武帝悔悟过来了,他说应该让李陵先出塞,以后再叫路博德去接应就好了,上次只因为给路博德的命令太早了,所以有了让一个老将卖弄奸猾的机会,于是一面赏赐逃回来的李陵部下,一面又叫因杆将军公孙敖去深入匈奴迎接李陵;可是谁料公孙敖毫无成功,并且从一个捕得的俘虏的口里,听说李陵在教匈奴练兵,准备和汉军对敌了。汉武帝得了这个报告,益发怒不可遏,立刻把李陵的全家,什么母亲弟弟老婆孩子,统统杀了。同时叫司马迁也受了腐刑①。

这在司马迁是再奇耻大辱也不过的了!所以后来司马迁一再沉痛地说:"太上不辱先,其次不辱身,其次不辱理色,其次不辱辞令,其次诎体受辱,其次易服受辱,其次关木索,被箠楚受辱,其次鬄毛发,婴金铁受辱,其次毁肌肤,断支体受辱,最下腐刑极矣。"又说:"祸莫惨于欲利,悲莫痛于伤心,行莫丑于辱先,而诟莫大于

---

① 据荀悦《前汉纪》卷十四及王国维《太史公系年考略》。

宫刑，刑余之人，无所比数，非一世也，所从来远矣。"更说："夫中材之人，事有关于宦竖，莫不伤气，况慷慨之士乎？"他现在直然是"闺阁之臣"了，在"身残处秽"中，孤寂而抑郁，肠一日而九回，卧立都是恍惚的，出了门，也不晓得到哪里去，总之，他是陷于最大的悲愤和耻辱中了！

他觉得也未尝不可以自杀，可是他想到他的文学天才，还没有表现出来，那部"究天人之际，通古今之变，成一家之言"的第二部《春秋》——《史记》，也还没有脱稿，他于是倔强而坚忍地，"就极刑而无愠色"了！

在这时，司马迁并转而悟到古人的一切著作正都是产生在苦痛和寂寞里，在郁结而不通的时候，只好"述往事，思来者"；在一无所有的时候，只好"垂空文以自见"了！

司马迁的受刑，在他个人当然是一个太大的不幸，然而因此他的文章里仿佛由之而加上浓烈的苦酒，那味道却特别叫人容易沉醉了！又像音乐中由之而加上破折、急骤、悠扬的调子，那节奏便特别酣畅淋漓，而沁人心脾了！

司马迁这一年三十八岁，距他父亲之死已有十三年，距他身为太史令恰在十年以上，可知他那惨淡经营的《史记》已有十余年的时光，恐怕业已成了大半了。但受此刺激以后，却恐怕更思如泉涌、笔如奔马地加速完成起来了。

至于李陵这一次全家被族，事后证明也仍是冤枉，因为那个教匈奴练兵，准备和汉军对敌的，并不是李陵，乃是另一个降将李绪。李陵痛心于因李绪受祸，便使人把李绪杀了。后来到了武帝死后，昭帝既立，霍光和上官杰辅政当权，他们和李陵素来是不错的，便派李陵另一个老朋友任立政去招李陵。任立政到了匈奴那里，单于置酒招待,可是没法和李陵私谈,便只好给了李陵几个眼色,故意用手摩了好几回刀环,又抓了抓脚,暗示他可以归还。李陵等也有一次慰劳他们,任立政便乘机大声说道:"汉朝已经大赦了,中国很安乐,主上也还年少有为,现在霍子孟、上官少叔(霍光和上官杰的字)主持一切呢!"李陵很默然,过了一会,拍着自己的头发说:"我已经改了装束了!"又过了一会,座上的降将卫律(本是胡人)退去,任立政便又说:"少卿(李陵字)也太苦了,霍子孟、上官少叔都问候您!"李陵说:"他们两位还好么?"立政说:"只等你回来,一块享富贵呢。"李陵叫着任立政的字道:"少公,回来容易,就是怕再受辱!"话没说完,退去的卫律又回来了,把这话也听见了一些,便说:"李少卿是能干人,不只在一国立功。范蠡还曾遍游天下,由余不也是由戎入秦么? 你们有什么话说得这么亲热!"这样,席便散了,立政又跟在李陵身后说:"有没有意呢?"李陵说:"大丈夫不能再受辱。"于是李陵仍然留在匈奴那里(前后二十六年),到元平元年(公元前七四),病死了。

　　李陵案给司马迁的印象太深,有意无意间,他的整部《史记》里,都有这件事的影子。在《冯唐列传》里,冯唐说文帝虽有廉颇、李牧不能用,那一般话是:"臣闻上古王者之遣将也,跪而推毂,曰,阃以内者,寡人制之,阃以外者,将军制之。军功爵赏,皆决于外,归而奏之,此非虚言也。臣大父言李牧为赵将,居边,军市之租皆自用飨士,赏赐决于外,不从中扰也。委任而责成功,故李牧乃得尽其智能,遣选车千三百乘,彀骑万三千,百金之士十万。是以北逐单于,破东胡,灭澹林,西抑强秦,南友韩魏。当是之时,赵几霸。其后会赵王迁立,其母倡也,王迁立,乃用郭开谗,卒诛李牧,令颜聚代之,是以兵破士北,为秦所禽灭。今臣窃闻魏尚为云中守，其军市租尽以飨士卒，私养钱，五日一椎牛，飨宾客军吏舍人，是以匈奴远避，不近云中之塞，虏曾一人，尚率车骑击之，所杀甚众。夫士卒尽家人子，起田中从军，安知尺籍伍符，终日力战，斩首捕虏，上功幕府，一言不相应，文吏以法绳之，其赏不行，而吏奉法必用，臣愚以为陛下法太明，赏太轻，罚太重。且云中守魏尚坐上功首虏差六级，陛下下之吏，削其爵，罚作之。由此言之，陛下虽得廉颇、李牧，弗能用也。"这里的魏尚，还不是像李陵么？这里的文帝，还不是如武帝么？司马迁生怕这样还不大明显，更在赞里说："冯公之论将卒，有味哉！有味哉！"直然是责呼武帝而为李陵伸冤了。

又如《王翦列传》中说："夫为将三世者必败……其后受其不祥"，这还不是隐约间指李陵么？《穰侯列传》中说："穰侯，昭王亲舅也，而秦所以东益地，弱诸侯，尝称帝于天下，天下皆西乡稽首者，穰侯之功也。及其贵极富溢，一夫开说，身折势夺，而以忧死，况于羁旅之臣乎？"人臣之受毁是太容易了，这也有李陵案的余波在荡漾着。更如《主父偃列传赞》中说："主父偃当路，诸公皆誉之，及名败身诛，士争言其恶，悲夫！"这和公卿大夫起初为了李陵而向皇帝奉觞上寿，到后来"举事一不当"，这般"全躯保妻子之臣"，就"随而媒孽其短"，不也太相似了么？

此外《伍子胥列传赞》中所谓："怨毒之于人甚矣哉，王者尚不能行之于臣下，况同列乎？"不啻是自己受了迫害以后的一种泄忿，所谓"向令伍子胥从奢俱死，何异蝼蚁，弃小义，雪大耻，名垂于后世，悲夫！方子胥窘于江上，道乞食，志岂尝须臾忘郢邪！故隐忍就功名，非烈丈夫孰能致此哉！"也正是自己发愤著书的心情的剖解。至于《虞卿列传赞》中有："虞卿料事揣情，为赵画策，何其工也！及不忍魏齐，卒困于大梁，庸夫且知其不可，况贤人乎？然虞卿非穷愁，亦不能著书以自见于后世云。"尤容易让人想到，这里所谓料事揣情之工，是说自己并非见不到要受祸，而不忍魏齐，是说自己对李陵终于不忍不为一言，而穷愁著书，就又是自己越发埋头写《史记》了。

　　大概自从李陵案以后，司马迁特别晓得了人世的艰辛，特别有寒心的地方（如赏识韩信，劝高祖登坛拜将的是萧何，骗了韩信，使之被斩的，却也是萧何），也特别有刺心的地方（如李同告诉平原君的话："士方其危苦之时，易得耳"），使他对于人生可以认识得更深一层，使他的精神可以更娟洁，更峻峭，更浓烈，更郁勃，而更缠绵了！——这也就是我们在《史记》里所见的大部分的司马迁的面目。总之，这必然发生的李陵案，乃是他的生命和著述中之加味料了，他的整个性格是龙，这就是睛！

六　两个英雄的晚年

　　在司马迁受刑的这一年，汉武帝六十岁了。这老英雄也已经是到了垂暮了！

　　到了垂暮之年的人，先是背戾，后是宁静。天汉三年的三月，武帝仍巡幸，到了泰山。方士们一般迂怪的话，已为汉武帝所厌倦，不过却仍然希望能到海里，找到蓬莱，遇到神人，像鸦片的吸食者一样，一时未能戒绝而已。司马迁既然入狱受刑，所以这一年，他没跟着。

　　天汉四年，又大征匈奴，主将是李广利，可是没有什么大成就。

　　司马迁入狱后的第四年是太始元年（公元前九六），六月有大赦。司马迁因此便出狱了，这时他年已四十岁。出狱之后，被任为中书令，中书令就是中官——宦官——而任尚书事者，对外是接受尚书之事，对内则奏之于皇帝，一切诏奏机密都要经过他的手。就官说，比太史令还阔一些，未尝不可称得起"尊宠任职"（《汉书》本传）的。但是和宦者同官，也就仍是大大的侮辱了。

司马迁无论在狱中，或在当中书令，当然不会忘掉他的著述。也许这时正是他写作最勤快的时候了！

从太始二年到太始四年，武帝又有巡幸之事，司马迁也又都扈驾相从。二年，到回中；三年，幸东海，登之罘（现在山东的烟台），浮大海而还；四年，春天三月到泰山，十二月到雍，又到了西边的安定（现在宁夏固原），北地（现在甘肃东北角环县）。在这太始四年（纪元前九三），司马迁年四十三，有《报任安书》。这是因为在司马迁刚为太史令时，曾有援引朋友出仕的念头，现在既出狱当中书令，所以任安遂给他信，又叫他推贤进士了。殊不知现在已不是二十八岁时的司马迁了，他在悲愤之余，除了著述以外什么心也淡了，他的答书里有："若仆大质已亏缺，虽才怀随和，行若由夷，终不可以为荣，适足以发笑而自点耳。……如今朝虽乏人，奈何令刀锯之余，荐天下豪俊哉！……乡者，仆亦尝厕下大夫之列，陪外廷末议，不以此时引维纲，尽思虑，今已亏形为扫除之隶，在阘茸之中，乃欲仰首伸眉，论列是非，不亦轻朝廷，羞当世之士邪？"他觉得应该荐士的时候早已过了。信中所谓："书辞宜答，会东从上来"，就是指春天扈驾泰山之事；所谓："仆又薄从上上雍"，就是指十二月随从到雍之事。至于信中"今少卿抱不测之罪，涉旬月，迫季冬，恐卒然不可为讳"数语，却并非指太子狱，因为那一年并没有巡幸泰山及雍之事，就武帝的话看，"任安有当死之罪甚众，吾常活之"（《田叔列传》后，褚先生所记），则任安之抱不测之罪，固不止一次，至于这一回原因何在，我们却也不能详悉了。

司马迁四十四岁这一年（征和元年，公元前九二），武帝已六十六岁了。晚年的武帝，对选择人的标准已与前不同。这时赵王死了，赵王之子淖子，武帝听说他"多欲"，便说："多欲，不宜君国子民"，没有立。立的是昌，原因呢？是因为他"无咎无誉"。这不啻是开始对过去自己的检讨之反映了。这一年有所谓巫蛊案，据说丞相公孙贺之子敬声和武帝之女阳石公主私通，他们在路上埋了些木偶人，准备诅咒武帝。这很像大观园里到了衰败的时候一样，一切妖妄便都出现了。

到了第二年，便把公孙贺父子及其全家杀了。阳石公主等也因巫蛊伏诛。不过这事情在后来又牵涉到太子。戾太子是武帝年二十九岁时所生的，本来很为武帝所喜爱，但长大了，因为有些仁恕温谨，武帝觉得他的才能赶不上自己，太子有些不自安，可是武帝仍然对卫青说："汉家庶事草创，加以四夷侵陵中国，朕不变更制度，后世无法，不出师征伐，天下不安，为此者不得不劳民，若后世又如朕所为，是袭亡秦之迹也。太子敦重好静，必能安天下，不使朕忧，欲求守文之主，安有贤于太子者乎？闻皇后与太子有不安之意，岂有之邪？可以意晓之！"这样也就没有什么芥蒂了。太子又每每谏伐四夷，武帝就笑道："吾当其劳，以逸遗子，不亦可乎？"大概武帝的作风是严刻的，太子的作风是宽厚的，因此素来宽厚的大臣就多半拥护太子，而一般喜欢用严刑峻法的大臣就多半加以毁坏了。前者无联络，后者有党羽，于是说太子坏话的便多起来。起初，武帝还不十分相信，到了这时，巫蛊案既起，在宫中的女巫很多，每每叫人埋木偶，作为报仇消恨的手段，当时后宫及大臣因而被杀的已有好几百人。武帝被这事闹得身体也很坏，白天便也常做梦有数千木人来挑战，同时武帝也渐渐多怒善忘了。这时有一个督察贵戚近臣的直指绣衣使者江充，想借巫蛊案排除异己，收捕验治，因而处以死刑的，多到数万人。他最后往皇后和太子的宫中去掘地，掘得连放床的位置都没有了，他说木人最多的就是太子，并且说太子还有无礼的话写在绢帛上呢。太子也害怕起来，恐怕武帝已在甘泉病笃，所以奸臣才敢如此悖乱，因而亲自把江充斩了。这时宣传着太子已有反心，武帝也大怒。于是武帝的兵和太子的兵在京城里大战起来，战了五日，又死伤数万人。这时武帝也从甘泉赶回来了，太子兵败出走。司马迁的朋友田仁和任安，便都是因为这事被腰斩的。太子出走以后，逃到湖县泉鸠里（现在潼关以东阌县之地），因为搜捕得急，自缢了。

有太子兵事这一年，是征和二年（公元前九一），司马迁年四十五。次年为征和三年，这一年李广利带兵七万，出五原，击匈奴，兵败而降。这是《史记》中所记最晚的可信为出自司马迁手笔的事，可能司马迁就是在这一年死去的，那么他只是活了四十六岁而已了。这时距《报任安书》已有四年，那时说："仆窃不逊，近自托于无能之辞，网罗天下放失旧闻，考之行事，稽其成败兴坏之理，凡百三十篇，亦欲以究天人之际，通古今之变，成一家之言，草创未就，适会此祸，惜其不成，是以就极刑而无愠色。仆诚已著此书，藏之名山，传之其人，通邑大都，则仆偿前辱之责，虽万被戮，岂有悔哉？"可知他在就极刑（三十八岁）之前，百三十篇的《史记》组织，虽早已粗具，但到了《报任安书》（四十三岁）时，还没有完成，更没有藏传，大概完成就在现在这四年间。《史记自序》中又说："凡百三十篇，五十二万六千五百字，藏之名山，副在京师"，书的字数都计算出来了，书是完成无疑，而且"副在京师"，可见在生时已不止一个抄本。《自序》可能就是作于征和三年（公元前九〇）的，那最后的话是："余述历黄帝以来，至太初而讫，百三十篇。"大有书稿写成后，搁笔而踌躇满志的愉快在！

四十六岁以后的司马迁如何，我们却一点也不晓得。他是自杀还是病死？我们也没有丝毫记录。以他的倔强，自杀也很可能。他觉得任务已了，或者就不必苟活了的吧。——《史记》的创作，差不多占了他半生！

那活了七十一岁的高龄的汉武帝，再过了四年，也长眠了。武帝的最后几年，理智很澄澈。在征和三年，他的游兴并不衰，到了雍，到了安定北地；因为想到太子无辜，盖了一个思子宫，并在阌乡太子自杀的地方建归来望思之台，这也够伤心的了！这时武帝六十八岁了。次年征和四年，武帝再到东莱、海上，并泰山，举行最后的封禅。他告诉大臣说："朕即位以来，所为狂悖，使天下愁苦，不可追悔，自今事有伤害百姓，糜费天下者，悉罢之！"最后对方士也不信了，一律遣散。这时有人建议屯田轮台（在新疆迪化西南），武帝也失掉了兴致，认为"军士死略离散，悲痛常在朕心，今又请远田轮台，欲起亭遂，是扰劳天下，非所以忧民也，朕不忍为！"自此以后，对国家便只在休息富养，也不再出兵了。再一年是后元元年（公元前八八），武帝到了甘泉、安定。武帝想立钩弋夫人之子弗陵为太子，因为他年幼，便让人画了一张周公负成王朝诸侯的图给霍光，霍光是一个忠厚老实人，当时并不晓得是何用意。过了几天，武帝便把钩弋夫人叫来了，忽然赐死，钩弋夫人百般请罪，也还是没赦。别人都很奇怪，立她的儿子，为什么杀他的母亲？武帝说，这是因为主少母壮，怕再有吕后之祸！这代表了远见而惨忍的武帝作风之最后表现，这时武帝年七十。第二年，武帝在甘泉宫，朝过诸侯王，又到了盩厔（在长安之西），这是这位老英雄的最后旅行了，即在这里长逝。死以前，以沉静详审的霍光为大司马大将军，以笃慎的金日磾为车骑将军，武帝晚年的择人和以前多么不同！

武帝的长处是聪明、决断，而且守法。他的妹妹隆虑公主之子昭平君犯了法，终于定了死罪，他说："法令者，先帝所造也，用弟（女弟）故而诬先帝之法，吾何面目入高庙乎？又下负万民！"所以就在悲哀不能自止之中而行法了。

武帝的确是一个英雄，他的一生像几幕剧。前几幕那样威风浪漫而奇幻，后一幕却是这样宁静而澄澈了！

在武帝这样一个英雄之旁，却又有一个可以把武帝讥讽得哭笑不得，玩弄于笔头之上的，这就是司马迁！他们的生命，差不多是相为终始的。说是讲他们的晚年，这有点错，司马迁似乎并没有到晚年，他是圆满地在精壮的青春中结束他的生命的，汉武帝在精神上也始终是富有活力，最后还不失为一个大政治家的手腕，最后还在奏那求仙漫游的尾声，也何尝有晚年？——这时是浪漫的大时代，他们都是浪漫精神的象征，浪漫精神原是只有青春，而无所谓衰老！

第六章　司马迁之体验与创作(下)

——史记各篇著作先后之可能的推测

一　缺和补

我们用文艺创作的眼光去看《史记》,《史记》每篇的制作便应该在司马迁的生活史上各占一个地位。现在的《史记》篇第是经过司马迁组织过的,它在写作时的本来次第如何,一定是另一副样子。我现在就想尽可能地加以推测。

为了做这步工作,不能不问《史记》本来写全没有？ 关于这,答复很容易:本来一定是写全的。因为,"凡百三十篇,五十二万六千五百字",在《自序》里连字数都计算出来了,当然是写全了。而且,"藏之名山,副在京师",存稿原来也不止一份。

可是,《汉书·司马迁传》里说:"而十篇缺,有录无书。"于是平白地给我们添了一个疑团,既不晓得这十篇是如何缺的,也不晓得这缺的十篇究竟是哪些。

为什么缺？ 是触忌被削,还是偶尔散逸。前者的可能性似乎小。因为,就现存的书看,其中触忌的也仍然不少,讽刺的也已经相当厉害,亡失的几篇也不会更刻毒到什么地步。偶尔散逸,却比较近情些。这是因为，《史记》一书最初的流传，是各篇单行的。散逸的几篇（假如真有散逸），也许是受了自然淘汰的结果。

至于普通所谓缺的十篇是哪几篇呢？据《汉书》注中的张晏说，是：

（一）《景纪》	（六）《汉兴以来将相年表》
（二）《武纪》	（七）《日者列传》
（三）《礼书》	（八）《三王世家》
（四）《乐书》	（九）《龟策列传》
（五）《兵书》	（十）《傅靳列传》

后人如吕祖谦、王鸣盛等，对此都有所论列。他们觉得真正亡失的，只有《武纪》一篇。现在我们看这十篇，除了《傅靳列传》外，的确都有些特别处：《景纪》由于有过因触忌而削去的传说（《自序集解》引《汉旧仪》注，《西京杂记》卷六同），不知道现在的《景纪》是否就是原样；《武纪》乃是把《封禅书》又载了一遍；《礼书》钞自荀子的《礼论》及《议兵篇》；《乐书》钞自《乐记》；《兵书》为现在《史记》所无，但却有一篇与之相当的《律书》；《汉兴以来将相年表》则有表无序，和他表不类；《三王世家》是只载了些策文；《日者列传》与《龟策列传》，在风格上又仿佛真出自第二手。那么，除了《傅靳列传》外，这九篇确是有些问题了！

可是也并非绝无商量的余地：《孝景本纪》和《汉书》上的并不完全相同，而且赞语的确是司马迁的笔调，再则赞语主旨也和《自序》中提出所以作《孝景本纪》者相符合，这就是在刻削诸侯，酿成七国之乱的一点。吕祖谦说："其篇具在"，我们是可以同意的。

《孝武本纪》（其实应该叫《今上本纪》），截取《封禅书》中关于武帝的一段，又加上一个冒，赞也竟是《封禅书》之赞，一字不差，的确可疑。然而我们看《自序》中称："汉兴五世，隆在建元，外攘夷狄，内修法度，建封禅，改正朔；易服色，作《今上本纪》第十二。"可知假若要作《武纪》的话，原重在他的封禅（改朔易服是随着来的），所以我疑心：焉知道司马迁不是故意地重钞一份《封禅书》，作一个最大的讽刺的？意思是："瞧吧，你自以为武功了不得，其实你一生也不过只是被一些方士所愚弄罢了，你虽然也偶尔觉悟，但是像吃鸦片一样，不知不觉就又为方士的胡话所诱惑了！"试想，除了司马迁之外，谁敢在同一部书里把同一篇文章再钞一遍？除了大讽刺家司马迁之外，谁又会这样幽默而痛快？补书的法子尽多，哪有在同一书里找出一篇现存的东西来顶替的？

《礼书》和《乐书》也难说不是原样。《史记》本是撰次旧闻的，讲礼乐而取自《荀子》和《乐记》，这采择不能算坏。（中国讲礼乐，有超过它们的么？）再说，司马迁的书中，本有许多地方袭用《荀子》（详第七章第七节），大概他对于荀学很信仰，在这里遂以荀子为代言（《乐记》也是荀学，余别有考），就毫无足怪了！况且，《礼书》和《乐书》的篇首，都有司马迁手笔的叙文，所以纵然让步了说，这两篇只能说不全，而不是缺！

《兵书》就是《律书》，《律书》是存在的，不过也未必全而已。

《汉兴以来将相年表》，所差的是没有序文，我们也很难因为它没有序文，就连表的本身存在也否认了。

《三王世家》，不错，只载了些策文，然而《自序》里明明说："三子之王，文辞可观，作《三王世家》。"策文之外，本别无重要之处，所以现存的样子，也不会和原样多么远。赞语则确是司马迁的格调，吕祖谦又说对了！

《日者列传》和《龟策列传》，笔调自然有些特别，然而司马迁的风格本来变化多端，我们也很难武断他不能写这类的文章。《龟策列传》中说到伐大宛，说到巫蛊，这是司马迁的时代；说到"余至江南"，这是司马迁的足踪；最后说出"岂不信哉"，这是司马迁惯于用反笔作讽刺的技术；所以这篇一定是司马迁的原文，至少是原文的一部分了。《日者列传》，我疑心也许是司马谈的旧稿吧。总之，这两篇也都不能放在散逸之列。

九篇既如此，而《傅靳列传》，就更看不出是后人补作之迹了。假若张晏不提及，恐怕谁也不会这样怀疑过！

那么，所谓散逸的十篇，实在散逸得有限。反之，现存的其他篇中，却被后人附加得不少，也有的是显然不全的。《楚元王世家》就是后者的例。因为，赞中明有"使楚王戊毋刑申公，遵其言，赵任防与先生，岂有篡杀之谋"的话，但是正文中一点记载也没有，其他传中一点补充也没有（《史记》原有互见之例），假若正文不是后人改补，也一定是有缺失了。

总之，《史记》有零星的补缀，却无整篇的散亡。《史记》每一篇中都不免有点假，但每一篇也都有一部分真。它像陈年的古董一样，修补和锈蚀是不免的，但原物的神态却也始终古意盎然，流动在每一部分里。

二 《史记》中可能出自司马谈手笔者

我们为考订司马迁著《史记》时各篇的先后，我们先须把可能是司马谈写的除去。

司马谈在临死时叮嘱司马迁道："余死，汝必为太史，为太史，无忘吾所欲论著矣。"看样子好像司马谈只是想论著而不曾动笔似的,可是再看当时司马迁在俯首流涕中的答话是:"小子不敏,请悉论先人所次旧闻,弗敢阙。"可知所谓"欲论著"乃是畅所欲言之意,收集的材料和主要的见地却未尝不是早已有着了。在这些材料和见地中,难道就没有比较可以近乎完稿的么?司马迁又说:"余所谓述故事,整齐其世传,非所谓作也。"难道这故事和世传中,就没有他父亲在比较上已经整齐得就绪的么?

在这种意味下,《史记》里可能有司马谈的著作的,我看有八篇,这是:《孝景本纪》、《律书》、《晋世家》、《老庄申韩列传》、《刺客列传》、《李斯列传》、《郦生陆贾列传》、《日者列传》。

我辨别的标准是这样的:第一,就思想上,司马谈唯一留给我们的可靠的著作是《论六家要旨》,所以和这篇的论点符合与否就是一个试金石。第二,就时代上,《史记》里所叙的亲历的时代有远在司马迁以前,非他父亲不能接得上的。第三,就文字上,《史记》中时而讳谈,时而不讳,这不讳的就可能是谈自著。

那么,我们看这八文:《孝景本纪》,除赞外,无文章可言。赞里说:"汉兴,孝文施大德,天下怀安,至孝景不复忧异姓。——而晁错刻削诸侯,遂使七国俱起,合从而西乡,以诸侯大盛,而错为之不以渐也。"这很像《论六家要旨》里责备法家的话:"不别亲疏,不殊贵贱,一断于法,则亲亲尊尊之恩绝矣,可以行一时之计,而不可长用也,故曰严而少恩。"我原说过,《论六家要旨》与其说是一篇学术论文,不如说是一篇政论,与其说是讲空洞的学派,不如说是批评当时的实际政治,所以《孝景本纪》和《论六家要旨》似乎都是司马谈手笔。再说,我推测《论六家要旨》的写作不出公元前一三五(建元六年,黄老派的统治者窦太后死的一年)到公元前一二四

（元朔五年，公孙弘倡议置博士弟子，以奖诱儒术的一年）之间，而《景纪》赞中提及主父偃上书天子下推恩令的事，那时是公元前一二七（元朔二年），二文正可能是同一时之作。这时司马迁才九岁。假若死在元封元年（前一一〇）的司马谈，以六十左右计，草此二文时是将近五十岁的吧。

《律书》可能是司马谈作，因既云"世儒闇于大较，不权轻重，猥云德化，不当用兵"，则必作于武帝对外用兵以前，文中亦确只叙至文帝之事而止，这正是司马谈的时代，此其一；篇末讲"神使气，气就形"，讲"非有圣心以乘聪明，孰能存天地之神，而成形之情哉？"均与《论六家要旨》中所谓"凡人所生者神也，所托者形也"，"神者生之本也，形者生之具也"诸语相类，此其二。

《晋世家》之所以令我疑心也是司马谈的著作处，是因为其中没有讳谈。在这世家的后一半里，有："桓叔生惠伯谈，谈生悼公周。"按司马迁在《报任少卿书》里说到宦者赵谈处，是改为："同子参乘，袁丝变色。"在《史记》本书里讳谈的地方也不少：

（一）《赵世家》 "襄子惧，乃夜使相张孟同私于韩魏（《索隐》：《战国策》作张孟谈，谈者史迁之父名，迁例改为同）。"

（二）《平原君虞卿列传》 "邯郸传舍吏子李同（《正义》：名谈，太史公讳改也）说平原君曰：'君不忧赵亡邪？'"

（三）《季布栾布列传》 "楚人曹丘生辩士，数招权顾金钱，事贵人赵同等（《集解》，徐广曰：《汉书》作赵谈，司马迁以父名谈，故改之）。"

（四）《佞幸列传》 "孝文时中宠臣，士人则邓通，宦者则赵同（《索隐》：案《汉书》作赵谈，此云同者，避太史公父名也）。"

（五）《袁盎晁错列传》 "宦者赵同（《集解》，徐广曰：《汉书》

作谈字)以数幸,常害袁盎。"

反之,书中不讳谈的例,则除了《晋世家》外,有《李斯列传》中的"宦者韩谈及其子谋杀高",有《司马相如列传》中的"因斯以谈,君莫盛于唐尧,臣莫贤于后稷"(在论封禅的遗札中),有《滑稽列传》中的"谈言微中,亦可以解纷",有《自序》中的:"喜生谈,谈为太史公"。

现在牵涉到汉人临文讳不讳的问题了。胡适之先生最近写了两篇论文,一是《两汉人临文不讳考》,一是《读陈垣史讳举例论汉讳诸条》,都发表在本年三月出版的《图书季刊》新五卷一期上。他的结论是:"避讳制度和他种社会制度一样,也曾经过长时期的演变,在那长时期的历程上,有时变宽,有时变严,有时颇倾向合理化,有时又变的更不近人情。"可是他这两篇文章对于我们现在的需要上说并没有多大的帮助,因为,第一,他的取材多半限于东汉,让我们不易判定司马迁的时代究竟是避讳制度变宽的时候还是变严的时候;第二,他的论据,几乎全限于帝讳,于是让我们难于说"家讳"究竟是否也那样有弹性。

单就《史记》论,我们不妨在实际上分析那讳与不讳的两组文字。先说在不讳的方面,《自序》和《司马相如列传》、《滑稽列传》应该不算。因为,《自序》是表彰他父亲的,名字一定要从真,当然不会讳。《司马相如列传》、《滑稽列传》中的"谈",是"谈"的本义,并非人名,找了代字,意义就会两样,所以也没法讳。只有《晋世家》中的惠伯谈,《李斯列传》中的韩谈,却是可讳而未讳的,这值得我们注意。

很有趣的一个对照是,这不讳的一组和讳的一组有一个大不同:讳的一组的文字往往与司马迁的身世相关,而不讳者则否。例如《赵世家》中就有"吾闻冯王孙曰，赵王迁，其母倡也"的话，冯王孙见《冯唐传》，乃是司马迁的朋友，所谓"亦奇士，与余善"的。《平原君虞卿列传》中就有"虞卿非穷愁，亦不能著书以自见于后世"的话，这也正是司马迁《报任少卿书》中所谓"发愤之所为作"的见解。至于《季布栾布列传》、《袁盎晁错列传》、《佞幸列传》中的赵同，又恰是《报任少卿书》中的"同子参乘，袁丝变色"的同一刺心的目标。可见讳谈的五文中，都有司马迁的生活烙印在！不讳的二文（《晋世家》和《李斯列传》），那司马迁的影子却淡得多。所以，很可能这不讳的两篇大体上是司马谈写的。

《老庄申韩列传》也有司马谈写的可能。我的根据是：老庄变而为申韩，未必是指哲学思想的演化，却可能是指汉代的政治精神由文帝的黄老术变而为景帝的刻薄和武帝的严刑峻法，推原祸始，却是文帝，幸而文帝在技术上却灵活得多，"而老子深远矣"，是贬之，却也是不得已，就其次而怀念之。这主旨和《论六家要旨》太相似，所以可能也是司马谈著。再则叙到老子的后人时，至李解而止，解为胶西王邛太傅，按胶西王邛以文帝十六年（公元前一六四）封，景帝三年（公元前一五四）诛，为什么只叙到司马迁生前二十年就完了呢？可能是由于司马谈去写才如此的。

《刺客列传》和《郦生陆贾列传》也有各别叫人生疑的地方。《刺客列传》的赞里说："始公孙季功、董生与夏无且游，具知其事，为余道之如是。"夏无且是秦始皇的侍医，荆轲做刺客时曾在场，那事发生在公元前二二七年，距司马谈之死（公元前一一〇），有一百十七年的光景。假若司马谈活六十岁，则当生于公元前一七〇左右，距这事的发生还有五十几年呢！这事是必须夏无且活得很大，而公孙季功、董生等又在很年轻时听见这故事，他们也活得很大,而司马谈也是在很年轻时就又听见那转述,才可能。赞中的"余"说是司马谈已有些牵强,说是司马迁简直是不可能了!所以《刺客列传》的著者是司马谈,比说是司马迁,靠得住得多。

《郦生陆贾列传》的可疑之点也在赞里。赞里说:"至平原君子与余善,是以得具论之。"按本传上文说平原君自到后,文帝闻而惜之,"乃召其子拜为中大夫,使匈奴,单于无礼,乃骂匈奴,遂死匈奴中。"查《匈奴列传》,在文帝六年时(公元前一七四),曾使中大夫意到匈奴那儿去,这个中大夫意可能就是平原君朱建之子的名字,朱建之自杀是由于淮南王厉把辟阳侯杀了,自己有设计的嫌疑而然,这事发生在文帝三年(公元前一七七)。死后即召其子为中大夫。这和中大夫意之使匈奴,相距三年,事正衔接。假如中大夫意就是朱建之子,这是在司马迁生前四十年就死在匈奴中了,如何能和司马迁有来往?所以这里的"余",也只有司马谈才可能了。

《日者列传》只叙述到了贾谊少年时的故事,又叙到贾谊之死。贾谊之死是在文帝十一年(公元前一六九)。假若司马迁写的,为什么后来的卜者就不载了?而且,文中的老庄思想十分浓,不惟司马季主动辄援用老庄,就是宋忠、贾谊也彼此以老子无名的道理相责勉,后来宋忠使匈奴,抵罪了,贾谊当师傅,绝食而死了,传里也用老庄的眼光结束他们说:"此务华绝根者也。"这种道家立场,不更像是司马谈么?假若有人觉得这篇的风格与司马迁的文字不类,也许可以就在这里得到一种可能的解释了。

总之,这八篇都有司马谈作的可能。我说可能,是说还不能认为就是定论。尤其像《晋世家赞》中之重在主上的忌刻,仿佛仍在讽刺汉武帝,《李斯列传》之写,似乎仍是宣泄《报任少卿书》中"李斯相也，具五刑"的愤慨，且篇首笔调有和《货殖列传》相类处，也有和《报任少卿书》相类处，这不仍然让我们想到还是司马迁写的可能较大些么？我们的解释只能是：这两篇原是司马谈的手稿，但不妨司马迁有着修润或借题发挥处。再如《刺客列传》，假若所说的公孙季功是公孙弘（《平津侯列传》上说他字季，也许是掉了一个功字），则本文仍有司马迁著作的可能。因为，公孙弘是活了八十高龄的，他死于元狩二年（公元前一二一），司马迁已经十五岁了，他生于高祖七年（公元前二〇〇），距荆轲刺秦王只有二十七年。假若夏无且经过了那次刺杀事件，还活了三四十年，是有机会可以告诉公孙弘的；公孙弘也可以转告给十几岁的小历史家司马迁的。不过这样说，还是嫌太凑合，不如把著作权断给司马谈近情理。其他五篇，以对《郦生陆贾列传》的论据较强，《律书》次之，《老庄申韩列传》又次之，《孝景本纪》和《日者列传》就更薄弱了。好在我说是可能，这就是像航海的人，偶而见了些树叶木片，不禁做一点悬想的试探而已。

三 《史记》中不易辨别为谈著抑迁著者

其次我们要除去那些既看不出司马谈的著作痕迹，也无从见其与司马迁的现实生活之关系的，这是：

（一）《殷本纪》

（二）《秦本纪》

（三）《汉兴以来将相名臣年表》①

———————————

① 无从断定原表止于何年，现在之表，竟到了成帝鸿嘉元年——公元前二〇了！

（四）《燕召公世家》

（五）《宋微子世家》

（六）《楚元王世家》

（七）《荆燕世家》

（八）《乐毅列传》

（九）《田单列传》

这几篇在讨论《史记》中各文的著作先后时都只好存而不论。两次除去的结果，我们所论者只有一百一十三篇。

四　司马迁著述之根据与其创作时之情形

在论司马迁的著作先后之前，我们对于他的写作根据和写作方法，还要有一个一般的考察。

他著作的根据，大概不外是：

（一）政府的档案　这不只从"䌷史记石室金匮之书"（国家图书馆里当然有档案）一语可以知之，从《三王世家》中保存的策文可以知之，从《淮南衡山列传》所录的劾奏可以知之；而且从《傅靳蒯成列传》中的军功，如靳歙之"凡斩首九十级，虏百三十二人，别破军十四，降城五十九，定郡国各一，县二十三，得王柱国各一人，二千石以下至五百石三十九人"，以及《扁鹊仓公列传》中的诏书奏答可以知之，尤见非根据档案是决写不出的。

（二）现成的书篇　司马迁一则说："整齐百家杂语"；二则说："网罗天下放失旧闻"；三则说："述故事，整齐其世传"；就知道他根据以前的书篇处是很多的。他又说："汉兴，萧何次律令，韩信申军法，张苍为章程，叔孙通定礼仪，则文学彬彬稍进，《诗》、《书》

往往间出矣。自曹参荐盖公言黄老，而贾生、晁错明申商，公孙弘以儒显。百年之间，天下遗文古事，靡不毕集太史公，太史公仍父子相续纂其职。"他得到利用的书是多么丰富，又多么方便！

（三）父亲的旧稿　　这就是司马迁所谓"请悉论先人所次旧闻"。司马谈原已经编订了些呢。不过照"无忘吾所欲论著"看来，似乎有的是资料，大概札记之类而已，缺的是成篇的东西，以及所加的精微的论断。《史记》中可能看出是司马谈的手笔的，我们前面已论过了。

（四）实际的见闻　　司马迁所著各文，类多以旅行及听人述说为印证。

（五）自己的推断　　司马迁是一个哲人，也是一个诗人，他往往凭他的智慧而对史料有所抉择并贯串，又凭他的情感和幻想而有所虚构。

这五种成分合起来，就构成他的《史记》。认真说起来，他在《史记》中根据已成的东西处是远超过于自己的摸索的。懂得这种情形，就不怪《史记》中风格之杂了，也不暇怪他偶而有着矛盾了；反之，却只觉得他"涉猎者广博，贯穿经传，驰骋古今，上下数千载间，斯已勤矣！"

关于他的著述方法，是和他的著述根据分不开的。他著述既已依据前人为多，所以他的工作乃是整理剪裁（这就是他所谓"整齐"），乃是对已有资料而寻出或赋予一种意义。此外，则是运用他的文学天才，把自己的人生体验（大部分是人生苦果）交织于其中，让所写的生动而亲切，把已往的宛然变为目前。这就是他的本领。

就他的整理剪裁言，他的工作是客观性质的。因而他往往采取已有的论断,作为代言,假若和自己的不相远。例如《秦始皇本纪》后就援用大篇幅贾谊的话,即后来的班固也把他俩的话并为一谈,认为贾谊、司马迁说得如何如何了。这样看来,他的书中一定有不少是保存原来资料的面目的。

可是他也一定有着改装的地方。他的改装的方式是有两种:一是翻译,把古代难懂的文字翻成当时平易的文字,《五帝本纪》就是一例。二是就原书的文义重写,如《孟子》"王何必曰利"一段,即重写为"君不可以言利若是夫! 君欲利则大夫欲利,大夫欲利则庶人欲利。上下争利,国则危矣;为人君仁义而已矣,何以利为?"这见之于《魏世家》。我们试把《孟子》原文来一比对,就看出司马迁把原书的迂阔改去了,换上的乃是更符合战国时代的纵横面目。因为他有这种译和改,所以全书中也不尽留有所采各书的原形。只是现在我们所敢说的,他之保存或改动原始资料,并不均匀,加之司马迁本人的风格也确是丰富与变幻,往往随题赋形,所以那痕迹就更十分难辨了。

就他的文学才情言,《史记》又是非常主观的。他渲染上许多许多的感情,他也费了不少精力在琢磨他的文章上。在这方面看,《史记》在史书之外,乃是一部像近代所谓小说或者是抒情诗式的创作。创作有创作的一般特点,那是靠灵感,而优劣不能自主,也不能预期。一篇之成,也不知道经过多少失败。因而往往有弃稿,但这弃稿也每每存于现在的书中。所以《史记》也不尽是满意称心之作。

我这样述说的意思,是指明《史记》决不是完美的,可是正因为它不美满,它不会陷入庸俗,却像斑剥的钟鼎彝器或残缺的古人字画一般,那精妙幽媚处不惟不因此而失,反而更增加了人们对它的慕恋。同时我也是指明，要断定《史记》中司马迁的著作面目，是只可在相当限度内行之，关于他的著作先后，尤其是不能不在十分保留的态度之下而从事了。

五　就著作时代上对司马迁作品之划分

我们要想推测司马迁创作先后的话，只能从他书中的和他实际生活的连系处去找。这样我们便发觉童年的感印给他十分深，李陵案的刺戟更时时有着余响了。

大体上我们可以把他的一百一十三篇著作分为六个集团。第一是，不能确指为司马迁何时所作，然而能广泛地指为司马迁的文章的，这有：

（一）《吕后本纪》　从赞文"孝惠皇帝高后之时，黎民得离战国之苦，君臣俱欲休息乎无为，故惠帝垂拱，高后女主称制，政不出房户，天下晏然；刑罚罕用，罪人是希，民务稼穑，衣食滋殖"看来，似乎是暗衬后来武帝时代之多事的，所以我想一定是司马迁作，虽然作于何时不明确。

（二）《鲁周公世家》　"至其揖让之礼则从矣，而行事何其戾也！"这是讥讽一般讲道德、说仁义，而实际上毫无道德仁义的儒家如公孙弘之流的，与司马迁的常时态度正相合。何时写的？却还是没有任何痕迹。

（三）《田敬仲完世家》　赞里说田乞、田常专齐国之政，"非必事势之渐然也，盖若遵厌兆祥云"。那样大的政变，却推在好像遵循卦兆似的，也只有浪漫精神的司马迁才能为之。

（四）《田儋列传》　主旨当然在写田横之气骨以及那同时自

杀的五百人之壮烈,仿佛说流氓起家的汉朝,就没有这样出色人物!不是司马迁,谁会这样讥讽?

(五)《张丞相列传》　这更是极其狠辣的一篇讽刺。记了武帝以前的几个丞相以后,一说到"及今上时",便只列出几个人名,竟说:"皆以列侯继嗣,娖娖廉谨,为丞相备员而已,无所能发明,功名有著于当世者。"简直是说武帝朝中无人了!但那笔锋还不止此,又在侧面对那几个像样的丞相,也借端对汉朝大攻击了一番;他说像张苍那么好,可是也没赞成改服易色的事,而木强的周昌,敢于击伤吕后吏的任敖,刚毅守节的申屠嘉,却并不曾有萧、曹、陈平那般人的奸滑本领(司马迁故意说这是"术学")!表面上让人看着好像是遗憾似的,实际上却是赞美,意思是说当今连这样人物都不见了!这曲曲折折的挖苦,只有司马迁会!

(六)《刘敬叔孙通列传》　主旨在写"面谀以得亲贵"的叔孙通,赞里讽刺地说:"与时变化,卒为汉家儒宗;大直若诎,道固委蛇,盖谓是乎?"讽当时儒家,已成了司马迁的习惯;借机会把道家也加以冷嘲了,又是他父亲所不肯为的;所以这文章一定是出自司马迁,而不是出自司马谈,虽然在时代上没叙到多么晚。

(七)《扁鹊仓公列传》　给人治病,则同行嫉妒,不给人治病,则病家怨望。中国社会实在太难处了!扁鹊以技见殃,仓公匿迹当刑,左右都不对,有本领就活该倒霉。其中隐然有司马迁的感慨在!

(八)《吴王濞列传》　赞里说:"晁错为国远虑,祸反近身;袁盎权说,初宠后辱。故古者诸侯地不过百里,山海不以封,毋亲夷狄以疏其属,盖谓吴邪?毋为权首,反受其咎,岂盎错邪?"眼光那样锐利,笔下有那样逼人的锋芒,这不是温和的司马谈所能措手,断然是司马迁作！

以上八篇为一组，都只能断其为司马迁之所著，却无从确定其所著之先后者。

第二组是，司马迁之作《史记》，因为有他父亲的熏陶并自己的天才，所以未必自为太史令时始着笔。书中一定有一些少作。现在只能看出是司马迁在做郎中之前，有着遨游的踪迹或者遨游以前的征象的，则有：

（一）《三王世家》　现在的《三王世家》虽未必为司马迁原本，但照《自序》中所讲，即着重在文辞，现在所有的，也就几乎全是策文，所以原文纵存，也不会多出什么来。三王之立，是在元狩六年（公元前一一七），时司马迁十九岁。我想可能是司马迁当时就见了这策文，而十分爱好，遂铭记下来的。所以这可能是书中最早的文字。

（二）《淮南衡山列传》　我认为也是司马迁少作，因为，篇中最后所叙为衡山王之败，时为元狩二年（公元前一二一），司马迁方十五岁，此其一；篇中录张苍等奏文，占很多篇幅，或者是成熟期的司马迁所不屑为，此其二；说到荆楚民风，只称"夫荆楚僄勇轻悍，好作乱，乃自古记之矣"，并未证之以自己的见闻，也许这是司马迁在遨游（二十岁）之前作，此其三。也许有人疑惑难道不会是司马谈写的么？我的答复是，不会，因为赞文之风格奇崛，与谈异。

（三）《项羽本纪》　在司马迁开始遨游以后，其路线当是先东下，至江淮，由是南行，至会稽，折入九疑，又北上至长沙，更北上盘桓齐鲁之间，再南下至于徐州，徘徊于淮阳，于是就归途，至大梁，登箕山，重返京师。汉初的许多人物及史迹，大半得自徐州的厄困之际。对于项羽的人格之感发，也就是此行的收获。项羽初起时只二十四岁,自杀时也不过三十一岁(那时的对手汉高祖却已是五十六岁了)。他的叱咤风云,斗力不斗智,都是一种狂飙式的少年精神之表现,他的失败在此,他的可爱也在此。能和这发生共鸣的司马迁,应该也是在少年可知了。所以《项羽本纪》,恐在此行后不久作。

(四)同样精神的,是《黥布列传》。司马迁说项羽"何兴之暴也",司马迁说黥布也是"何其拔兴与暴也"。那种狂风暴雨似的勇敢和锐气,最后却也同样悲壮地失败了,真是项羽的好配角!《季布栾布列传》中的季布,本来也可以列在这里,那是"以项羽之气,而季布以勇显于楚,身屡典军搴旗者数矣,可谓壮士"的,不过由于另外的理由,我们断为以后作。此外,和项羽的"才气过人"相类的,有"才气天下无双"的李广,有"一奋其气,威信敌国"的蔺相如,但也都基于其他理由,把著作时日暂不列于此。

(五)《高祖本纪》　写豁如的高祖,文章便也很疏荡大度。不过汉高祖一副流氓相,却也留了一个逼真的记录。凡汉初事都多系此时作。

(六)《萧相国世家》　一方面讽刺萧何,说他因缘时会,"依日月之末光";说他借别人的流血,成自己的官运,"淮阴黥布等,皆以诛灭,而何之勋烂焉";说他虽然位高名大,但不过是一个侍卫之流,"与闳夭散宜生等争烈"。但另一方面却仍是侧击汉高祖,既说汉高祖的小气,只记得萧何多送了二钱,又说高祖的猜忌,就是恭谨的萧何,倘若他不是故意与民争田,以除却获得民和的嫌疑,性命就怕难保。与《高祖本纪》可为一类。

(七)《留侯世家》　仍然是讽刺,张良虽才智过人;但取悦于吕氏,日常设计,也多半一派阴柔,一点丈夫气也没有。"状貌如妇人好女",这不是大讽刺么?

(八)《陈丞相世家》 陈平更是一个盗嫂受金的无耻之徒,他也能容于吕氏的天下,文帝立后,他自知功不如周勃,却以退为进,让周勃坐第一把交椅的丞相,可是乘机使周勃露出弱点,终于自己享一个独份儿的相位了。

(九)《春申君列传》 赞中说:"吾适楚,观春申君故城宫室,盛矣哉。"此所谓楚是指淮扬一带,因为春申君时楚已迁陈。这踪迹应是在司马迁厄困鄱、薛、彭城以后,过梁楚以归的时候,故次于此。

以上九篇又为一组,大都以二十遨游为中心。本来可以系之于这次壮游的作品的,还可有许多:像先到了江淮之地的《淮阴侯列传》,像关系他南下到了会稽的《越王勾践世家》,像北上到了长沙的《屈原贾生列传》,像以齐鲁为中心的《儒林列传》、《孔子世家》、《仲尼弟子列传》,像仍以薛徐为背景的《孟尝君列传》、《曹相国世家》、《绛侯周勃世家》、《樊郦滕灌列传》、《傅靳蒯成列传》(这都是他"适丰沛,问其遗老"而得的成绩),像最后"过梁楚以归"时所感发的《魏世家》、《信陵君列传》,以及流露"登箕山"的游踪的《伯夷列传》等均是。但这十四篇,我们却都分别留到后面再说,理由也见后。

第三组文字,包括见出他做了郎中,奉使西南,参加封禅、塞河,中间丧父,初为太史令时的一段生活的。约自司马迁二十二岁至二十八岁。司马迁是锐于进取的,在他初为太史令时,颇想荐士,所以书中有荐士思想的也大半属于此际。这组是:

(一)《周本纪》 赞中有"汉兴九十有余载,天子将封泰山,东巡狩,至河南,求周苗裔,封其后嘉三十里地,号曰周子南君"。时为元鼎四年(公元前一一三),在封禅前三年,时司马迁年二十三。

(二)《司马相如列传》　文中叙列"司马相如既卒,五岁,天子始祭后土,八年而遂先礼中岳,封于泰山;至梁父,禅肃然"。相如卒于元狩五年(公元前一一八),封禅在元封元年(公元前一一〇),时司马迁二十六岁,正奉使归来,适逢父丧,但以职务关系,又匆匆就道扈驾之际。

(三)《孟子荀卿列传》　文中一方面写"迂远而阔于事情",因而"困于齐梁"的孟子,另方面却也写到处"郊迎"的驺衍。对前者是同情,对后者是讥讽。后者之"闳大不经",之讲"五德转移,治各有宜",之"先序今以上至黄帝",我猜想很有可能就是指武帝时的封禅的可笑以及那般苟合取容的儒者之可鄙的。

(四)《孝文本纪》　赞称:"汉兴,至孝文四十有余载,德至盛也,廪廪乡改正服封禅矣,谦让未成于今,呜呼! 岂不仁哉?"言外是武帝就不谦让而封禅了,所以可能也是此时讥武帝不度德量力之作。

(五)《齐太公世家》　赞中说:"吾适齐,自泰山属之琅琊,北被于海,膏壤二千里,其民阔达多匿知,其天性也。"到泰山又到海上,这不是司马迁一人在齐鲁之都讲业时的情况了,乃是参加了汉武帝"既已封泰山,无风雨灾,而方士更言蓬莱诸神若将可得,于是上欣然庶几遇之,乃复东至海上望,冀遇蓬莱焉"(《封禅书》)的行列时的踪迹了,当为此后不久作。篇中齐桓公要封禅一段,与《封禅书》同,不过一重在桓公之欲行,一重在管仲之劝阻而已。尤可见是封禅先后之际作。

(六)《蒙恬列传》　赞中有"吾适北边,自直道归,行观蒙恬所为秦筑长城亭障。"这恰是武帝封禅后,至海上,于是"北至碣石,巡自辽西，历北边，至九原，五月，反至甘泉"的路线，所以可能是代表此次大队巡行之尾声的。

（七）《平准书》 平准的成功，也是元封元年的事，而且这是封禅大典的经济基础："大农之诸官，尽笼天下之货物，贵即卖之，贱则买之，如此，富商大贾，无所牟大利，则反本，而万物不得腾踊，故抑天下物，名曰平准。天子以为然，许之。于是天子北至朔方，东到泰山，巡海上，并北边，以归。所过赏赐，用帛百余万匹，钱金以巨万计，皆取足大农。"文中只叙到元封元年卜式和桑弘羊的摩擦而止，所以很可能就是这一年作的。

（八）《河渠书》 司马迁参加负薪塞河，是封禅的第二年（公元前一〇九）事，他说："余从负薪，塞宣房，悲瓠子之诗，而作《河渠书》。"可知是此役不久以后作了。

（九）《西南夷列传》 司马迁之奉使西南在元鼎五年（公元前一一二），但此文叙至元封二年（公元前一〇九）之伐滇，当是伐滇后作，时司马迁年二十七，距奉使已经三年了。地理文而疏荡有韵致，见出司马迁少年作风也有很从容的一种。

（十）《南越尉陀列传》 南越之平，在元鼎六年（公元前一一一），还在封禅的前一年。文或为此事不久作。

（十一）《东越列传》 东越之平，即在元封元年（公元前一一〇）。

（十二）《越王勾践世家》 《东越列传》与《越王勾践世家》相连，在后者中曾说："后七世至闽君摇，佐诸侯平秦，汉高帝复以摇为越王，以奉越后，东越闽君，皆其后也。"在前者中也时时提到勾践，二文相贯注，简直像一篇似的，可断为一时之作。

（十三）《陈杞世家》 越王勾践往前推，是杞，《陈杞世家》中又有"楚惠王灭杞，其后越王勾践兴"的话，也仍可定为一时之作。再往前推，就将是《夏本纪》了，但《夏本纪》以其他理由，不计入这一期。

（十四）《朝鲜列传》　朝鲜之平，在元封三年（公元前一〇八），时司马迁已二十八岁，或此事不久后作。

（十五）《傅靳蒯成列传》　在平朝鲜的这一年，司马迁继其父为太史令。成了史官以后，才有机会得读政府的档案。《傅靳蒯成列传》中的军功，是非根据档案不能写出的。所以起码是作于此年，或以后。

（十六）《信陵君列传》　在司马迁做了太史令以后，算是亲贵了，于是有荐士之意。如《与挚峻劝进书》，便是一例。《信陵君列传》赞："信陵君接岩穴隐者，不耻下交"，与此时情味合。篇中虽有"过大梁之墟，求问其所谓夷门者"的足迹，但必迟至这时才动笔了。

（十七）《魏世家》　赞亦有"吾适故大梁之墟"语，且又涉及信陵君，当与《信陵君列传》同时作。

（十八）《五帝本纪》　赞有"余尝西至空峒，北过涿鹿，东渐于海，南浮江淮"语，按江淮为其壮游所经，空峒为其初为郎中时扈驾所到，初次到海上，则为元封封禅时事，唯北过涿鹿一行较晚，乃元封四年（公元前一〇七）从武帝封禅北归时之踪迹，又文中叙黄帝所至之地亦多与武帝相似，正封禅空气颇浓时作。

（十九）《孔子世家》　篇中虽有"适鲁，观仲尼庙堂，车服礼器，诸生以时习礼其家，余祇回留之，不能去云"语，但决不是二十岁遨游之际作。这是因为篇中又有"安国为今皇帝博士，早卒，安国生卬，卬生骧"字样，查安国约卒于公元前一二六以后，倘卒时为三十左右，后二十年可以有孙，是骦之生可能在公元前一〇六年左右，《孔子世家》当作于此时。

（二十）《三代世表》 文中对孔子之了解及用语，有与《孔子世家》同者，如《孔子世家》"孔子母死，乃殡五父之衢，盖其慎也"。《三代世表》也有"孔子因史文，次《春秋》，纪元年，正时日月，盖其详哉！至于序《尚书》，则略无年月，或颇有，然多阙，不可录，故疑则传疑，盖其慎也。"同把孔子了解为一个小心谨慎的人物，语句又同，恐亦一时之作。

（二十一）《仲尼弟子列传》 既写孔子，孔子弟子当继之而写。

以上二十一篇，乃是一组。参加封禅和初为太史令是这一期的司马迁的主要生活，时间以元封为中心。

第四组文字，是包括到了太初元年（公元前一〇四）至天汉二年（公元前九九）之前，换言之，即以司马迁订太初历为始，中间汉武帝有伐大宛之役，到李陵案还未发生。这时，司马迁自三十二岁到三十六岁。那文字的篇目如下：

（一）《历书》 现在的《历书》，截至《历术甲子篇》以前，当为司马迁手笔，其中只叙至太初元年（公元前一〇四），恐怕就是司马迁订历时写的了。订太初历，是和他作《史记》同样不朽的大业，那时司马迁只有三十二岁！

（二）《礼书》 现在的《礼书》，截至"礼由人起"以前，为司马迁文。其中说："乃以太初之元改正朔，易服色，封泰山，定宗庙百官之仪，以为典常，垂之于后云。"也当是纪念这一次的大改革的。

（三）《韩长孺列传》 韩安国虽死于元朔二年（公元前一二七），但文中记载了他所推荐的人物壶遂。赞中说："余与壶遂定律历"，可知是在太初定历后作。下文又说："壶遂官至詹事，天子方倚以为相，会遂卒。"《汉书·律历志》称太中大夫公孙卿、壶遂与太史令司马迁等建议改历，可知当时壶遂官还未至詹事。文中虽记遂之卒，亦必距太初不远。本传对安国仍在讽刺，说他貌为忠厚，却又贪财，不过赞许他的一点，就是推举人才。这也仍是司马迁为太史令后的一贯荐士思想。

（四）《儒林列传》　大体上虽像司马迁早年讲业齐鲁之都的感印，然而文中叙及"兒宽位至御史大夫，九年而以官卒"。查《汉兴以来将相名臣年表》，兒宽为御史大夫是元封元年（公元前一一〇），九年乃太初三年（公元前一〇二）。可知此文不得早于这一年。兒宽也参加过太初历的订定，恐是此期写成。按《汉书·兒宽传》亦作"居位九岁，以官卒"。唯《百官公卿表》作八年卒，兹从《史记·儒林列传》及《汉书·兒宽传》。又徐广在"兒宽位至御史大夫"句下，注为"元狩元年"（公元前一二二），必误无疑，因为那样便与《汉书》、《史记》两表不合，而且卒年将在太初前十年了，又如何赶得上订历呢？

（五）《汉兴以来诸侯年表》　序中称"臣迁谨记高祖以来至太初诸侯"，表亦至太初四年（公元前一〇一）而止。这是确切看出作于太初四年的一例。

（六）《建元以来王子侯者年表》　表中亦只至太初四年。

（七）《大宛列传》　自太初元年起，汉武帝兴师伐大宛，"凡四岁而得罢焉"，大概在太初三年战事告一结束，到太初四年才把善后办好。《大宛列传》是以张骞和大宛马为线索的一篇又威风又有趣的妙文。李广利虽为伐大宛的主帅，但文中写得他黯然，反不若张骞的开场之功。全文总在写李广利之封侯，实不值一文而已。

此文恐是大宛之役结束不久后作。

（八）《夏本纪》 《大宛列传》的赞中说："《禹本纪》言河出昆仑，昆仑其高二千五百余里，日月所相隐避为光明也。其上有醴泉瑶池。今自张骞使大夏之后也，穷河源，恶睹《本纪》所谓昆仑者乎？故言九州山川，《尚书》近之矣；至《禹本纪》、《山海经》所有怪物，余不敢言之也。"这和言九州山川的《夏本纪》相关，或者《夏本纪》也在《大宛列传》前后作的呢。《夏本纪》赞文中且提及孔子正夏时，正也是和太初订历的空气相近。

（九）《乐书》 中有"后伐大宛，得千里马"语，下面又有《天马歌》。当系伐大宛不久作。不过后接汲黯之直谏，公孙弘之借端排挤，但他们一个死于元鼎五年（公元前一一二），一个死于元狩二年（公元前一二一），都在伐大宛之前一二十年间，何能谏《天马歌》，也何能以此为私人攻击的题目？难道真是司马迁只写艺术的真（汲黯和公孙弘的性格完全对），而不必顾及史实吗？抑是后人有了改动？不易断明。现在只是就其有伐大宛语，推测其或为此时作而已。

（十）《天官书》 后文讲荧惑，说"未有不先形见而应随之"，最后的一个例，即"兵征大宛，星茀招摇"。可知或亦此时作。

（十一）《外戚世家》 最后叙及李夫人兄弟坐奸族，"是时其长兄广利为贰师将军，伐大宛，不及诛，还，而上既夷李氏，后怜其家，乃封为海西侯。"这正是太初四年事。查李广利在征和三年（公元前九〇）降匈奴，文中不及叙，可知此文最晚不能过征和三年。又按昭帝生于太始三年（公元前九四），文中不惟未叙及废其母钩弋夫人事，亦未及昭帝之生，恐此文甚而也不得晚过太始三年。它之成大概在公元前一〇一至公元前九四间，作于伐大宛之际是最可能的。

（十二）《佞幸列传》　传中已叙及李夫人卒后，禽诛延年昆弟；广利是伐大宛时不及诛的一个，则延年之诛正在此时。此文之作，亦必去此未远。

（十三）《五宗世家》　以《汉书·诸侯王表》对读，《五宗世家》所叙，大抵以太初四年为限。只有长沙王鮒鮈之立，《汉书》表在天汉元年（公元前一〇〇）。恐此文至迟在天汉元年作。又河间顷王授卒于天汉四年（公元前九七），而文中只叙其立，不及其卒，可见此文再迟不能超过天汉四年。那时司马迁年三十九。

（十四）《万石张叔列传》　文中所叙最迟的事是："庆中子德，庆爱用之，上以德为嗣，代侯，后为太常，坐法当死，赎免为庶人。"依《汉书·外戚恩泽表》，石德之赎免在天汉元年。此文或亦此后不久作。

以上十四篇，为一组。大抵到太初四年为止。《史记·自序》中一则说："（司马谈）卒三岁，而迁为太史令，绌史记石室金匮之书，五年而当太初元年，十一月甲子朔旦冬至，天历始改建于明堂，诸神受纪。"下面即接叙和壶遂的问答，问答毕，"于是论次其文"。二则说："余述历黄帝以来，至太初而讫，百三十篇。"大概在太初以前，虽写有散篇，但到了太初元年，因为改历一事的大兴奋，遂鼓舞整理，到了太初四年，已经就绪。后来的，却只是修润或增补了。许多年表至太初四年而止，尤见其为一个明确的限界。至于《自序》中又有"于是卒述陶唐以来，至于麟止，自黄帝始"，这一个"麟止"只是比喻的说法而已，只重在像孔子"吾道穷矣"之叹而已，只重在像孔子因见麟而作《春秋》而已，决非指距太初还有二十几年前的元狩获麟。班固等所谓"讫于天汉"（《汉书·司马迁列传》）

之说，也是指最后的修改（虽然事实上未必止于此时）而言，并非指原定的首尾。

现在说到数量上最多的第五组文字了，大都以天汉二年的李陵案为焦点。李陵以天汉二年（公元前九九）降匈奴，司马迁为之辨，下狱；次年（公元前九八）误传李陵为匈奴练兵，族其全家。司马迁亦因而受腐刑。这是司马迁在三十七岁与三十八岁时的事。这次的创痛太深，所以流露于各篇中者亦最多；凡是感慨于资财的缺乏（他自己受刑后，是"家贫，财赂不足以自赎"的），伤心于世态炎凉（李陵未败时，那些公卿王侯都是称贺的，后来就"媒糵其短"了），痛恨于狱吏的惨酷，鉴于一人受毁之易，荐士之难，以及友道的苦味，宦者之可耻，受了灾祸而隐忍，而发愤者之值得同情等，统统属之。

（一）《楚世家》 赞称："楚灵王方会诸侯于申，诛齐庆封，作章华台，求周九鼎之时，志小天下，及饿死于申亥之家，为天下笑，操行之不得，悲夫！势之于人也，可不慎与！"俨然是一个人不可失势的寄慨。这其中有李陵的影子！

（二）《郑世家》 赞称："语有之，以权利合者，权利尽而交疏，甫瑕是也。甫瑕虽以劫杀郑子，内厉公，厉公终背而杀之！"世人的交情是多么不值钱！

（三）《张耳陈余列传》 世界上的多少朋友，不过以利合，而尤莫著于张耳、陈余。"张耳、陈余始居约时，相然信以死，岂顾问哉？及据国争权，卒相灭亡，何乡者相慕用之诚，后相背之戾也？岂非以利哉？名誉虽高，宾客虽盛，所由殆与太伯、延陵季子异矣。"

（四）《吴太伯世家》 由《张耳陈余列传》赞看，此或同一意之另一表现。世家以《吴太伯世家》为首,与列传以《伯夷列传》为首,同为司马迁之"反功利精神"。但竟然有人说他"崇势利而羞贱贫"了,真太冤枉!

(五)发这种感慨的,又有《孟尝君列传》。"富贵多士,贫贱寡友",多么刺心!所以传中虽有"吾尝过薛"语,我们并不能认为是壮游期之作,必李陵案发生后作。

(六)把友道写得醋畅淋漓的,有《魏其武安列传》。田蚡未贵时,侍窦婴,跪起如子侄,后来窦婴失势,除灌夫外,宾客都散去。灌夫为同情窦婴,曾强邀田蚡来窦家。灌夫好酒使气,但这时幸未爆发。后来窦婴又约灌夫至田蚡家,便果然因酒醉而闹得不可开交了。传文就是专写这样的活剧。同时,"魏其(即窦婴)大将也,衣赭关三木","灌夫受辱居室"(《报任少卿书》),正是司马迁幽囚时的情味。所以《魏其武安列传》为此时作。

(七)《汲郑列传》　同一感慨:"夫以汲郑之贤,有势则宾客十倍,无势则否,况众人乎?下邽翟公有言,始翟公为廷尉,宾客阗门,及废,门外可设雀罗。翟公复为廷尉,宾客欲往,翟公乃大署其门曰:一死一生,乃知交情;一贱一富,乃知交态;一贵一贱,交情乃见。汲郑亦云,悲夫!"

(八)世态岂只有炎凉的趋避而已,而且在人不得志时,只专会说一些坏话,《平津侯主父偃列传》即写之。传称:"主父偃方贵幸时,宾客以千数,及其族死,无一人收者。唯独洨孔车收葬之。天子后闻之,以为孔车长者也。"就连怒而杀之的武帝,也以为孔车难得了,这种人真太少!司马迁更于赞文中弹出他的悲调:"主父偃当路,诸公皆誉之,及名败身诛,士争言其恶,悲夫!"这和李陵之遭遇有多么相像!那唯一相当于孔车的长者,就只有司马迁自己了！

（九）因此，人的受毁是极易的。《司马穰苴列传》所叙可为一例："已而大夫鲍氏、高国之属害之，谮于景公，景公退穰苴，且发疾而死。"多么好的军事人才也不得施展了！

（十）《樗里子甘茂列传》 所叙为又一例："甘茂竟言秦昭王，以武遂复归之韩，向寿、公孙奭争之，不能得。向寿、公孙奭由此怨谗甘茂。……秦卒相向寿，而甘茂竟不得复入秦，卒于魏。"甘茂因贤被毁，竟因贤不得在位！

（十一）《穰侯列传》 所叙尤可见人言之可畏："穰侯，昭王亲舅也；而秦所以东益地，弱诸侯，尝称帝于天下，天下皆西乡稽首者，穰侯之功也。及其贵极富溢，一夫开说，身折势夺，而以忧死，况于羁旅之臣乎？"只要有毁言，那样亲贵都不中用，那样有功都枉然，何况并不是李夫人一家的李陵？ 更何况不幸打了个败仗的李陵？

（十二）感伤于无钱无势而友道不得建立，司马迁乃有两方面的思想，一则愤慨于资财，于是作《货殖列传》。他说到沉痛处，有："渊深而鱼生之，山深而兽往之，人富而仁义附焉，富者得势益彰，失势则客无所之。"有："隐居岩穴之士，设为名高者，安归乎？归于富厚也。"把一切敢死犯法者都认为"其实皆为财用耳"，把一切妓女游客赌徒方技都拆穿是"为重糈"，也就是为吃饭；最后，他更痛心到极点地说："无岩处奇士之行，而长贫贱，好语仁义，亦足羞也！"真读之欲哭！

（十三）《苏秦列传》 亦发此慨，"此一人之身，富贵则亲戚畏惧。"后来苏秦散金报德时，对一人独后，他说："我非忘子，子之与我至燕，再三欲去我易水之上，方是时，我困，故望子深，是以后子——子今亦得矣。"这话也相当沉痛了!

（十四）《张仪列传》　当与《苏秦列传》同时作。

（十五）司马迁在另方面则更憧憬于超乎利害以上的友谊了，于是作《管晏列传》。管仲感激鲍叔的话是："吾始困时，尝与鲍叔贾，分财利，多自与，鲍叔不以我为贪，知我贫也;吾尝为鲍叔谋事，而更穷困，鲍叔不以我为愚，知时有利有不利也;吾尝三仕，三见逐于君，鲍叔不以我为不肖，知我不遭时也;吾尝三战三走，鲍叔不以我为怯，知我有老母也;公子纠败，召忽死之，吾幽囚受辱，鲍叔不以我为无耻，知我不羞小节，而耻功名不显于天下也。生我者父母，知我者鲍子也!"叙及晏婴时，亦有"君子诎于不知己，而信于知己者"之语。此文论友道，论不羞小节而立功名，论荐士（鲍叔荐管仲，晏婴荐御者为大夫），均可视为因李陵案所刺激而发。

（十六）与《管晏列传》之同样憧憬者为《韩世家》。赞称："韩厥之感晋景公，绍赵孤之子武，以成程婴、公孙杵臼之义，此天下之阴德也;韩氏之功，于晋未睹其大者也，然与赵魏终为诸侯十余世，宜乎哉!"程婴是抱着赵氏孤儿逃匿山中的，公孙杵臼是牺牲自己的性命以换得赵氏孤儿的活路的，这事诚足感人;而韩厥就是能完成这事的始终的。司马迁以阴德许之，倾慕为何如!

（十七）《游侠列传》　也是这种理想的友谊的寄托，上等人既不讲信义，不讲交情，于是求之于下等人中。司马迁一则说："缓急人之所时有"，二则说："此皆学士所谓有道仁人也，犹然遭此灾，况以中材而涉乱世之末流乎? 其遇害何可胜道哉?"司马迁之愤于横遭极刑，"交游莫救"，那呼援之声，还跃然纸上!

（十八）然而李陵案终于发生了，在李陵方面，乃是名将所常受的遭遇。《张释之冯唐列传》，即借冯唐之口，而说从前廉颇、李牧的往事的，其所以成功，乃在"赏赐决于外，不从中扰"，后来"赵王迁立，其母倡也……乃用郭开谗，卒诛李牧"。冯唐更向文帝说现在就有一个良将，是魏尚，但因文帝"法太明，赏太轻，罚太重"，而下吏削爵，所以就是有廉颇、李牧也不能用呢。由于冯唐的敢言，文帝的听谏，魏尚被赦了，仍做了云中守。这事和李陵也殊相像，但敢言的人——又是司马迁自己——是有了，而听谏的人却何在呢？

（十九）《廉颇蔺相如列传》 再记赵听郭开谗，诛李牧，而赵遂灭事。其中叙廉颇失势之时，故客尽去，乃复用为将，客又复至，廉颇不悦，客以市道为解，此与《孟尝君列传》中冯骥所劝者同，并可为此期作品之证。

（二十）《赵世家》 亦特重郭开谗李牧事，赞中即专论之："吾闻冯王孙曰，赵王迁，其母倡也……迁素无行，信谗，故诛其良将李牧，用郭开，岂不谬哉！"当为同时作。

（二十一）名将而遭败，只好归之于无可奈何的理由。所以《白起王翦列传》中有"为将三世者必败"之语，王翦、王贲、王离，这是三世。李陵也何尝不是三世？李广、李敢、李陵，到了陵，当然必败了，这和白起之被赐剑自裁，归之于坑敌；蒙恬之被逼吞药自杀，归之于绝地脉；李广之不封侯，也归之于杀降；是同样的寄慨而已。

（二十二）至于李陵案，在司马迁方面，更为贤人所常有的灾祸。"淮阴王也，受械于陈。"于是作《淮阴侯列传》。荐韩信者为萧何，而设计捕杀韩信者仍为萧何，人世之险如此！韩信当了楚王，"召辱己之少年令出袴下者，以为楚中尉，告诸将相曰：'此壮士也！方辱我时，我宁不能杀之邪？杀之无名，故忍而就于此。'"

这有隐忍就功名意。更可为一时之作之证。

（二十三）"绛侯诛诸吕，权倾五伯，囚于请室。"于是作《绛侯周勃世家》。周勃出狱以后，曾说："吾尝将百万军，然安知狱吏之贵乎？"史公真不能不感慨系之！

（二十四）司马迁之痛心疾首于严刑峻法，写得森然可怖的，是《酷吏列传》。传中最后所叙的一个酷吏是杜周，杜周死于太始三年（公元前九四），文中不及叙，只叙其迁为御史大夫。迁为御史大夫在天汉三年（公元前九八），可知此传不能出此五年间。

（二十五）由《酷吏列传》推，《循吏列传》亦必同时作。因为，"奉职循理，亦可以为治，何必威严哉？"循吏正是酷吏的对照，写循吏正是写何必威严的榜样。所叙循吏凡五人，都很有骨头，很能律己，但没有一个是汉朝人，这是讥讽汉朝便没有这样出色人物。再则酷吏与平准为因缘，汉武帝对外用兵之后，一方面行严法，一方面即兴利。酷吏也往往贪污，杜周初征为廷史，有一马，且不全，及官久，家赀累数巨万，便可为一例。现在这《循吏列传》中，孙叔敖把改了的币制又恢复了，公仪休避免与民争利，把自己种的菜丢了，把织布机烧了，并把织布的老婆也赶了，这处处有《平准书》的余影，更见其与《酷吏列传》同时作。

（二十六）《秦始皇本纪》　其中写到用法而至"宗室振恐"，"黔首振恐"处，似《酷吏列传》，而因用法以至群盗更多，尤似。或为一时作。

（二十七）苛刻者必败，史公又把此意写于《陈涉世家》中："陈王以朱房为中正，胡武为司过，主司群臣；诸将徇地，至令之不是者，系而罪之；以苛察为忠，其所不善者，弗下吏，辄自治之。陈王信用之，诸将以其故不亲附，此其所以败也。"这对武帝正不啻是警告,并有一种幸灾乐祸的预感!

（二十八）然而司马迁如何能敌住汉武帝？终于受了腐刑,于是只好转而想忍辱,成功一番事业了。司马迁因此对已往的英雄之幸与不幸更有着了解了,例如:"屈原放逐,乃赋《离骚》",于是作《屈原贾生列传》。汨罗遗迹,本是司马迁在壮游时所凭吊的,但到此际,却才更沉痛地有所感发了!

（二十九）"孙子膑脚,兵法修列",于是作《孙子吴起列传》。司马迁又说:"孙子断足,终不可用,退论书策,以舒其愤,思垂空文以自见",接着便是:"仆窃不逊,近自托于无能之词。"可知正以自己比孙子了!

（三十）"不韦迁蜀,世传《吕览》",于是作《吕不韦列传》。其实《吕览》并不是不韦迁蜀以后作,传中也并不曾如此记载,而且《吕览》乃集客人之作,无所谓发愤,也够不上称为大事业,然而司马迁也顾不得这些了,说他是发愤,就是发愤! 司马迁之可爱有如此者。

（三十一）穷愁著书之例又有虞卿,并且他也是为朋友（魏齐）而不重万户侯卿相之印,卒困于大梁的,司马迁此时对之当尤具同情。故《平原君虞卿列传》亦必此时作。

（三十二）忍辱而就功名的例子还多,又不止是著作家而已。像伍子胥,"向令伍子胥从奢俱死,何异蝼蚁？ 弃小义,雪大耻,名垂于后世,悲夫! 方子胥窘于江上,道乞食,志岂尝须臾忘郢邪？故隐忍就功名,非烈丈夫孰能致此哉？"于是作《伍子胥列传》。

（三十三）又如范雎、蔡泽,"不困厄,恶能激乎？"于是作《范雎蔡泽列传》。

（三十四）更进一步,并非一定有成就,可是已经受辱,司马迁也以隐忍就功名目之,这样的例是魏豹、彭越;故《魏豹彭越列传》称:"魏豹、彭越,虽故贱,然已席卷千里,南面称孤,喋血乘胜,日有闻矣;怀畔逆之意,及败,不死而虏囚,身被刑戮,何哉?中材以上,且羞其行,况王者乎?彼无异故,智略绝人,独患无身耳;得摄尺寸之柄,其云蒸龙变,欲有所会其度,以故幽囚而不辞云。"这就是《报任少卿书》中所念念不忘的"彭越、张敖,南面称孤,系狱具罪",以及"所以隐忍苟活,幽于粪土之中而不辞者,恨私心有所不尽"之意了。

(三十五)同一意者即写"季布为朱家钳奴"的《季布栾布列传》。赞中称:"以项羽之气,而季布以勇显于楚,身屡典军搴旗者数矣,可谓壮士!然至被刑戮,为人奴而不死,何其下也?彼必自负其才,故受辱而不羞,欲有所用其未足也;故终为汉名将。贤者诚重其死,夫婢妾贱人感慨而自杀者,非能勇也,其计画无复之耳。栾布哭彭越,趣汤如归者,彼诚知所处;不自重其死,虽往古烈士,何以加哉?"这和《报任少卿书》的立意同处尤多,"欲有所用其未足",自然就是"私心有所不尽"。"婢妾贱人感慨而自杀",就是"且夫臧获婢妾犹能自决"。此为李陵案所刺激,亦毫无疑问。

(三十六)贤者受祸是受祸,可是常常有所成就,在现实世界中的得意的人反而无称,这就是他所谓"古者富贵而名摩灭,不可胜记,唯倜傥非常之人称焉"。《史记》中许以倜傥者有鲁仲连。他的配角邹阳,在狱中上书,司马迁亦称其"有足悲者"。或者这《鲁仲连邹阳列传》也是这时作的么?

(三十七)受了腐刑后的司马迁,最刺心者为宦竖一类的生活。《报任少卿书》所谓"同子参乘,袁丝变色",同子是赵谈,因父讳改,袁丝即袁盎,这故事见《袁盎晁错列传》。这列传一定作于此时。

（三十八）同样表示"事关于宦竖，莫不伤气"的，是写"商鞅因景监见，赵良寒心"的《商君列传》，殆亦同时作。况且其中有赵良建议商鞅劝秦王显岩穴之士语，这也仍是司马迁的荐士思想，不过受刑后虽欲荐而已不复有往日的心情，《报任少卿书》不也就是因重又提及荐士而发的牢骚吗？此外，说商君"天资刻薄"，说商君"少恩"，或者即是对酷吏反抗的又一流露，那就更可能是此时作了。

（三十九）司马迁受刑后，发觉自己的地位本来也并不高，"固主上所戏弄，倡优畜之，流俗之所轻也"，于是索性把倡优也写一写。那就是《滑稽列传》。倡优就倡优，倡优何尝不富有智慧和同情？倡优何尝真正低下？

（四十）《封禅书》也止于天汉三年。在"其后五年，复至泰山脩封"下，徐广注：天汉三年。下文又云："今上封禅，其后十二岁而远，遍于五岳四渎矣"，从元封元年（公元前一一〇）计，十二岁为天汉二年（公元前九九），但《汉书·郊祀志》作"自封泰山后十三岁而周遍于五岳四渎矣"，十三岁就仍是天汉三年了。恐作十三岁者是。可知《封禅书》亦此时作。

（四十一）《孝武本纪》（当作《今上本纪》）所叙述之事与《封禅书》同，我认为是司马迁重钞《封禅书》，故意作一个大讽刺的。别人怕还没有这个胆量！

（四十二）《梁孝王世家》　所叙最后时代为梁平王襄立三十九年卒，子无伤立。按梁共王三年景帝崩，共王立七年卒，子襄立。是则汉武帝建元元年为梁共王四年，至武帝立四十三年而梁平王襄卒，此时当为天汉四年（公元前九七）。《汉书·诸侯王表》作平王襄嗣四十年薨,较《史记》多一年,故无伤之立,应为太始元年(公元前九六)。本文恐在天汉四年或太始元年作。

这四十二篇的一组,是包括文字最多的一组,李陵案之影响,在各文中大抵确切可征。其他如"李斯相也,而具五刑","卫灵公与雍渠载,孔子适陈","仲尼厄而作《春秋》","韩非囚秦,《说难》、《孤愤》",是则《李斯列传》、《孔子世家》、《老庄申韩列传》都有此时作的可能,不过李斯传中之谈字不讳,《孔子世家》未必重在雍渠,《老庄申韩列传》中之老子后人只至景帝世,所以我们只可能说这些文字均在以前,特到了史公受刑后,对其中之事实更有感触,甚或有所修改而已。更如写冤枉而只好罪地脉的《蒙恬列传》,写热心荐士而再以毁废,竟病酒而卒的《信陵君列传》,都也只好如是观。

现在说到最后的一组文字,第六组了。这一组包括太始和征和,少数传记则到了后元。司马迁在太始元年(公元前九六),出狱为中书令,太始四年(公元前九三),有从幸泰山及雍之役,《报任少卿书》即作于是年,时已四十三岁。征和二年(公元前九一),有巫蛊之祸,戾太子兵败自经,任安等腰斩,次年李广利降匈奴,这都是这一段落中之大事,可据以断定著作时代者。我觉得很可能司马迁即卒于李广利降匈奴之年,这是征和三年(公元前九〇)司马迁年四十六。这一组文字有:

(一)《伯夷列传》　《伯夷列传》似乎也是李陵案的余响。其中如"时然后言,行不由径,非公正不发愤,而遇祸灾者,不可胜数也",极为显然。而文字之似《游侠列传》处尤多,如"盗跖日杀不辜,肝人之肉,暴戾恣睢,聚党数千人,横行天下,竟以寿终",似《游侠列传》之"伯夷丑周,饿死首阳山,而文武不以其故贬王;跖跻暴戾,其徒颂义无穷";又如"岩穴之士,趋舍有时,若此类名堙灭而不称,悲夫",似《游侠列传》之"自秦以前,匹夫之侠,湮灭不见,余甚恨之"。但后一例之遣词用字亦似《报任少卿书》所谓"古者富贵而名摩灭,不可胜记,唯倜傥非常之人称焉。……宁得自引深藏于岩穴邪?"大概此文作于天汉二年至太初四年间。其间又有"圣人作而万物睹"一语,《索隐》、《正义》均谓指自己作《史记》,使世事益睹见之意,似乎也在受刑后,更觉其著作之重要性者。

(二)由《伯夷列传》,知《秦楚之际月表》恐亦同时作。根据是笔调相近:"示天下重器,王者大统,传天下若斯之难也。"(《伯夷列传》)"以德若彼,用力如此,盖一统若斯之难也。"(《秦楚之际月表序》)不是很相像么?

(三)《十二诸侯年表》 亦同时作。

(四)《六国表》 亦同时作。因为,三表的序起笔全同。你看:"太史公读秦楚之际,曰初作难,发于陈涉;虐戾灭秦自项氏;拨乱诛暴,平定海内,卒践帝祚,成于汉家。五年之间,号令三嬗,自生民以来,未始有受命若斯之亟也。昔虞夏之兴……"这是《秦楚之际月表》的起头;"太史公读《春秋历谱谍》,至周厉王,未尝不废书而叹也。曰:呜呼,师挚见之矣。纣为象箸而箕子晞……"这是《十二诸侯年表》的起头;"太史公读《秦记》,至犬戎败幽王,周东徙洛邑,秦襄公始封为诸侯,作西畤,用事上帝,僭端见矣",这是《六国表》的起头。统统是太史公读旧文起,下即叙自古昔,当是因同时作而然。

(五)《卫康叔世家》 赞称:"余读《世家》言,至于宣公之太子,以妇见诛,弟寿争死以相让,此与晋太子申生,不敢明骊姬之过同;俱恶伤父之志,然卒死亡,何其悲也!或父子相杀,兄弟相灭,亦独何哉?"父子相杀,或即指戾太子与武帝之事,那么,此文就可能作于征和二年(公元前九一)了。

(六)《管蔡世家》 中云:"康叔封,其后为卫,有《世家》言",可知此必在《卫康叔世家》已成后作,故亦当系于此。

(七)《曹相国世家》 最后叙及"征和二年中,宗坐太子死,国除",当是此时作。

(八)《田叔列传》 最后叙及戾太子事:"数岁,坐太子事,时左丞相自将兵,令司直田仁主闭守城门,坐纵太子,下吏诛死。仁发兵,长陵令车千秋上变仁,仁族死。"亦当为此时作。

(九)《卫将军骠骑列传》 叙及巫蛊及太子事者不止一条:"(公孙贺)坐子敬声与阳石公主奸,为巫蛊,族灭,无后。""(韩说)掘蛊太子宫,卫太子杀之。""(赵破奴)后坐巫蛊,族。"亦必此时作。

(十)《龟策列传》 亦叙及巫蛊事:"巫蛊时,或颇中。素有眦睚不快,因公行诛,恣意所伤,以破族灭门者,不可胜数。"

(十一)《樊郦滕灌列传》 叙至郦氏之后,"终根立,为太常,坐法,国除",查《汉书·樊郦滕灌传》、《靳周传》则标明"坐巫蛊诛",可见亦此时作。

(十二)《匈奴列传》 最后叙者为"贰师闻其家以巫蛊族灭,因并众降匈奴。"广利之降在征和三年(公元前九〇),或者即作于此时。

(十三)《韩王信卢绾列传》 叙及"(韩嫣)弟说再封,数称将军,卒为案道侯,子代;岁余,坐法死。后岁余,说孙曾,拜为龙额侯,续说后。"按韩说已死于征和二年,此两隔岁余,是已及后元元年（公元前八八）。《汉书·高惠高后文功臣表》，即作后元元年，是对的。不知这是不是仍为司马迁笔。

（十四）亦记韩曾后封为龙额侯者为《建元以来侯者年表》，但作征和二年，恐怕是后人所增，又误记其年。

（十五）《史记》中所记更晚之年为后元二年（公元前八七）。有这样的年代者为《高祖功臣侯年表》，序中只说"至太初，百年之间，见侯五"，表中则书征和者二，书后元者一，表之第一行又有"建元至元封六年，三十六；太初元年尽后元二年，十八"语，显系原表止于太初，后来又从太初算起，如果不是后人续书，就可能是司马迁原已在太初草就全表，后元二年却又做过最后的修订了。

（十六）《齐悼惠王世家》 赞有因地大而分之意，与《高祖功臣侯年表序》所谓富贵骄溢而至殒命亡国之意同，当为同一时之作。

（十七）《惠景间侯者年表》 书至后元三年（公元前八六）者二条，这已是昭帝改元为始元元年之时了，怕真是后人所增了。

（十八）《李将军列传》 虽叙到李陵之降，但观后文在叙"族陵母妻子"下，又称："自是之后，李氏名败，而陇西之士居门下者，皆用为耻焉"，则必在李陵案后颇久作。姑且把这篇最哀壮最令人下泪的文字定为全书中除《自序》外最后的一文。

（十九）《自序》 照理应该真正是最后的一文。文中叙及"七年而太史公遭李陵之祸"，七年者由太初元年算起，徐广、张守节均注为天汉三年（公元前九八），可断明此文至早在此年作，时司马迁年三十八。

这十九篇，大致可归为一组，乃是司马迁最后期的文字了。其中有明确的纪年，记出征和二年戾太子之事者有六篇，记出征和三年李广利之降者有一篇，我觉得可能太史公即卒于是年，《李将军列传》和《自序》并此际为之，都是绝笔了。其他叙至后元，甚至昭帝世者，当是后人增入。总之，《史记》大概在太初订历之际规模粗具，已完成多篇，到天汉三年，遭李陵之祸后，统统加入一种抒情的意味，并又完成一批，至征和三年，做了一次最后的修补。但也有不及修补者，遂只存前一二期之迹。

六　结论和余论

——兼论褚先生

我们的结论是，在一百三十篇的《史记》中，有八篇可能为司马谈著；有九篇不易断定是司马谈还是司马迁手笔者；有一百一十三篇，我们有权利可说是司马迁写的。

在这有权利可说是司马迁所写的一百一十三篇中，不易见著作时代者八篇，可略考时代者一百零五篇。在这一百零五篇中，可划为五期：元封封禅前（迁二十六岁前）为一期，约九篇；元封封禅时（二十六岁）为二期，约二十一篇；太初订历时（三十二岁）为三期，约十四篇；天汉时因李陵之祸受刑（三十八岁）后为四期，约四十二篇；征和戾太子事（四十五岁）前后为五期，约十九篇。我们可注意的是：

第一，太初改历是一件大事，司马迁由此而开始整理全稿，是可能的。那时是公元前一○四，他三十二岁。但此前必已有些存稿。

第二，《自序》言"至太初而讫"，诸表也多谱至太初四年而止，可见司马迁原有一个计划，只叙到这一年（公元前一○一）。

第三，李陵案是他创痛最深的一事，经过此案以后，书中流露特多，这是当然的。

第四，《报任少卿书》的年代是可考的，这就是太始四年（公元前九三），司马迁既尚健在，则再过三年的戾太子事，以及再过四年的李广利降匈奴事，当能亲见。这时是征和三年（公元前九○），司马迁年四十六。这应该已经是逼近最后修订他的全书的时候了。《史记》之从整理到写定，大概有十五年的光景。

第五，书中应叙及而未能叙及之年代，为《汉兴以来诸侯年表》及《建元以来王子侯者年表》均止于太初四年（公元前一○一）；《外戚世家》未叙及征和三年（公元前九○）李广利之降，亦且未叙及太始三年（公元前九四）昭帝之生；《五宗世家》未叙至天汉四年（公元前九七）河间顷王授之卒；《酷吏列传》未叙及太始三年（公元前九四）杜周之死：皆为篇中之可确切定其时限者。

《自序》既说"藏之名山，副在京师"，当写成后必有一份随身带着，可随时修改的，其他钞本则不可能。但后来这些本子却可互有聚散，这就是书中断限未必一致之故了。

我们在这里不能不附注一笔，《史记》中每一篇都可能一部分为此时作，一部分为彼时作，但现在未暇分论；又，一篇中亦每有两种可能，可推此时作彼时补，或径推为彼时作者，现在只能就认为最合理的一种可能论之。

在《史记》之外，现在所存的司马迁的作品还有：（一）《与挚峻书》，当为二期作品；（二）不全的《素王妙论》，与《货殖列传》殆同时作，故为四期作品；（三）《悲士不遇赋》亦为四期作品；（四）《报任少卿书》为五期作品。桓谭说："通才著书以百数，唯太史公为广大，余皆丛残小论，不能比之。"（《御览》六百二）司马迁的产量是可惊的，但现在只留有这些了，而且其中免不了假！

最后，既讲到《史记》著作的先后，就不能不想到其中的缺补，一讲到缺补，就不能忘却褚先生了。

褚先生是两汉之际将近二十位补写《史记》的人物之一，只因那其余的人物之成绩多半湮没了，所以褚先生在无意间——他本人也许不晓得——便冒了许多人的功，却也代了不少人的过。

褚先生名少孙，《汉书》上说他是沛人。曾跟着那时的大儒王式治过学。王式是武帝之孙昌邑王贺的老师。在昭帝死的一年（公元前七四），霍光等曾经迎昌邑王贺来嗣位，可是没有一个月，就因为他淫乱，而把他废了。他的许多臣，除了有多次谏净的，大半下狱而死。王式也几乎不免。王式当时曾被责问：为什么没有谏书？他说："臣以《诗》三百五篇，朝夕授王。至于忠臣孝子之篇，未尝不为王反复诵之也；至于危亡失道之君，未尝不流涕为王深陈之也。——臣以三百五篇谏，是以亡谏书。"这样，便也幸而得保首领。但自此，却就回家，再不敢教书了。由这件事推断，褚少孙师事王式的时候，一定在公元前七四年以前。假设这时以二十多岁计，他的生年大概还和司马迁的垂暮相接。

褚少孙恐怕并不像一般人所想象的浅陋。这是因为他的先生王式既很高明，他又受了很好的训练故。据说褚少孙去应博士弟子选的时候，那些博士见他进退有礼，诵说有法，决不强不知以为知，便都惊问他：到底跟着什么人学的？他答说是学自王式。大家对于王式是早晓得的，便立刻都推荐王式了。可是征来的结果，是被同是讲《鲁诗》的博士江公所辱，遂谢病免归。后来褚少孙也是博士了，也传《鲁诗》，所以"《鲁诗》有张、唐、褚氏之学"。褚先生原来也是一个经学专家呢。一般人所以想象他浅陋的缘故，实在是因为《史记》中的许多不高明的补文，那本不一定是他写的，却早就记在他的账上而已。

我们统观《史记》中，明明标为褚先生补写的，有：

（一）《三代世表》后张夫子褚先生问答的一段，说明契后稷无父而生的神话只是欲见其有天命精诚之意，并非真无父而生。至于《诗经》上说无父，传记上说有父，乃是信以传信，疑以传疑。这话何尝不对！历史应该保存，神话也应该保存。同时褚先生的理性主义也流露出来了。

（二）《建元以来侯者年表》后，补记孝昭以来功臣侯者，叙至孝宣时。

（三）《梁孝王世家》后特补叙窦太后之爱少子（即梁王），致造成"骄子不孝"的后果。叙事颇细微。

（四）《三王世家》后说明《封策书》的获得，并解说其中的文义。所引两段有荀子语。这篇在张晏所称褚补之内。

（五）《田叔列传》后附写任安事，不惟记录了司马迁一个机敏而忠诚的重要友人，而且传文很淳朴而生动，这是颇值得称道的一篇。

（六）《滑稽列传》后补写郭舍人、东方朔、东郭先生、淳于髡、王先生、西门豹六则。这是补传中比较可观的文字，而记叙西门豹之作弄女巫处，尤为传神。

（七）《日者列传》后，发了一套贤者避世的议论，兼及当时的各种占卜家和以一技见长的人。

（八）《龟策列传》后，说他求龟策传不可得，乃自太卜官中写取了一些龟策卜事。除了真正专门讲龟卜的几段以外，又留有一长段写神龟见梦于宋元王，但经过卫平的四次辩论，终于把它杀了的故事。这乃是最早的韵文小说。其中"物不全，乃生也"，也可说是一种"缺陷论"的哲学。这也是褚补传中很别致很可喜的一篇。所引也有荀子语。《日者列传》和《龟策列传》，统在张晏所称褚补四篇之内。

还有几篇，并没有标明"褚先生曰"，但曾经被人认为也是他补的，这是：

（一）《孝武本纪》，钞《封禅书》，张晏谓褚补。

（二）《汉兴以来将相名臣年表》，天汉四年以后，司马贞《索隐》说是褚先生所补。这个表一直叙到孝成帝鸿嘉元年（公元前二〇）。

（三）《礼书》，张守节《正义》说是褚先生取荀卿《礼论》兼为之。

（四）《乐书》，张守节《正义》说是褚先生钞《乐记》，又把篇次颠倒了。

（五）《陈涉世家》后附"褚先生曰"，但裴骃《集解》引徐广说，一作太史公；又证之以班固奏事，确系司马迁采取贾谊文。我们不晓得这"褚先生曰"是谁加的，可是至少在晋末徐广时就已经这样附会了。

（六）《外戚世家》后写有王太后（武帝母）、卫后、邢夫人（其美为尹夫人所惊愧）、钩弋夫人（昭帝母）四则。现有"褚先生曰"字样，可是张守节《正义》注道："疑此元成之间褚少孙续之也。"可知在盛唐时还不曾把著作责任确切推到褚先生身上。

（七）《楚元王世家》中有地节二年（公元前六八）字样，张守节《正义》也说是"盖褚先生误也"。

（八）《齐悼惠王世家》中有建始三年（公元前三〇）字样，张守节《正义》也说是"褚先生次之"。

（九）《孟尝君列传》后冯骧一段，有人也疑惑是褚先生续写之。

（十）《张丞相列传》后，自车千秋以下，司马贞《索隐》说是"皆褚先生等所记"，加一等字，可见也未能的确断为褚先生之笔了。

（十一）《匈奴列传》末，《索隐》引张晏曰："自狐鹿姑单于已下，皆刘向、褚先生所录，班彪又撰而次之，所以《汉书·匈奴传》有上下两卷。"似以前通行本尚有续文，中有褚先生笔，现在是归入《汉书》了。

总之，标明褚先生的有八则，被人疑惑是出自褚先生的有十一则，后者大半是推测之词，原不可靠，前者也有少数在疑似之间，好像只要《史记》中在时间上是到了司马迁绝笔以后的，大家就把责任推在褚少孙身上，他太冤枉，也太幸运了！但无论如何，他是对《史记》颇为热心的人物，一则说："臣幸得以文学为侍郎，好览观太史公之列传。"（《三王世家》后）再则说："幸得宿卫，出入宫殿中十有余年，窃好太史公传。"（《龟策列传》后）他求仁得仁，的确已经和司马迁的名字一同不朽了！不一定传自他的手笔的，不必说了，标明他著的《任安传》、《西门豹传》、宋元王梦神龟事，文笔却都那样生动畅达而圆润，我们不能低估了他！他不惟长鲁诗，而且"治《春秋》"（《龟策列传》后），熟于《荀子》，偏于理性主义，学识是相当丰富的。他之对《史记》，更是同情地在爱好，在欣赏，并非以枯燥的史书视之。他之补《史记》，也是专给"后世好事者读之，以游心骇耳"（《滑稽列传》后），好事者就是艺术上的爱好者，等于英文中的 Amateur，"游心骇耳"也正是对大艺术品的陶醉和惊奇，谁能再说褚先生浅陋呢？毋令独蒙恶声焉！

三十三年八月十六日，夜作，二十七日改毕，于重庆

第七章　司马迁的精神宝藏之内容

——浪漫的自然主义

一　司马迁之识

司马迁,乃是一个无比的深刻而渊博的学者。《五帝本纪》的赞上说:

> 学者多称五帝,尚矣! 然《尚书》独载尧以来;而百家言黄帝,其文不雅驯,荐绅先生难言之。孔子所传宰予问《五帝德》及《帝系姓》,儒者或不传。余尝西至空峒,北过涿鹿,东渐于海,南浮江淮矣,至长老皆各往往称黄帝、尧、舜之处,风教固殊焉。总之不离古文者近是。予观《春秋》、《国语》,其发明《五帝德》、《帝系姓》,章矣! 顾第弗深考。其所表见,皆不虚。书缺有间矣,其轶乃时时见于他说。非好学深思,心知其意,固难为浅见寡闻道也。余并论次,择其言尤雅者,故著为《本纪》书首。

这是《史记》中的第一篇文字的自注,这不啻说明了司马迁的"真本实学"。司马迁之难能可贵,并不只在他的博学,而尤在他的鉴定、抉择、判断、烛照到大处的眼光和能力——这就是所谓识。就是凭这种识，使他统驭了上下古今，使他展开了"究天人之际，通古今之变，成一家之言"的事业，使我们后人俯首帖耳在他的气魄和胸襟之下。学问而到了这个地步，已近于一种艺术，因为它已经操纵在己，没法传给别人，也没法为人所仿效了！

司马迁之识力高处，简直不惟叫我们向住，而且叫我们惊讶。例如他处在正统的汉代，汉代已经定鼎了八九十年了，但他仍能对中间不过八九年的扰攘的主角们都给了很高的地位，他不惟把项羽写作本纪，把陈涉也写作世家，而且把那"五年之间，号令三嬗"的紧张局面，作出了一个《秦楚之际月表》，让后人不至抹煞了那些起义的人的声势，或忽略了他们历史上的真正大小。

又如世家本是记有世袭的意义的，但他却斗胆把一个平民的孔子也列在韩、魏、田、齐、陈涉之间了。他的意思是，政治上既有世袭，文化上也有世袭，形式上有世袭，精神上也有世袭，他晓得孔子隐然是中国的一个大教主。历史上是纪录人类生活的真相的。他之所不拘拘于形式者，却越法把握了事实的核心。

再如司马迁处的时代，是一个有学术之争的时代。大争端是在儒与老。"世之学老子者则绌儒学，儒学亦绌老子。"（《老庄申韩列传》）这是多么难处理的课题。可是司马迁仍能胜任愉快。试想就时代说，武帝是正在表彰儒学的了，但司马迁却仍然给老子写了传。再就司马迁本人的性格和家学说，则是宁近于老子，而不近于孔子的了，然而司马迁也并没有因自己的偏好而减低了对孔子之客观的认识。他更往往把孔老的话同时援用（如《伯夷列传》、《酷吏列传》、《游侠列传》都是），各称其分，这是司马迁的公平处。老子的生平，却又是一个扑朔迷离的事件呀。纠缠着许多传说和神话,可是司马迁却把各种说法并列,让读者自己去判断。他有采访的忠实,却又有态度上的谨慎和保留。同时他把老子的姓名、籍贯、子孙都列出来了,所以那神话之可靠性,也就不攻自破了。

更如向来的历史是以政治史为中心的,是以帝王的起居注为主要内容的,但司马迁注意到了社会和经济。他知道流氓刺客,求签问卜同样是社会的大事件,而贪官污吏,富商大贾,宦官戏子,后妃妻妾也同样是人类活动中发生着作用的分子。所以他所写的社会,是全面社会,是骨子里的社会。在莱布尼兹的哲学中,有小单子反映宇宙的话,《史记》一书可说就是反映宇宙的那样单子了。莎士比亚号称具有世界的眼睛,司马迁也便是中国的莎士比亚!

就是在小处,也看出司马迁之深透一层的眼光的,我们不妨再略举几例,如《封禅书》最后说:

> 余从巡祭天地诸神、名山川而封禅焉。入寿宫,侍祠神语,究观方士祠官之意,于是退而论次自古以来用事于鬼神者,具见其表里,后有君子,得以览焉。若至俎豆珪币之详,献酬之礼,则有司存。

就可见司马迁所追求的是一件事情的前因后果,好作为后来人的借鉴,而一些琐碎的繁文末节,他便不预备浪费笔墨了。事实上,他在《封禅书》里所写的也是这件事情的可笑,以及汉武帝的心理。他写的乃是人类的生活的行为,而不是死的枝叶。他所处的地位是超然的,凌空的,而不是陷在尘封的具体事件的泥浆里。又如他批评平原君说:“平原君,翩翩浊世之佳公子也,然未睹大体。”他批评鲁仲连说:“鲁连其指意虽不合大义,然余多其在布衣

之位,荡然肆志,不诎于诸侯,谈说于当世,折卿相之权。"他所指出的大体、大义,正就是他自己的着眼处。至如他之评商君:

> 商君,其天资刻薄人也! 迹其欲干孝公以帝王术,挟持浮说,非其质矣。且所因由嬖臣,及得用,刑公子虔,欺魏将卬,不师赵良之言,亦足发明商君之少恩矣! 余尝读商君《开塞》、《耕战》书,与其人行事相类,卒受恶名于秦,有以也夫!

这话多么中肯! 他之评苏秦:

> 苏秦兄弟三人,皆游说诸侯以显名。其术长于权变,而苏秦被反间以死,天下共笑之,讳学其术。然世言苏秦多异,异时事有类之者,皆附之苏秦。夫苏秦起间阎,连六国从亲,此其智有过人者。吾故列其行事,次其时序,毋令独蒙恶声焉!

也见他看事情能透过一层,不被通俗的舆论所迷惑。再如他评张仪,评李斯,评魏其、武安、灌夫:

> 夫张仪之行事,甚于苏秦,然世恶苏秦者,以其先死,而仪振暴其短,以扶其说,成其衡道。要之,此两人,真倾危之士哉!

> 李斯以间阎历诸侯,入事秦,因以瑕衅,以辅始皇,卒成帝业,斯为三公,可谓尊用矣。斯知六艺之归,不务明政以补主上之缺,持爵禄之重,阿顺苟合,严威酷刑,听高邪说,废适立庶。诸侯已畔,斯乃欲谏争,不亦末乎? 人皆以斯极忠而被五刑死。察其本,乃与俗议之异。不然,斯之功,且与周召列矣。

> 魏其、武安,皆以外戚重。灌夫用一时决策而名显。魏其之举,以吴楚;武安之贵,在日月之际。然魏其诚不知时变,灌

夫无术而不逊，两人相翼，乃成祸乱。武安负贵而好权，杯酒
责望，陷彼两贤，呜呼哀哉！祸所从来矣！

这都是很能看到事情的底层，又恰中分寸的。他所谓"察其
本"，就是见出他那识力的本领处。《留侯世家》中称："留侯从上
击代，出奇计马邑下，及立萧何相国，所与上从容言天下事甚众，非
天下所以存亡，故不著。"总见他所注意者之大了。

一个人的"学"诚然重要，然而真正本钱还是在"识"，刘知几
说良史一定要有"才""学""识"，章学诚又加上"德"，然而三者或
四者之中，最重要的还是"识"。因为"才"不过使一个人成为文
人，"学"不过使一个人成为学者，只有"识"才能让一个人成为伟
大的文人，伟大的学者。至于"德"，那也仍是识的问题。能见大
体之谓识，能察根本之谓识，有这种识，还会没有史德么？必须有
"一览众山小"的境界，然后足以言史！

二　司马迁之学

——百科全书式的人物

像司马迁的实际生活之那样繁复一样，他那精神内容也是丰
富极了，简直是一个宝库。识力者却就是那宝库的一把钥匙。现
在我们却就要打开那宝库看一看，里面都是些什么宝藏。

他那财富的第一项，应该是学。他恐怕是那时第一个据有广
博的知识的人——在这一点上他可以和孔子相比！他参加过订
历，他有历法的知识。他巡行过全国，他有地理——而且是活地
理，应该说是政治地理、文化地理——的知识。他理解到人类的经
济活动，他留心到人类的宗教行为，所以他又有着经济学的、社会

学的、民俗学的知识。他有一贯的看法,他有他的哲学。他对政治
上有他的见解,他有他的社会理想。他是一个巧于把握文字的人,
他有语言学上的训练和技术——他的确是亚里斯多德那一型的哲
人! 他自己是一部百科全书!

三　语言学的训练

——所谓古文

我们先说司马迁在语言学上的训练吧。这项训练,就是他常
说的"古文"。他在《自序》中有"年十岁,则诵古文"的话。照传
统的看法乃是指古文《尚书》。但就他各处所说的古文看来,如:

> 余读《春秋》古文,乃知中国之虞,与荆蛮、句吴兄弟也。
>
> ——《吴太伯世家》

> 孔子因史文,次《春秋》,纪元年,正时日月,盖其详哉!
> 至于序《尚书》,则略无年月,或颇有,然多阙,不可录。故疑
> 则传疑,盖其慎也。余读谍记,黄帝以来,皆有年数,稽其历谱
> 谍,终始五德之传,古文咸不同乖异,夫子之弗论次其年月,岂
> 虚哉?
>
> ——《三代世表》

> 学者多称七十子之徒,誉者或过其实,毁者或损其真,钧
> 之未睹厥容貌,则论言。《弟子》籍出孔氏古文,近是。
>
> ——《仲尼弟子列传》

> 至长老皆各往往称黄帝、尧、舜之处,风教固殊焉。总之,
> 不离古文者近是。
>
> ——《五帝本纪》

于是谱十二诸侯，自共和讫孔子，表见《春秋》、《国语》，学者所讥盛衰大指著于篇，为成学治古文者要删焉。

——《十二诸侯年表》

则古文并不限于《尚书》，唯既标明"《弟子》籍出孔氏古文"，可知他所谓古文实在和孔氏有关。《儒林列传》中称"孔氏有古文《尚书》，而安国以今文读之"，可见孔安国乃是一个能把古文讲解为今文的人，这实在就是一种古代语言学（classical philology）的专家。司马迁跟他诵古文，也就是受这种训练吧。不过其中最重要的乃是古文《尚书》而已。王国维在《观堂集林》中对"古文"二字有专文解释，他自然有他的论点，但我觉得这里所谓古文，实在就是古代语言学的训练，没有旁的——换言之，即我认为他所谓古文，既与后代今古文之争无涉（在思想上，司马迁反而近今文派），而亦非一种特殊文字。

这种训练在司马迁看来是十分重要，它仿佛是治古代史的一把钥匙，也仿佛是考验古代史料的一块试金石。他自己即有着这方面的很深的素养，应该是可以自傲的了。

四　司马迁之读书

司马迁究竟读了些什么书，这也是一个有趣的问题。我们自然没法知道司马迁所读的书的全体，但我们却觉得他是一个无书不窥的人。所谓"迁为太史令，细史记石室金匮之书"，所谓"百年之间，天下遗文古事，靡不毕集太史公，太史公仍父子相续纂其职。"他既有着可以得到这样的丰富的精神食粮的机会，他是这么幸运，他能不饱览吗？正如他对于人物的趣味之广泛一样，他对于书的趣味也是博纵而不拘的，试看《史记》中所流露的吧！

（一）孔子的著作或关于孔子的著作 "余读孔氏书，想见其为人。"（《孔子世家》）

（二）《孟子》 "余读孟子书。至梁惠王问何以利吾国，未尝不废书而叹也。曰：嗟乎！利诚乱之始也。"（《孟子荀卿列传》）

（三）老庄申韩 "老子所贵道，虚无因应，变化于无为，故著书辞，称微妙难识。庄子散道德放论，要亦归之自然。申子卑卑，施之于名实。韩子引绳墨，切事情，明是非，其极惨礉少恩。——皆原于道德之意，而老子深远矣。"（《老庄申韩列传》）书中引老子者尚多，论庄子处亦精，此处不多举。书中引韩者则又有："韩子称长袖善舞，多钱善贾，信哉是言也！范雎、蔡泽，世所谓一切辩士，然游说诸侯，至白首无所遇者，非计策之拙，所为说力少也。"（《范雎蔡泽列传》）"韩子曰：'儒以文乱法，而侠以武犯禁。'二者皆讥，而学士多称于世云。"（《游侠列传》）

（四）《商君书》 "余尝读商君《开塞》、《耕战》书，与其人行事相类。"（《商君列传》）

（五）《管子》、《晏子》 "吾读管氏《牧民》、《山高》、《乘马》、《轻重》、《九府》，及《晏子春秋》，详哉其言之也，既见其著书，欲观其行事，故次其传。"（《管晏列传》）

（六）兵家 "余读《司马兵法》，闳廓深远，虽三代征伐，未能竟其意，如其文也。"（《司马穰苴列传》）"世俗所称师旅，皆道《孙子十三篇》、《吴起兵法》，世多有，故弗论，论其行事所施设者。"（《孙子吴起列传》）"兵以正合，以奇胜，善之者出奇无穷。奇正还相生，如环之无端。夫始如处女，适人开户；后如脱兔，适不及距；其田单之谓邪！"（《田单列传》）

（七）屈原、贾生的作品　"余读《离骚》、《天问》、《招魂》、《哀郢》，悲其志。适长沙，观屈原所自沈渊，未尝不垂涕，想见其为人。及见贾生吊之，又怪屈原，以彼其材，游诸侯，何国不容，而自令若是？读《鵩鸟赋》，同生死，轻去就，又爽然自失矣。"（《屈原贾生列传》）而在《伯夷列传》、《南越列传》中重又引到《鵩鸟赋》，《秦始皇本纪》赞中则兼引《过秦》，说："善哉乎贾生推言之也。"

（八）郦生书，陆生《新语》　"世之传郦生书，多曰：汉王已拔三秦，东击项籍，而引军于巩洛之间，郦生被儒衣往说汉王，乃非也！自沛公未入关，与项羽别，而至高阳，得郦生兄弟。余读陆生《新语》书十二篇，固当世之辩士。"（《郦生陆贾列传》）

（九）《尚书》、《谍记》　"余读《谍记》……于是以《五帝系谍》，《尚书》集世纪黄帝以来，讫共和为世表。"（《三代世表》）

（一〇）《春秋》、《国语》　"予观《春秋》、《国语》，其发明《五帝德》、《帝系姓》，章矣。"（《五帝本纪》）

（一一）《秦记》　"太史公读《秦记》……独有《秦记》，又不载日月，其文略不具。……余于是因《秦记》，踵《春秋》之后，起周元王，表六国时事，讫二世，凡二百七十年，著诸所闻兴坏之端，后有君子，以览观焉。"（《六国表》）

（一二）《禹本纪》、《山海经》　"……故言九州山川，《尚书》近之矣，至《禹本纪》、《山海经》所有怪物，余不敢言之也。"（《大宛列传》）

（一三）秦楚之际的史料　"太史公读秦楚之际曰：初作难，发于陈涉；虐戾灭秦，自项氏；拨乱诛暴，平定海内，卒践帝祚，成于汉家。"（《秦楚之际月表》）

(一四)公文、档案之类 "太史公读列封。"(《惠景间侯者年表》)"余读功令,至于广厉学官之路,未尝不废书而叹也。"(《儒林列传》)"燕齐之事,无足采者,然封立三王……文辞烂然,甚可观也,是以附之世家。"(《三王世家》)

其他如《世家言》(《卫康叔世家》)、《弟子问》(《弟子列传》)、《长短说》(《田儋传》),相如之文,邹阳之辞等,还有许多;而且他读的以及用的书,也未必一一写出,只是我们就所标明者而论,已够代表他的趣味之广,涉猎之远了。就这些书的性质看,也许有彼此冲突的,然而司马迁却能够同样欣赏,同样融会,并行而不相妨碍!读书多不难,难在读书要有理解。即以司马迁之论孔子,论老子,论屈原,他是太会读书了。这就又靠他的识了。关于这方面,我们将在论他的文学批评时再及之。

五 司马迁与儒家

司马迁因为所受的教育之故,他浸润于儒家思想中者未尝不深,且关于《春秋》之意义,他尤其有着心得,不过关于这方面的探索,我因业已写在《司马迁和孔子》一篇中了,这里不想复述。但为免得使人忽略了他的思想中这方面的成分计,所以仍写上这一个小标题。

六 司马迁之根本思想

——道家

司马迁的吸取也并非漫然的,他有他性格上最深的契合着的哲学面目。不错,他父亲希望他做第二个孔子,这就造就一个学者而论,他父亲的教育也许是成功了,然而就一个人之性格上的发展论,司马迁的主要思想的路线,所走的却是他父亲的同样道路,这便依然是道家。道家的主要思想是自然主义,这也就做了司马迁的思想的根底。

让我慢慢把这意思说下去。我首先要说的,是司马迁书中的道家成分。就历史的意义说,应该称为"老学";就时代的意义说,应该称为"黄老";但就学术的体系意义说,应该称为"道家"。这种思想的中心是在《老子》一书。至于老子这人如何,《老子》一书又如何,这不是我们现在的篇幅所能说的。现在所能说的,只是司马迁对于老子一派的学问的把握而已。司马迁说:

> 老子修道德,其学以无名自隐为务。
>
> 李耳无为自化,清静自正。
>
> 老子所贵道,虚无因应,变化于无为,故著书辞,称微妙难识。庄子散道德放论,要亦归之自然。申子卑卑,施之于名实。韩子引绳墨,切事情,明是非,其极惨礉少恩。——皆原于道德之意,而老子深远矣。

"自然""无为"就是老学的真精神。所谓自然,用现在的话讲,就是"顺其自然",因为顺其自然,不加人力,所以也可以称为"无为"。无为就是不勉强地做。这里边也就包括一个前提,这就是承认客观的力量。所谓客观的力量,也便是一种"势"——这是物质的自然和人为的(文化的,历史的)活动所加在一起而构成的一种趋势(tendency)。所以这里边虽然不是纯粹的西洋所谓自然主义(naturalism),然而实在以自然主义为基本出发点——这可以说是司马迁的思想之哲学基础。

我们再看司马迁在其他地方所引的《老子》吧：

> 参为汉相国，清静，极言合道。然百姓离秦之酷后，参与休息无为，故天下俱称其美矣。
>
> ——《曹相国世家》

> 或曰："天道无亲，常与善人。"若伯夷、叔齐，可谓善人者非耶？
>
> ——《伯夷列传》

> 桓公欲背曹沫之约，管仲因而信之，诸侯由是归齐。故曰"知与之为取，政之宝也。"
>
> ——《管晏列传》

> 女无美恶，居宫见妒，士无贤不肖，入朝见疑，故扁鹊以其伎见殃，仓公乃匿迹自隐而当刑，缇萦通尺牍，父得以复宁。故老子曰："美好者，不祥之器。"岂谓扁鹊等邪？若仓公者，可谓近之矣。
>
> ——《扁鹊仓公列传》

> 孔子曰："导之以政，齐之以刑，民免而无耻；导之以德，齐之以礼，有耻且格。"老氏称："上德不德，是以有德，下德不失德，是以无德。法令滋章，盗贼多有。"太史公曰：信哉是言也！法令者治之具，而非制治清浊之源也。
>
> ——《酷吏列传》

> 叔孙通希世度务，制礼进退，与时变化，卒为汉家儒宗。"大直若诎，道固委蛇"，盖谓是乎！
>
> ——《刘敬叔孙通列传》

> 老子曰："至治之极，邻国相望，鸡狗之声相闻，民各甘其

食,美其服,安其俗,乐其业,至老死不相往来。"必用此为务,
輓近世,涂民耳目,则几无行矣。太史公曰:夫神农以前,吾不
知已,至若《诗》、《书》所述,虞夏以来,耳目欲极声色之好,口
欲极刍豢之味,身安逸乐,而心夸矜,势能之荣,使俗之渐民久
矣。虽户说以眇论,终不能化。故善者因之,其次利道之,其
次整齐之,最下者与之争。

——《货殖列传》

这其中都有着对于老学之极中肯的理解,而化为司马迁自己
的思想了,你看:他说曹参的清静,休息无为,是合道的;他说法令
非制治清浊之源(因为那就是有为了);对于人民的欲望,经济行
为,便最好是"因之",而最下策是"与之争",因为前者就是顺着一
种"势",后者就是"有为"。这都是老学的真精神!自然是没有意
志的,只是一种趋势,所以说"天道无亲",不过大体上是"长与善
人"而已,因此也就有例外,因此也就对于伯夷、叔齐不能无感慨。
所谓"势"是一个动态的。这动态之中有一个原则,那就是辩证的
(dialectic),相反却又相成,所以"与之为取",所以"美好者,不祥
之器"。应付这种势,便也要运用它,所以要"与时变化","大直若
诎"。

就初期的道家讲,重在原则,那就是老学。就后期的道家讲,
乃是重在这原则的应用,这便是黄老。初期因为重在原则,可以说
重在形上学,重在对自然的认识;后期因重在应用,可以说重在人
生论,重在人事上的应付。前期乃是较重在纯粹的自然主义的,后
期却是重在顺其自然的一个原则的发挥上——司马迁则是把两期
的道家思想都能吸收,都能消化,又都能运用了的。

我们现在更进一步看司马迁对老学的运用。他最彻底地表现

自然主义的,莫过于他那《素王妙论》(见《玉函山房辑佚书》卷八十九,以及王充《论衡·命禄篇》):

> 春夏囚死,秋冬旺相,非能为之也;日朝出而暮入,非求之也,天道自然。

再没有比这个宣言更鲜明的了! 他从这个观点,便了解了许多事情:

> 诸侯大国,无过齐悼惠王,以海内初定,子弟少,激秦之无尺土封,故大封同姓,以填万民之心,及后分裂,固其理也。
>
> ——《齐悼惠王世家》

理是什么? 理正是自然之理,也就是一种趋势。趋势是不可违抗的:

> 吾适故大梁之墟,墟中人曰:秦之破梁,引河沟而灌大梁,三月城坏,王请降,遂灭魏。说者皆曰:魏以不用信陵君,故国削弱,至于亡。余以为不然,天方令秦平海内,其业未成,魏虽得阿衡之佐,曷益乎?
>
> ——《魏世家》

在通常,一个承认客观力量的人,往往不能欣赏那和客观的力量对抗的人物,可是司马迁不然,他一方面很承认客观力量之大,但一方面却又同情那些作"无效的抵抗"的英雄,所以他那书里是能够充分发挥那所谓"悲剧意识"的——这样一来,贯穿着他那全书的,就是一种抒情的命运感了!

在客观的力量之中,历史的趋势是其一。其他却还有地理的力量。表现于书中者有:

余尝西至空峒，北过涿鹿，东渐于海，南浮江淮矣，至长老皆各往往称黄帝、尧、舜之处，风教固殊焉。

——《五帝本纪》

余与壶遂定律历，观韩长孺之义，壶遂之深中隐厚，世之言梁多长者，不虚哉！

——《韩长孺列传》

《诗》之所谓"戎狄是膺，荆舒是惩"，信哉是言也。淮南衡山，亲为骨肉，疆土千里，列为诸侯，不务遵蕃臣职，以承辅天子，而专挟邪僻之计，谋为叛逆，仍父子再亡国，各不终其身，为天下笑，此非独王过也，亦其俗薄，臣下渐靡使然也。夫荆楚僄勇轻悍，好作乱，乃自古记之矣。

——《淮南衡山列传》

三晋多权变之士，夫言从衡强秦者，大抵皆三晋之人也。

——《张仪列传》

吾尝过薛，其俗间里率多暴桀子弟，与邹鲁殊，问其故，曰：孟尝君招致天下任侠奸人入薛中，盖六万余家矣。世之传孟尝君好客自喜，名不虚矣。

——《孟尝君列传》

吾适齐，自泰山属之琅琊，北被于海，膏壤二千里，其民阔达多匿知，其天性也。以太公之圣建国本，桓公之盛修善政，以为诸侯会盟称伯，不亦宜乎？洋洋哉，固大国之风也！

——《齐太公世家》

及高皇帝诛项籍，举兵围鲁，鲁中诸儒，尚讲诵，习礼乐，弦歌之音不绝，岂非圣人之遗化，好礼乐之国哉？故孔子在陈曰："归与归与，吾党之小子狂简，斐然成章，不知所以裁之。"
夫齐鲁之间，于文学，自古以来，其天性也。

——《儒林列传》

这都无异于是一种雏形的文化地理学。地理的力量之外，是经济的力量。经济的力量尤超过一切：

> 富者人之情性，所不学而俱欲者也。故壮士在军，攻城先登，陷阵却敌，斩将搴旗，前蒙矢石，不避汤火之难者，为重赏使也。其在闾巷少年，攻剽椎埋，劫人作奸，掘冢铸币，任侠并兼，借交报仇，篡逐幽隐，不避法禁，走死地如鹜者，其实皆为财用耳。今夫赵女郑姬，设形容，揳鸣琴，揄长袂，蹑利屣，目挑心招，出不远千里，不择老少者，奔富厚也。游闲公子，饰冠剑，连车骑，亦为富贵容也。弋射渔猎，犯晨夜，冒霜雪，驰坑谷，不避猛兽之害，为得味也。博戏驰逐，斗鸡走狗，作色相矜，必争胜者，重失负也。医方诸食技术之人，焦神极能，为重糈也。吏士舞文弄法，刻章伪书，不避刀锯之诛者，没于赂遗也。农工商贾畜长，固求富益货也。

——《货殖列传》

这真是拆穿后壁的说法了。他从军士之勇在为赏，流氓之轻生在为财，妓女之卖笑在为奔富贵，一直说到浮浪子弟，打猎，赌博，技术专家，贪官污吏，农工商贾等，都是为吃饭。倘就这点看，司马迁实在是一个彻底的唯物论者——他比韩非统摄得还广泛，他比王充看得还纯粹，他应该怕是古代思想家中最能就唯物观点而论世的了！

很有趣的是，他的《酷吏列传》是与《平准书》相表里的，因为

《平准书》正是在经济方面给酷吏之产生以说明者：

> 干戈日滋，行者赍，居者送，中外骚扰而相奉，百姓抏弊以
> 巧法，财赂衰耗而不赡，入物者补官，出货者除罪，选举陵迟，
> 廉耻相冒，武力进用，法严令具，兴利之臣自此始也。

这眼光也高极了！照司马迁所了解，武帝之所以从事武功，不只是由武帝一人的意志而然，实在是那时经济力量膨胀的结果，因经济力量膨胀而事侵略，因侵略而经济转趋衰歇，社会因而不安，于是酷吏任用。我想，就是现在非常时髦的唯物论者——用经济以解释帝国主义及社会的——也不过如此的吧。

假若这种唯物观点是近于马克思的话，则司马迁在另一方面，却有点近于弗洛乙德：

> 英布者，其先岂《春秋》所见楚灭英六皋陶之后哉？身被刑法，何其拔兴之暴也！项氏之所坑杀人以千万数，而布常为首虐，功冠诸侯，用此得王，亦不免于身为世大僇。祸之兴，自爱姬殖。妒媚生患，竟以灭国！
>
> ——《黥布列传》

凡此种种客观的力量（历史的趋势，地理的环境，经济的因素，性的关系），都是使司马迁采取了道家的自然主义的立场，归于无为的。他说：

> 无造福先，无触祸始，委之自然，终归一矣！
>
> ——《悲士不遇赋》（《艺文类聚》三十）

在自己是无为，这是他的人生观；在社会方面也主张无为，那是他的政治哲学。他认为社会现象原是如此的：

故物贱之征贵，贵之征贱，各劝其业，乐其事，若水之趋下，日夜无休时。不召而自来，不求而民出之，岂非道之所符，而自然之验邪？

——《货殖列传》

他真不愧是道家的司马谈的儿子了！在这种基本认识上，他的思想是一贯的。

基于这种自然主义，他有他的科学态度。所以他在《刺客列传》中不采《国策》上"天雨粟，马生角"之说，以为大过。他更不信地脉：

吾适北边，自直道归。行观蒙恬所为秦筑长城亭障，堑山堙谷，通直道，固轻百姓力矣。夫秦之初灭诸侯，天下之心未定，痍伤者未瘳，而恬为名将，不以此时强谏，振百姓之急，养老存孤，务修众庶之和，而阿意兴功，此其兄弟遇诛，不亦宜乎？何乃罪地脉哉！

——《蒙恬列传》

他不信龟策：

余至江南，观其行事，问其长老云：龟千岁乃游莲叶之上，著百茎共一根。又其所生，兽无虎狼，草无毒螫，江傍家人，常畜龟，饮食之，以为能导引致气，有益于助衰养老。岂不信哉？

——《龟策列传》

在不熟悉司马迁的讽刺笔调的，一定以为司马迁也是信龟策了，然而这恰是反面的话呢。要知道他惯于以褒作贬，惯于用最高的理智和当时的愚人开一开玩笑！

他又有一种取信的态度,恰像胡适之所谓的"拿证据来"。例如《日者列传》中说:

> 古者卜人所以不载者,多不见于篇;及至司马季主,余志而著之。

这种证据还是要求于书本上的,至于《大宛列传》中所说:

> 《禹本纪》言河出昆仑,昆仑其高二千五百余里,日月所相隐避为光明也,其上有醴泉瑶池。今自张骞使大夏之后也,穷河源,恶睹《本纪》所谓昆仑者乎?

这就是要求实地的证据了。他之各地考察,以证实他的历史著作,也无非是这个同一要求的另一表现而已。这可以称为一种实证主义(positivism)。实证主义本也是自然主义的一支!

至于司马迁把道家思想应用于人事处更多。我们几乎可以这样说,凡是书中论到一个人的成败处,大体上都是采取道家的观点。例如论项羽之败是在"兴之暴",是在"自矜功伐";黥布之败也是在"拔兴之暴",在"常为首虐,功冠诸侯",于是"用此得王,亦不免于身为世大僇"。他责备周亚夫的是"足己而不学,守节不逊",所以"终以穷困"。他责备韩信的是"假令韩信学道谦让,不伐己功,不矜其能,则庶几哉于汉家勋,可以比周召、太公之徒。"因为这些人都是不晓得老子所谓"飘风不终朝,骤雨不终日"的道理,更缺乏老子所谓"不自伐故有功,不自矜故长"的修养的,司马迁之责论即是由老子立场而云然。反之,像司马迁之赞美张良"无知名,无勇功,图难于易,为大于细"(《自序》),也是同样就道家观点而加以欣赏了。

七　司马迁和荀学

照《孟子荀卿列传》上说，荀子是赵人，而游学于齐，最后适楚。这是一个调和南北学派的人物。齐楚文化本为一系，荀子也恰是沟通了它们的。

荀子虽是儒家，但已经采取了道家的思想。在《李斯列传》中，当李斯在最富贵的时候，曾忽然叹道：

> 嗟乎，吾闻之荀卿曰："物禁太盛。"夫斯乃上蔡布衣，闾巷之黔首，上不知其驽下，遂擢至此。当今人臣之位，无居臣上者，可谓富贵极矣。物极则衰，吾未知所税驾也。

李斯所引的荀子，正是一种道家思想。因为照道家的看法，世界的事物都是在变动中的，变动时则遵循一种辩证的法则，凡发展到一种顶点时，便会下降，所以人们最好在任何一种事上都不让它发展到饱和的状态，以免变质。

在荀子的思想体系中，又有着浓厚的自然主义色彩，《天论》便是一个例子。这也是因吸取道家而然。在齐楚文化这一系的传递上，在自然主义的表现上，司马迁和荀子都是应该接近的。假若照近人郭沫若氏的研究，荀子在先秦学术中的地位，远超过前人的想象，那么，他之影响司马迁也是很自然的了。

现在就《史记》的文字看，其中最明显的痕迹是《六国表》上所谓的"法后王"。荀卿的法后王是不是指秦，虽无明文，但荀子至少是希望有一个大帝国之出现的。荀子弟子李斯之入相秦，在某一种意义上说，未始不是受了荀子的鼓励和启发。司马迁对于秦也颇有好感，他不赞成那些对秦加以非笑的人，他说那只是"牵于所闻"，"与以耳食无异"呢。

此外，像在《游侠列传》中所说："此如顺风而呼，声非加疾，其势激也。"在《货殖列传》中所说："此皆诚壹之所致。"《淮南衡山列传》中所说："亦其俗薄，臣下渐靡使然也。"这都是援用荀子的语汇的，而《礼书》、《乐书》更是采自荀子的《礼论》、《乐论》，即使《乐书》采自《乐记》，而《乐记》出自公孙尼子，但公孙尼子仍为荀子一系（余别有考），可见司马迁之承受荀学处也是无可疑的了。

同时我们附带要说的，是《史记》中引用贾谊的地方也特别多，而且《始皇本纪》和《陈涉世家》直然钞大段的贾谊《过秦》以为赞（此据徐广、裴骃之说），《屈原列传》之后又直然以贾谊配之，可知司马迁之估价贾谊也是很高的。在我们细读《贾谊传》的结果，便见出大概贾谊也是荀学。你看：

> 年十八，以能诵诗属书闻于郡中，吴廷尉为河南守，闻其秀才，召置门下，甚幸爱。孝文皇帝初立，闻河南守吴公治平为天下第一，故与李斯同邑而常学事焉，乃征为廷尉。廷尉乃言贾生年少，颇通诸子百家之书，文帝召以为博士。

由此可知贾谊乃是为吴廷尉所荐引并爱幸，而吴廷尉为李斯的弟子，也就是荀卿的再传弟子了。贾谊以十八岁在吴廷尉的门下，而文帝召见时年二十余，那么起码在吴的门下也有四五年。他所受的熏陶一定是很大的。同时在气味上也一定是很合得来，否则哪里会爱幸和荐引呢？司马迁之屡引贾谊，或者也就是因为贾谊有得于荀学之故吧。

再有一点也可注意，司马迁之荀学，也许竟是由贾谊得来的。

因为贾谊的孙子贾嘉和司马迁是朋友，"孝武皇帝立，举贾生之孙二人至郡守，而贾嘉最好学，世其家，与余通书"（《贾生列传》），再据《儒林列传》，有"自此以后，鲁周霸、孔安国、雒阳贾嘉，颇能言《尚书》事"的话，则贾嘉也是《尚书》方面的学者，与孔安国辈分相近，同司马迁想也在师友之间。假若我们的推断不错，司马迁和荀学的关系可能如下表：

荀卿——李斯——吴廷尉——贾谊——贾谊之子——贾谊之孙贾嘉——司马迁

八　浪漫的自然主义

可是我们不要忘记，司马迁在性格上更占大量成分的乃是他的浓烈的情感，他原是像屈原样的诗人。所以结果，假若用一个名词以说明司马迁时，我们应该称他为浪漫的自然主义（romantic naturalism）。我想来想去，实在找不到更合适的称呼了！

司马迁的本质是浪漫的，情感的。他的情感本是不时爆发而出的。自然主义是他对一切的看法，但看法之后，却终不掩他的情感。例如，不错，他晓得游侠之产生是由于经济，如《货殖列传》所说；然而在说明其产生之后，就表露他的情感了，"自秦以前，匹夫之侠，湮灭不见，余甚恨之。"他冲口而出了！他把古今一切著作都归到"大抵圣贤发愤之所为作也"，这更是不折不扣的浪漫观点。

因此，他的自然主义，并没引导他到启蒙精神而止，却发挥在笼罩在他的浪漫精神上了！

九　司马迁的历史哲学与历史科学

司马迁究竟是一个历史家。司马迁在这一方面的贡献如何，在传统的评价中，原已有一种公论（虽然我们觉得不够），我们姑且引赵翼的一段话，以为代表。

> 司马迁参酌古今，发凡起例，创为全史，《本纪》以序帝王，《世家》以记侯国，《十表》以系时事，《八书》以详制度，《列传》以志人物，然后一代君臣政事贤否得失，总汇于一编之中。自此例一定，历代作史者，遂不能出其范围，信史家之极则也。
>
> ——《二十二史札记》

这意思是说司马迁之功乃在给中国的所谓"正史"立下一个规模。其次称道司马迁的史学贡献的，是说他开创了"通史"，这说法最初为郑樵所提及，后来又为章学诚所张大。

反之，对司马迁的史学不满的，除了班固站在古典的立场说他"是非颇缪于圣人，论大道则先黄老而后六经，序游侠则退处士而进奸雄，述货殖则崇势利而羞贫贱"而外，又有郑樵责其博雅不足之说：

> 大著述者必深于博雅，而尽见天下之书，然后无恨。当迁之时，挟书之律初除，得书之路未广，亘三百年之史籍，而局蹐于七八种书，所为迁恨者，博不足也。而其书，皆齐人之语，今迁书全用旧文，间以俚俗，良由采摭未备，笔削不遑，故曰：予不敢堕先人之言，乃述故事，整齐其世传，非所谓作也。刘知

几亦讥其多聚旧记,时插新言,所可为迁恨者,雅不足也。

——《通志·总序》

所谓"雅不足"就仍是班固的同一观点,不过一从思想上论列,一从语言上论列而已。然而这在反面,却恰可以说明司马迁之浪漫精神,这不惟不足为病,却正是特色所在处。至于所谓"博不足",却就是现代人所斤斤计较的史料的丰富不丰富的问题。我认为这也不过是"事后有先见之明"的可笑看法罢了。司马迁在那时实在已尽了搜集史料的能事了,而且他也是有着运用史料的方便的,古人著书不能像现在人一一标出来源,这是我们必须考虑的。再说一个历史家之可贵,并不在史料之多,而在对史料之了解,并能看出它的意义。现在人动辄说史料多少,这是只求广度,而忘了求深度了。司马迁之可贵,乃在他的"识"。由于他的"识",于是他能对平凡的史料,而掘发出了意义。这岂是浅薄的人所能梦见的?

我认为从前人对司马迁所加的估价是不够的,所加的贬词也是不正确的——在一个英雄身上发现苍蝇似的瑕疵原不足为训。照我们现在的了解,我们认为司马迁除了为正史立下规模以及有通史的气魄之外,又有下面几种了不起的贡献:

第一,一个历史家的可贵,首在有一种"历史意识"。有历史意识,然后才能产生一种历史范畴。历史范畴是什么呢?历史范畴就是演化。凡是认为一切不变的,都不足以言史。自来的思想家,不外这两个观点:一是从概念出发,如柏拉图,如康德;一是从演化出发,如亚里斯多德,如黑格耳。司马迁恰恰是属于后者的。用他的名词说,就是变,就是渐,就是终始:

维三代之礼，所损益各殊务，然要以近性情，通王道，故礼因人质为之节文，略协古今之变，作《礼书》第一。

——《自序》

臣弒君，子弒父，非一旦一夕之故也，其渐久矣。

——《自序》

罔罗天下放失旧闻，王迹所兴。原始察终，见盛观衰。……天人之际，承敝通变。

——《自序》

故汉兴，承敝易变，使人不倦，得天统矣。

——《高祖本纪》

语有之，以权利合者，权利尽而交疏，甫瑕是也，甫瑕虽以劫杀郑子，内厉公，厉公终背而杀之。此与晋之里克何异？守节如荀息，身死而不能存奚齐，变所从来，亦多故矣。

——《郑世家》

儒者断其义，驰说者骋其词，不务综其终始。

——《十二诸侯年表》

学者牵于所闻，见秦在帝位日浅，不察其终始，因举而笑之，不敢道。

——《六国表》

观其所以得尊宠，及所以废辱，亦当世得失之林也，何必旧闻？于是谨其终始，表其文。

——《高祖功臣侯年表》

咸表终始，当世仁义成功之著者也。

——《惠景间侯者年表》

为天数者，必通三五，终始古今，深观时变，察其精粗，则天官备矣。

——《天官书》

是以物盛则衰，时极而转，一质一文，终始之变也。

——《平准书》

仆窃不逊，近自托于无能之词，网罗天下放失旧闻，考其行事，综其终始，稽其成败兴坏之纪。……亦欲以究天人之际，通古今之变，成一家之言。

——《报任安书》（据《文选》）

在"变"、"渐"、"终始"三者之中，司马迁尤其时时提及的乃是终始。终始者并不是一堆死的东西，摆在那儿的，如果那样便只是史料而已了。一个历史家需要对于史料加以专家的把握，用司马迁的话讲就是："综其终始"，"察其终始"，"谨其终始"，这里边实在包括许多方法和许多本领。"谨其终始"是客观地遵循这一种演变，"察其终始"是对于这一种演变加以观察，最后却要加以组织，那就是"综其终始"，而且更要看出其中的意义，寻出一种原则，也就是所谓"通古今之变"了。他说"儒者断其义，驰说者骋其词，不务综其终始"，就因为前者是哲学家、文学家的看法，只有他之"综其终始"才是一个历史家的看法。这其中有司马迁的学力，也有他的识力。司马迁处处没忘了他是一个历史家，他处处运用这种历史意识，发挥这种意识，所以他可称为是中国上古第一个觉醒的担负着历史使命，历史课题的人。同时司马迁又有着诗人的天才，他往往把这种演化的趋势，就具体的事件上观察之，把握之，描写之，例如他对诸侯之被削弱，便从他们之"贫者或乘牛车"看出来（见《平准书》及《五宗世家》），因此他的历史意识乃是佐之以诗人的慧眼，于是烛照的角落更多，而表现出来的也更有着史诗性的意味了。

　　第二,司马迁是一个有史观的人,换言之,他有他对历史的一贯的看法。他有他的历史哲学。假若说他的历史意识,是在所谓"通古今之变"上,那么他的历史哲学,就是在"究天人之际"上。天人之际是什么? 用现在的话讲,就是客观力量和主观行为的消长结果。因为他看重客观力量,所以也可以说他的史观乃是唯物史观。在客观力量之中,更重经济力量,这是我们已经说过的了。同时他所认识的客观力量并不是死的,而是在一种动态之中的,这动态却又有一种法则可寻,那就是盛衰循环,近于一种辩证法:

　　　　当是之时,网疏而民富,役财骄溢,或至兼并豪党之徒,以武断于乡曲。宗室有土,公卿大夫以下,争于奢侈,室庐舆服僭于上,无限度。物盛而衰,固其变也。

　　　　　　　　　　　　　　　　　　　　——《平准书》

　　　　故《书》道唐虞之际,《诗》述殷周之世,安宁则长庠序,先本绌末,以礼义防于利。事变多故,而亦反是。是以物盛则衰,时极而转,一质一文,终始之变也。

　　　　　　　　　　　　　　　　　　　　——《平准书》

　　　　夏之政忠,忠之敝,小人以野,故殷人承之以敬。敬之敝,小人以鬼,故周人承之以文。文之敝,小人以僿,故救僿莫若以忠。三王之道若循环,周而复始。

　　　　　　　　　　　　　　　　　　　　——《高祖本纪》

　　　　夏正以正月,殷正以十二月,周正以十一月,盖三王之正若循环,穷则反本。

　　　　　　　　　　　　　　　　　　　　——《历书》

在《平准书》中,是以经济的变动而解释吏治的变动的,这是唯物史观之绝好的说明。在《高祖本纪》中，也堪称为一种辩证的文化哲学。司马迁虽然不能时时抓牢唯物辩证法观点，但总算疏而不失了。

再则讲文化哲学的人，往往定出一种周期来，如施贲格勒即谓每一种文化有两千年的寿命是。司马迁在这点上却也有近似的说法，这就是："夫天运三十岁一小变，百年中变，五百载大变，三大变一纪，三纪而大备。此其大数也。"（《天官书》）

第三，司马迁承了中国学者的传统（尤其是由于他父亲的教育），并不以纯粹的客观事实之说明为限（他父亲一则说："无忘吾所欲论著"，二则说："余为太史而弗论载"，可见都是要在历史书里发表自己的意见的），却还要致用，却还要从学术的研究中得出一种智慧，尤其是政治的智慧。他所得的智慧便是"承敝通变"。人类既在变化之中，为顺应这种大势，便只有采取变革的办法，而不能遵守故常了。这也可以说是司马迁心目中的历史教育的内容，他自己就是要担负这种教育的使命的，他在《史记》中，创"八书"，以为通史的榜样，用意也便在此。他在《自序》中已明言之：

> 礼乐损益，律历改易，兵权山川鬼神，天人之际，通敝承变，作"八书"。

后来司马光把自己的历史著作叫作《资治通鉴》，也仍是此意。因此往大处说，历史教育乃是一种政治教育。往小处说，历史教育却也起码是一种伦理教育。所以在司马迁的心目中，历史一定有所刺讥褒贬，他认为这是孔子的遗教，孔子就是这样的：

> 七十子之徒，口受其传指，为有所刺讥褒讳挹损之文辞，

不可以书见也。

——《十二诸侯年表》

只是后来的人只注意了消极的作用，单有贬刺，而忽略了积极的意义罢了。司马迁在这一点上却又特别提醒。他遵循着他父亲的指示，说：

> 《春秋》采善贬恶，推三代之德，褒周室，非独刺讥而已也。

事实上司马迁也正是这样实行着的。我们看他的《自序》中，每作一传，几乎都是"嘉"某人之某一方面如何而后动笔的。他恰如玛修·阿诺德对于批评的认识，是要把认为美好的东西宣传出去的。——中国的文学批评本寓于史，但很少人晓得这积极的作用更为重要就是了。政治教育和伦理教育是司马迁在历史教育上的认识和贡献处。

第四，司马迁的历史是真正人类整个活动的历史。这并不在乎史料的全不全（虽然在这一点上司马迁也仍无可议），而在乎触及的方面广不广。英人弗里曼（E. F. Freeman）著《历史研究方法论》（*Method of Historical Study*），说："历史家应该每事皆知。"（原书页四五）司马迁够这个资格——至少就那个时代说是够这个资格。

第五，在记录人类的整个活动之中，司马迁尤其难得的是在他的历史中抬高了平民的地位。他的《本纪》、《世家》虽然还是帝王贵族的史乘，然而其中也业已加入了一个布衣——孔子，和一个佣耕的陈涉了，至于列传中的仲尼弟子、游侠、刺客、滑稽等等，却大都是平民。就是像老孟荀那般学者，扁鹊、仓公那般技术人才以及老粗出身的那般将官，也都是小市民阶层的。美国历史家罗宾逊（J. H. Robinson）在《新史学》（*The New History*）中所说的"为平民而著的历史"（History for the common people），司马迁实在已经庶几近之了。这不惟已往的历史家没有做到，就是司马迁以后的历史家也很少能继续。

第六，在历史科学的方法上，司马迁的贡献尤其大。体裁的创制已由前人说过，我们不必多说。我觉得最难得的是，司马迁的历史实在已由广度而更走入深度。正像德国史学家考尔夫（Korff）那般人所谓，历史的意义，不在探求外延，而更在探求内包。司马迁的历史已经能够探求到人类的心灵。所以他的历史，乃不惟超过了政治史，而且更超过了文化史，乃是一种精神史、心灵史了。这是第一点。其次是，历史本来是讲演化的，演化是纵的，是顺着一种线索的，这在司马迁固然已经很能把握了，但他却更进一步，在演进之中而加入一种体系的探求。例如他的《刺客列传》、《酷吏列传》、《货殖列传》、《游侠列传》、《循吏列传》、《佞幸列传》、《龟策列传》、《日者列传》、《儒林列传》等，都是想用一种体系去整理的。这样的传记已经占列传总数的七分之一。"八书"更不用说。不但这样，就是他的标出人名的列传，也多半以类相从，例如老庄申韩可以称为哲人列传，孙子、吴起可以称为兵家列传，屈贾可以称为诗人列传是。再说就是列传与列传之间的排列也仍是有着连系的，例如《孙吴列传》之前便是《司马穰苴列传》，这同样是兵家；而《苏秦列传》之后便是《张仪列传》，这同样是纵横家；其他同样的例子不必尽举。这就可见司马迁乃是要在人类的生活经验之中而寻出若干范畴来了。因此，他的书乃是演化与体系二者并重的，倘无前者固不足为"史"，倘无后者便也不能驾驭史，超乎史。这是他在史学方法上可贵的第二点。

至于他之运用史料，鉴别史料（如《五帝本纪》中之以古文为准，《周本纪》中之辨居洛邑为受犬戎之攻而非为伐纣，《魏世家》中之论魏灭并非由于不用信陵，《苏秦张仪列传》中之推原苏秦蒙恶声之由），都有近于现代人的疑古和考证的方法处。再则他的彻底执行阙疑的办法，兼采众说，留待后人判断（如老子问题，如吕尚事周的情形等），这乃是近于美人温逊（Vincent）在他的《历史研究法》（*Historical Research*）中所说历史判断与法官判断之异即在前者可不下判决，以待新证据（见原书页二五六）。这统是可贵的，但比起前二者来，总算是贡献中之小焉者了。

第七，在对于中国历史的了解上，司马迁有他的新见地，这就是对于秦的看法。他对于秦，估价很高，书中在在言之：

> 秦取天下多暴，然世异变，成功大。传曰法后王，何也？以其近己而俗变相类，议卑而易行也。学者牵于所闻，见秦在帝位日浅，不察其终始，因举而笑之，不敢道，此与以耳食无异，悲夫！
>
> ——《六国表》

> 至秦有天下，悉内六国礼仪，采择其善，虽不合圣制，其尊君抑臣，朝廷济济，依古以来。至于高祖，光有四海，叔孙通颇有所增益损减，大抵皆袭秦故。自天子称号，下至佐僚，及宫室官名，少有变改。
>
> ——《礼书》

一个历史家必须客观，必须不以成败论事，司马迁身居汉代而能不避嫌疑以论秦之历史地位，这也是难能可贵的。司马迁在历史上的发明本多，现在只是举出最重大的一项以概其余罢了。

十　司马迁之政治观

司马迁的史学，既以经世致用作为目标之一，当然不能不有一种政治理想的寄托——至少对政治有他的看法。

因为他的根本思想既是道家的自然主义，所以他的政治哲学也便建立在"无为"上。他觉得最好是顺其自然。他理想的是：

> 孝惠皇帝高后之时，黎民得离战国之苦，君臣俱欲休息乎无为。故惠帝垂拱，高后女主称制，政不出房户，天下晏然，刑罚罕用，罪人是希，民务稼穑，衣食滋殖。
>
> ——《吕后本纪》

吕后时的政治本无可称，但是能够做到无为，人民能安居乐业，他也就认为不错了。无为的反面是有为，是多事，多事就容易出乱子。像七国之乱便是一个榜样：

> 汉兴，孝文施大德，天下怀安。至孝景不复忧异姓，而晁错刻削诸侯，遂使七国俱起，合从而西乡，以诸侯大盛，而错为之不以渐也。及主父偃言之，而诸侯以弱，卒以安。安危之机，岂不以谋哉？
>
> ——《孝景本纪》

这其中确有一种对黄老术的向往在。（《孝景本纪》或为司马谈著，但至少司马迁是同意这个看法的。）

一般人或者以为司马迁也是赞成封禅、改历、易服色等事的，其实司马迁站在无为的立场，对这并不赞成。他说：

　　孔子言"必世然后仁，善人之治国百年，亦可以胜残去杀"，诚哉是言！汉兴，至孝文四十有余载，德至盛也！廪廪乡改正服封禅矣，谦让未成于今，呜呼！岂不仁哉？

——《孝文本纪》

他虽然也参加过封禅改历，但那等于"当官差"，他之赞美孝文帝，就是表明他的本心是不赞成武帝那一套太"有为"的举动而已。

　　在许多有为的事件之中，他尤其痛恶的是严刑峻法，所以他说：

　　周秦之间，可谓文敝矣，秦政不改，反酷刑法，岂不缪乎？故汉兴承敝易变，使人不倦，得天统矣。

——《高祖本纪》

　　严刑峻法并不足以求治。法越密，人越能作弊。他曾指出："自张汤死后，网密，多诋严。官事浸以耗废。"他痛切地说："法令者治之具，而非制治清浊之源也。昔天下之网尝密矣，然奸伪萌起，其极也，上下相遁，至于不振。"（均见《酷吏列传》）真慨乎言之！这让我们想起老子所谓"法令滋章，盗贼多有"来，司马迁到底是根于老学呵！不过老子（假若真有这么一个人）还是就哲人的眼光观察而已，而司马迁身受峻法之祸，亲见严刑的流弊，其体验之深浅却自有不同了！

　　假若有了严刑峻法以后，能够守法还好，如果不守法，那就为害更不可胜言了。司马迁在不得已而求其次的时候，是赞成守法的，他在《张释之列传》里先记张释之守法的言论：

　　法者，天子所与天下公共也。今法如此而更重之，是法不信于民也。且方其时，上使立诛之，则已。今既下廷尉，廷尉，天下之平也，一倾而天下用法皆为轻重，民安所措其手足？

这话是因为一个人惊了文帝的驾，张释之按法处以罚金，而文帝认为罚太轻而说的。又有一次，是有人盗高庙前玉环，张释之又依法只判了死罪，而文帝却认为当灭族。张释之便又争道：

> 法如是足也。且罪等，然以逆顺为差，今盗宗庙器而族之，有如万分之一，假令愚民取长陵一抔土，陛下何以加其法乎？

这本是难得的守法精神。于是司马迁在赞中也便加以颂扬道："张季之言长者，守法不阿意，有味哉，有味哉！"但我们却觉得司马迁的颂扬也是雅有意味的。因为，他所有在《酷吏列传》中所写的森怖世界，是完全在这里寄托其一线希望了！只是文帝尚是一般人所认为宽厚和易的人，犹且以法定的处罚为不足，试想在武帝之时又应该如何？究竟有几个张释之？碰在不是张释之的一般人的手里，人命又将如何？司马迁追慕张释之，实有隐痛在！

司马迁对这曾时有反抗，既写《酷吏列传》以著刑法之恶，又在《绛侯世家》中借周勃以指狱吏之贵，更作《循吏列传》，以指示正规：

> 法令，所以导民也。刑罚，所以禁奸也。文武不备，良民惧；然身修者，官未曾乱也，奉旨循理，亦可以为治，何必威严哉？

他顶痛恨那般爪牙似的人物。天下最可恶的，也实在就是那般助桀为虐的二花脸之流。司马迁说李斯"阿顺苟合，严威酷刑"，就已是一个典型。至于汉代那些惨酷的刽子手，却同时又是贪污的蛆虫。像那"杜周初征为廷史，有一马，且不全，及身久任事，至三公列，子孙尊官，家赀累数巨万矣"。这钱是哪里来的？还不是敲诈么？既由敲诈，可知殊非守法。法治已不是上策，到了弄法乱法，贪赃以枉法的地步，那人民的受祸就更不堪问了。司马迁倾向于超乎法，他说：

> 汉兴，破觚而为圜，斫雕而为朴，网漏于吞舟之鱼，而吏治蒸蒸，不至于奸，黎民艾安。由是观之，在彼不在此！

同时，他常说："九卿碌碌奉其官，救过不赡，何暇论绳墨之外乎？"绳墨之外，就是超乎法。司马迁之所以有这种思想，这许有两个原因：一是因为古代学与术不分，任何事情都不免有一种艺术的意味，仿佛都有一处"神而明之，存乎其人"的光景，所以才论"绳墨之外"的运用；二是因为由于司马迁的浪漫精神，他总不喜欢拘拘于一些繁碎的科条，例如最需要讲纪律的莫过于军事了，但在军事中他却赞成"号令不烦，士卒乡之"的李将军。浪漫精神是随处有一种冲决之势的，这样而表现于司马迁的政治思想也是无足怪的。司马迁不但想超乎法治，甚而想超乎一切的政治。他为"嘉伯之让"而作《吴太伯世家》，他为"让国饿死，天下称之"而作《伯夷列传》，这两篇一居世家之首，一居列传之首，一定都非偶然。真的，如果站在道家的自然主义，政治根本也可以不要了。

不过在现实社会中，政治问题总是要有的，法治既不是最高的政治理想，那么，靠什么呢？司马迁对这问题的答复大概仍是偏于人治。他对于人才十分注意，例如他说：

> 尧虽贤，兴事业不成，得禹而九州宁，且欲兴圣统，唯在择

> 任将相哉！唯在择任将相哉！
>
> ——《匈奴列传》

> 贤人乎！贤人乎！非质有其内，恶能用之哉！甚矣！
> "安危在出令，存亡在所任。"诚哉是言也！
>
> ——《楚元王世家》

这里都有他对于人才之迫切的呼吁。本来，他的整个一部《史记》，也可说就是对于到那时为止的人才的总评衡。虽在他痛恨的酷吏，他也仍然就人才主义而加过高下的品题。他把人才的重要简直看在一个国家的兴亡之上，像《吴世家》的一篇史乘乃重在季札之为"闳览博物君子"，《越世家》的一篇记录乃重在范蠡之"三迁皆有荣名，名垂后世"，他完全是像汉武帝那样求才若渴了！

司马迁对于政治的看法，从无为到超乎法治，从不得已而赞成守法到人才主义，大略已如上述。现在再附带说他对于战争的看法。他对于战争也是站在自然主义的立场的，他认为不可免：

> 自含血戴角之兽，见犯则校，而况于人怀好恶喜怒之气，喜则爱心生，怒则毒螫加，情性之理也。
>
> ——《律书》

这简直是生物学的说明了。所以他认为到必要时，就该用兵，而不赞成腐儒迂阔之谈：

> 岂与世儒闇于大较，不权轻重，猥云德化，不当用兵，大至窘辱失守，小乃侵犯削弱，遂执不移等哉？故教笞不可废于家，刑罚不可捐于国，诛伐不可偃于天下，用之有巧拙，行之有逆顺耳。
>
> ——《律书》

司马迁虽时时不掩其浪漫的色彩,但因为他有重在大处的识力,所以立论究竟很巩固,这就是前人所说"奇而不失其正"了。至于他说"用之有巧拙",这就仍是像他对于政治的看法之有一种"绳墨之外"的向往而已。(《律书》可能为司马谈著,特司马迁亦必同此意。)

最后,我们不能不提及的,是司马迁时时站在百姓的立场说话。他痛恨那般仰承统治者的鼻息而压榨老百姓的人物,这可见之于他之责蒙恬:

> 吾适北边,自直道归,行观蒙恬所为秦筑长城亭障,堑山堙谷,通直道,固轻百姓力矣。夫秦之初灭诸侯,天下之心未定,痍伤者未瘳,而恬为名将,不以此时强谏,振百姓之急,养老存孤,务修众庶之和,而阿意兴功,此其兄弟遇诛,不亦宜乎?

他所谓"百姓力","百姓之急","众庶之和",这都真是老百姓的口吻。他说他们遇诛亦宜,用我们现在的话讲,就是凡和老百姓的利益相违反的人就该杀!

十一　司马迁之民间精神

假若说民间精神也是浪漫情调之一时,则司马迁在这方面也没做了例外。

司马迁虽因为儒家的教育之故,讲缙绅先生的趣味,讲雅,可是他骨子里的精神是平民的。他对于皇帝吧,每每赤裸裸地把他们的外衣剥掉,而极尽讽嘲之能事,写他们的怒,写他们的偏私,写他们的愚，写他们的好笑。对于官僚呢，他尤其在揶揄着，挖苦着。种种装模作样的人，如张汤，如公孙弘，如袁盎，在他看得一文不值。反之，在平民方面，他却极端礼赞着，向往着，用尽了他那极其熟悉而亲切之笔描绘着。

例如游侠根本是社会上的一种下层组织，也就是现在的所谓流氓。可是司马迁十分加以称道。他说："今游侠，其行虽不轨于正义，然其言必信，其行必果，已诺必诚，不爱其躯，赴士之厄困，既已存亡死生矣，而不矜其能，羞伐其德，盖亦有足多者焉，且缓急人之所时有也。"又说："布衣之徒，设取予然诺，千里诵义，为死不顾世，此亦有所长，非苟而已也。故士穷窘而得委命，此岂非人之所谓贤豪间者耶？诚使乡曲之侠，与季次、原宪比权量力，效功于当世，不同日而论矣。要以功见言信，侠客之义，又曷可少哉！……至如闾巷之侠，修行砥名，声施于天下，莫不称贤，是为难耳。然儒墨皆排摈不载。自秦以前，匹夫之侠，湮灭不见，余甚恨之！以余所闻，汉兴，有朱家、田仲、王公、剧孟、郭解之徒，虽时扞当世之文罔，然其私义廉洁退让，有足称者；名不虚立，士不虚附。至如朋党宗强比周，设财役贫，豪暴侵凌孤弱，恣欲自快，游侠亦丑之。余悲世俗不察其意，而猥以朱家、郭解等，令与暴豪之徒同类，而共笑之也！"所谓布衣，所谓乡曲，所谓闾巷，正是指现在的所谓下层社会。你看他一则说"有足多者"，二则说"曷可少哉"，三则说"有足称者"，他的向慕为何如！秦以前的游侠湮灭不见，他便恼恨，汉兴以来的游侠为世俗所不了解，他便悲哀，他的同情又何如！游侠的纪律和信条，他是清楚的，这就是行果诺诚，赴士困危，不怕死，却又不矜伐。而且他们虽有势力，但不聚敛，也不欺弱者。尤其难得的，是他们同样有品德的锻炼，修行砥名，廉洁退让，这是比朝廷中那般伪君子像公孙弘等，高出万万的。所以就是触犯当时刀笔吏的法律，不合乎伪君子的"正义"，司马迁对他们也仍然在原谅着了！

当时的游侠，鲁有朱家，洛阳有剧孟，江淮之间有王孟，济南有瞷氏，陈有周庸，代北有诸白，梁有韩无辟，阳翟有薛况，陕有韩孺，长安有樊仲子，槐里有赵王孙，长陵有高公子，西河有郭公仲，太原有卤公孺，临淮有儿长卿，东阳有田君孺，司马迁多么了如指掌！假若他不是深透在民间生活，他能这样熟悉吗？至于此中最大的人物郭解，他还亲自见过！郭解被迫搬家的时候，来送钱的出到千余万，有人说他不够贤，立时被他手下的人割去了舌头，他的势力这样大，可是身材却十分短小，言语十分平庸，司马迁也是深深地有着印象的呢。

司马迁的精神已经浸润在民间生活的内层了！所以他的文字也有着民间语言——白话——的生动和有力。

> 黯时丞相史，皆与黯同列，或尊用过之，黯褊心，不能无少望，见上，前言曰："陛下用群臣，如积薪耳，后来者居上。"上默然有间，黯罢，上曰："人果不可以无学，观黯之言也，日益甚！"
>
> ——《汲黯列传》

> 齐有富者田甲……是时齐人主父偃知甲之使齐以取后事，亦因谓甲，即事成，幸言偃女愿得充王后宫，甲既至齐，风以此事。纪太后大怒曰："王有后，后宫具备，且甲齐贫人，急乃为宦者，入事汉，无补益，乃欲乱吾王家。且主父偃何为者，乃欲以女充后宫！"
>
> ——《齐悼惠王世家》

唐为中郎署长，事文帝，文帝辇过，问唐曰："父老何自为郎，家安在？"

——《张释之冯唐列传》

吕后与两子居田中耨，有一老父过，请饮。吕后因餔之，老父相吕后曰："夫人，天下贵人。"令相两子，见孝惠曰："夫人所以贵者，乃此男也。"相鲁元，亦皆贵。老父已去，高祖适从旁舍来，吕后具言客有过相我子母皆大贵。高祖问，曰："未远。"乃追及，问老父，老父曰："乡者夫人婴儿皆似君，君相贵不可言！"高祖乃谢曰："诚如父言，不敢忘德。"及高祖贵，遂不知老父处。

——《高祖本纪》

主爵都尉汲黯是魏其，内史郑当时是魏其，后不敢坚对，余皆莫敢对。上怒内史曰："公平生数言魏其、武安长短，今日廷论，局趣效辕下驹，吾并斩若属矣！"即罢起入。上食太后，太后亦已使人候伺，具以告太后，太后怒不食，曰："今我在也，而人皆藉吾弟，令我百岁后，皆鱼肉之矣。且帝宁能为石人邪？此特帝在，即录录，设百岁后，是属宁有可信者乎？"上谢曰："俱宗室外家，故廷辨之，不然，此一狱吏所决耳。"

——《魏其武安侯列传》

都多么像娓娓煦煦的家人语？司马迁不但所写的是白话，而且不是纸上的白话，却是地地道道的口语了。至于：

陈胜王凡六月，已为王，王陈。其故人尝与佣耕者闻之，之陈，扣宫门，曰："吾欲见涉。"宫门令欲缚之，自辩数，乃置，不肯为通。陈王出，遮道而呼涉，陈王闻之，乃召见，载与俱归。入宫，见殿屋帷帐，客曰："夥颐！涉之为王沈沈者！"楚人谓多为夥，故天下传之。

——《陈涉世家》

帝欲废太子，而立戚姬子如意为太子，大臣固争之，莫能得。上以留侯策即止，而周昌廷争之，强，上问其说。昌为人口吃，又盛怒，曰："臣口不能言，然臣期期知其不可，陛下虽欲废太子，臣期期不奉诏。"上欣然而笑。既罢，吕后侧耳于东厢听，见周昌，为跪谢曰："微君，太子几废！"

——《张丞相列传》

这更是有名的例子，这就又不止写口语了，而且能写方言和口吃。古典派是要典雅到和现实十万八千丈远的，浪漫的司马迁却留恋在现实的核心，不惜照摄一切，传真万有。《傅靳蒯成传》上说周缧："军乍利不乍利，终无离上心"，乍也是俗语。便见司马迁之运用白话，抑又不只在写对白而已，就是行文中，也夹杂起来了。为实行运用口语，他之用古书，便常常经过一道翻译的手续，《尚书》的"克明俊德"，他写成"能明驯德"，《尚书》的"钦若昊天"，他写作"敬顺昊天"，这也是人所周知的事——司马迁原来是两千年前的胡适呢！

口语之外，司马迁又爱援用俗谚。他或者明称"谚曰"，或者称"鄙言"，或者称"语"，或者暗用而不标明：

谚曰："桃李不言，下自成蹊。"此言虽小，可以谕大也。

——《李将军列传赞》

谚曰："人貌荣名，岂有既乎？"

——《游侠列传赞》

谚曰："千金之子，不死于市。"此非空言也。

——《货殖列传》

谚曰："力田不如逢年，善仕不如遇合。"固无虚言，非独女以色媚，而仕宦亦有之。

——《佞幸列传》

谚曰："百里不贩樵，千里不贩籴。居之一岁，种之以谷；十岁，树之以木；百岁，来之以德。"德者，人物之谓也。

——《货殖列传》

鄙语云："尺有所短，寸有所长。"白起料敌合变，出奇无穷，声震天下，然不能救患于应侯。

——《白起列传赞》

鄙语曰："利令智昏。"平原君贪冯亭邪说，使赵陷长平兵四十余万众，邯郸几亡。

——《平原君列传赞》

鄙人有言曰："何知仁义，已向其利者为有德。"

——《游侠列传》

语有之，"以权利合者，权利尽而交疏"，甫瑕是也。

——《郑世家赞》

语曰："能行之者，未必能言，能言之者，未必能行。"孙子筹策庞涓明矣，然不能早救患于被刑。吴起说武侯以形势不如德，然行之于楚，以刻暴少恩亡其躯，悲夫！

——《孙子吴起列传赞》

语曰："当断不断，反受其乱。"春申君失朱英之谓邪。

——《春申君列传赞》

语曰："千金之裘，非一狐之腋也；台榭之榱，非一木之枝也；三代之际，非一士之智也。"

——《刘敬叔孙通列传赞》

语曰："变古乱常，不死则亡。"岂错等谓邪？

——《袁盎晁错列传赞》

语曰："不知其人，视其友。"二君之所称诵，可著廊庙。

——《张释之冯唐列传赞》

甚矣，"安危在出令，存亡在所任"，诚哉是言也。

——《楚元王世家赞》

"女无美恶，居宫见妒；士无贤不肖，入朝见疑。"故扁鹊以其伎见殃，仓公乃匿迹自隐而当刑。

——《扁鹊仓公列传赞》

"毋为权首，反受其咎。"岂盎错邪？

——《吴王濞列传赞》

司马迁之引用俗谚，就如同引用经典似的一样郑重了，他仿佛在民间的体验结晶之中，而灌注着自己生命似的了。语言本是精神的躯壳。英国的浪漫诗人渥滋渥斯，不是也主张采取日常生活和日常用语吗？法国对工人最同情的小说家左拉不也是每每驱遣下等社会的土话吗？就在这种精神与语言的凑拍上，我们遇到司马迁。

因为富有民间精神之故，司马迁的《史记》不止取材于堂皇的史乘和档案，他还访问了许多老百姓。例如他写韩信，就是淮阴的老百姓告诉他，韩信在幼时，虽然贫困，可是早预备下一个大坟的。他写萧何、樊哙、曹参、滕公，也是丰沛的老百姓告诉他这些将相在从前鼓刀屠狗卖缯时的情况的。他仿佛是一个平凡的百姓似的，他是老百姓的发言人，也是老百姓的见闻的书记。所以他的评论每每以俗谚为依归，那也是当然的了。

这种民间精神,于是使司马迁有着一些素朴的反抗性。他对一切接近民间的人,常常情不能已地歌赞着。"不耻下交"的信陵君,他是多么特别卖了气力去叙述着呢!同时,凡是反抗权贵的人,他也往往极力表彰。鲁仲连吧,他就眉飞色舞地说:"余多其在布衣之位,荡然肆志,不诎于诸侯,谈说于当世,折卿相之权"了。最后,他简直自己索性据有一种予夺的权威(自然,在幻想里!)吧,把平民偏偏抬高起来。"布衣"的孔子,他偏把他列为世家,佣耕的昙花一现的陈涉,他偏把他和许多诸侯并排,对于楚霸王,让他和秦始皇、汉武帝鼎足而立。司马迁以此自快,他是一个过屠门而大嚼的无冕帝王,爱封爱贬,全由己呀!

然而民间者,无非是穷困愁苦的一群之称。在这方面,司马迁尤其有他的体会和感触。《平准书》里,对于兴利的大臣,极尽其痛恨之笔,《货殖列传》里,畅快地宣泄着"无岩处奇士之行而长贫贱,好语仁义,亦足羞也"的悲愤。因此,他对于人生不是飘浮地像蜻蜓一样的点水而过的,他所写的也绝不是虚幻的鬼影或抽象的教条,却是赤裸裸的"如是人生";因此他的思想构成一种浪漫的自然主义,其中有文化的成分,有道家的成分,有他那抒情的性格的成分,但也有得自实际生活的唯物的体认的成分;因此司马迁为一切平民永远地欢迎着,也为一切浪漫诗人或有浪漫情调的人所永远地欢迎了!

十二 《史记》一书的个性

凡是读一部书,就像认识一个朋友一样,如果不晓得他的个性,则无论说短论长,全无是处,在论史记时,我觉得至少这下面的几个前提是必须注意到的：

第一，要知道司马迁是拿整个的"史记"与人相见的，并非单篇分开给我们（虽然在汉朝似乎是各篇单行，但那是流传的情形，并非著述的情形），因此他对于每一问题的看法，我们不能单就篇名的外形去找。例如管仲、晏婴的贡献或历史地位，如果我们只看《管晏列传》当然要责备司马迁所记太略的，然而在《齐世家》中却仍有详细的记载。又如信陵君的真相，单看《信陵列传》也不够，而在《范雎蔡泽列传》中才能看出来。原来他没有像《信陵列传》中人格那样完整，在急人之难上也有时很犹豫。再则他在魏国的关系之重要，单看《信陵列传》也仍是不足，那就又要看《魏世家》。再如子产本见于《循吏列传》，但《循吏列传》中的子产太平凡了，不够一个大政治家，可是在《郑世家》中却便又见出他的真正的设施来。原来司马迁在一个历史家之外，兼是一个艺术家，他晓得每一篇传记一定有一个中心，为求艺术上的完整起见，便把次要的论点（在艺术上次要）放在别处了。这是前人所发见的"互见法"。我们可以这样说，就他单篇文章看，他所尽的乃是一个艺术家的责任，只有就他整部的《史记》说，他才是尽的历史家的责任。倘就单篇而责备之，他就太冤枉了。

第二，就原则上说，司马迁对自己的主观见解和客观描写是分开去处理的。大概在传记中的叙述往往是纯粹客观的，而主观的评衡则见之于《自序》中说到所以作各传之故处。所以我觉得要真正看司马迁的见解时，《自序》最重要。其次便是每篇的赞。但多数的赞是处在客观与主观之间的。所以就是有些评衡，也是个人的意味（personal）居多，如叙到个人的经验或与传中的人物的关系等，有时则是传中的补充而已。我觉得司马迁这个办法也很好，让人假若要看客观的描写，就看他的传记。假若要看他的通体的看法，就看他的序。假若对他的自己的个人的印象发生兴趣，就看他的赞。他的体例如此（但只是疏而不失的体例），清清爽爽，免得有人执此而求彼，反而加以责难。至于司马迁在事实上是否绝对在描述中维持客观的限度呢，那是另一个问题，他之选择描写的材料，也无疑是经过了主观的决定的，但无论如何，他这体例是我们在论《史记》时必须考虑到的。

第三，我们又必须了解司马迁的反面文章。他是一个巧于讽刺的人，他善达难言之隐。所以他的本意，必须就全书推求而得，决不能专看表面文章，例如书中的最大的讽刺，是对付汉代，尤其集中在武帝。他的方法却是指秦骂汉。这个秘密，自明清以来的学者，都已经窥破了。同时，他能以褒作贬，笔下是酸酸辣辣的，那要完全从他的语气中看出来。《史记》一书的难读，这也是一个大原因。必须靠我们对他的表现方式的熟悉，才能得其真正命意所在。

第四，我们又当晓得《史记》中虽然有些得自他父亲的旧稿，但各篇已大体上经过了他的润色。所以纵然看出某一篇可能成自他的父亲之手，而仍然可以由之而见司马迁的见解——至少是他同意的见解。再则《史记》固有补缺，但全文中也往往有他原来的几段书稿，我们也都须分别援用，不能因为业已认定某篇为后人补改，就全然不加信任了。

第五，我们更必须注意《史记》在是一部历史书之外，又是一部文艺创作，从来的史书没有像它这样具有作者个人的色彩的。其中有他自己的生活经验，生活背境，有他自己的情感作用，有他自己的肺腑和心肠。所以这不但是一部包括古今上下的史书，而且是司马迁自己的一部绝好传记。因此,我们必须能把握《史记》中司马迁之主观的用意,才能理解这部书,才能欣赏这部书。

十三　史官的传统

一般地说,司马迁的史学是得自孔子,但中国之史的传统却远在孔子之前,孔子也不过是接受那种传统而已。究竟古代史家的传统是怎样的,我们现在就想探求一下。古代的史学在史官,大概古代的史官有这些性质:

一是具有丰富的学识和眼光。例如周太史伯便能告诉郑桓公友建国的地点:

> 幽王以褒后故,王室治多邪,诸侯或畔之,于是桓公问太史伯曰:"王室多故,予安逃死乎?"太史伯对曰:"独雒之东土,河济之南可居。"公曰:"何以?"对曰:"地近虢郐,虢郐之君,贪而好利,百姓不附,今公为司徒,民皆爱公,公诚请居之;虢郐之君见公方用事,轻分公地,公诚居之,虢郐之民,皆公之民也。"公曰:"吾欲南之江上,何如?"对曰:"昔祝融为高辛氏火正,其功大矣,而其于周未有兴者,楚其后也,周衰楚必兴,兴非郑之利也。"公曰:"吾欲居西方,何如?"对曰:"其民贪而好利,难久居。"公曰:"周衰,何国兴者?"对曰:"齐、秦、晋、楚乎! 夫齐,姜姓,伯夷之后也,伯夷佐尧典礼。秦,嬴姓,伯翳之后也,伯翳佐舜,怀柔百物。及楚之先,皆尝有功于天下;而周武王克纣后,成王封叔虞于唐,亦必兴矣。"桓公曰:"善。"于是卒言王,东徙其民雒东,而虢郐果献十邑。
>
> ——《郑世家》

这是纪元前八〇六年的事。他不但把建国的地点给郑国选定了，而且对后来的国际大势，也了若指掌地推测出来了。可见一定是很渊博而锐利的人物了。

又如当鲁定公立的时候(公元前五〇九)，赵简子问史墨(服虔注:晋史蔡墨)曰:"季氏亡乎?"他答道:

> 不亡! 季友有大功于鲁，受鄪为上卿，至于文子、武子，世增其业，鲁文公卒，东门遂杀适立庶，鲁君于是失国政，政在季氏，于今四君矣。民不知君，何以得国? 是以为君慎器与名，不可以假人。
>
> ——《鲁周公世家》

这也对于国际的情形十分熟悉，此等人大有政治顾问的资格。

二是这些史官大半晓得一些巫祝卜筮的事情，有点像僧侣或预言家的人物。如周幽王二年(公元前七八〇)，西州三川皆震，于是伯阳甫(即太史伯阳)便能预言周之将亡，他说:

> 周将亡矣! 夫天地之气，不失其序，若过其序，民乱之也。阳伏而不能出，阴迫而不能蒸，于是有地震。今三川实震，是阳失其所而填阴也。阳失而在阴，原必塞，原塞，国必亡。夫水土演而民用也。土无所演，民乏财用，不亡何待? 昔伊洛竭而夏亡，河竭而商亡，今周德若二代之季矣，其川原又塞，塞必竭。夫国必依山川，山崩川竭，亡国之征也。川竭必山崩。若国亡，不过十年，数之纪也。天之所弃，不过其纪。
>
> ——《周本纪》

过了一年，幽王嬖爱褒姒，他又批评道:

> 祸成矣，无可奈何。

更如陈厉公二年（公元前七〇四），生子敬仲完，周太史过陈，便算了一卦，而预言到他将来能够代齐：

> 陈厉公使以《周易》筮之，卦得《观》之《否》，是为观国之光，利用宾于王，此其代陈有国乎？不在此，其在异国，非此其身，在其子孙。若在异国，必姜姓。姜姓太岳之后。物莫能两大，陈衰，此其昌乎？
>
> ——《陈世家》

再如楚昭王二十七年（公元前四八九），看见一块大红云彩，像鸟一样，在太阳的两旁飞过，便去请教周太史，周太史答道：

> 是害于王，然可移于将相。
>
> ——《楚世家》

他的将相听了，都想投河免灾，幸而昭王没有听，这事曾得到过孔子的赞许，说："楚昭王通大道矣，其不失国，宜哉！"然而周太史之懂得灾异，还是不可否认的。

最奇特的是周太史儋，能预言秦周之分合，他在周烈王二年（公元前三七四），对秦献公说：

> 始周与秦国合而别，别五百载复合，合十七岁而霸王者出焉。
>
> ——《周本纪》

这话很为司马迁所相信，曾四度援引（《周本纪》之外，又见《老庄申韩列传》、《封禅书》和《秦本纪》）。这预言的根据何在，却没有说明，但是因此便更加神秘了。说真的，司马迁之究天人之际，也就仍由这预言家的身份所蜕化而已。

　　三是史官有一种公正不阿的职业道德。像周成王在小时候，曾用桐叶刻成珪，给他弟弟叔虞玩，说："拿这个封你吧。"那史佚听了就请择日封叔虞，成王说："吾与之戏尔。"史佚便道："天子无戏言，言则史书之，礼成之，乐歌之。"于是叔虞便被封了。这就是晋国的起原（《晋本纪》）。这虽然像一种笑谈，但在一般人心目中的史官的确是这样严格的。这事早在纪元前一千多年，或者只是传说，然而已是一个有意义的传说了。此外像后来的赵盾的弟弟赵穿杀了晋灵公（公元前六〇七），而晋太史董狐写道："赵盾弑其君。"赵盾说："弑者赵穿，我无罪。"董狐说："子为正卿，而亡不出境，反不诛国乱，非子而谁？"这事也邀到孔子的称赞，说："董狐，古之良史也，书法不隐。"还有齐国太史写"崔杼弑庄公"（公元前五四八）的故事更悲壮动人。崔杼把这个太史杀了，他弟弟还是照样写，这弟弟也被杀了，而另一个弟弟仍是照样写。这样拿性命来换取真理，真太可敬爱了！

　　从上面这三点看来，史官是政治家、预言家和新闻记者合而为一的人物。不过既是官，就不是一种自由职业。只有孔子是羡慕这种职务，而由自私人去从事的。司马迁却由政府的官吏而担负这一方面的使命。我们对史官的性质清楚了，然后才能晓得司马迁的职业生活的性质。司马迁乃是这一流人物中之最杰出者，因而他乃是第一流的政治家，第一流的学者（古代预言式的人物，必通历算，因而乃是具有雏形的自然科学常识的人，而司马迁则由是而构成他的自然主义；当然，他也订过太初历，而且他之运命感，依然有些预言家的意味的遗留），并第一流的新闻记者了！这乃是孔子所企求不得，只好私人著述，以求过屠门大嚼之瘾的，又是司马谈所虽有着机会而不得实践，含恨以终的，然而司马迁却如愿以偿了！他的职业生活确定了他的事业的性质，而他的天才和个性却使他走到了那事业的顶端——他是浪漫的自然主义的大思想家，也是浪漫的自然主义的大诗人！

三十五年四月二十日写毕于南京

第八章　司马迁的风格之美学上的分析

一　司马迁的散文风格之来源

司马迁的散文,乃是纯正的散文,乃是唐宋以来所奉为模范的散文——也就是古文家所推为正统的散文。

这种散文,或者以为是司马迁创始的,但倘加以考察,就知道这乃是汉朝的一种通俗文字。我们试举几个例子来看。例如刘邦在初起事时,曾书帛射城上,告沛父老:

> 天下苦秦久矣。今父老虽为沛令守,诸侯并起,今屠沛。沛今共诛令,择子弟可立者立之,以应诸侯,则家室完。不然,父子俱屠,无为也。

这时是秦二世元年(公元前二〇九),距司马迁生时还有七十多年。但这文字很有些像司马迁了。当时刘邦才有数百人。又不过是些乌合之众,这样的文字决非出自什么名家,而它的对象又是老百姓,所以我们应该以通俗文字视之。

又如在汉文帝元年(公元前一七九),南越王尉佗因为陆贾的交涉成功,而取消帝号,曾上书称谢:

> 蛮夷大长老夫臣佗，前日高后隔异南越，窃疑长沙王谗臣，又遥闻高后尽诛佗宗族，掘烧先人冢，以故自弃，犯长沙边境。且南方卑湿，蛮夷中间，其东闽越千人众号称王，其西瓯骆裸国亦称王，老臣妄窃帝号，聊以自娱，岂敢以闻天王哉？

这时距司马迁之生约有四十年，风格也就更相似。南越在当时还是边远之地，风格也竟如此，可见这乃是当时普遍的通俗文字的风格了。

再如到了汉武帝元狩元年（公元前一二二），淮南衡山谋反，公孙弘引病请退，武帝报之以书：

> 古者赏有功，褒有德，守成尚文，遭祸右武（据日本《史记会注考证》改），未有易此者也。朕宿昔庶几，获承尊位，惧不能宁，惟所与共为治者，君宜知之；盖君子善善恶恶，君宜知之。君若谨行，常在朕躬。君不幸罹霜露之病，何恙不已，乃上书归侯，乞骸骨，是章朕之不德也。今事少闲，君其省思虑，一精神，辅以医药！

这时代就更和司马迁的生年相近了，只有十几年的光景。这文字多么活泼自然！——当时一般的文字原来就是如此的。我说这种文字是纯正的散文，是因为它很淳朴有力，一点也不矫揉藻饰；尤其重要的，其中很少骈列的句法。其他像淳于意的女儿之上书求赎父罪，淳于意所陈的许多病历记录，严安、徐乐、主父偃等的奏书，齐哀王之致书诸侯讨吕氏等，都是这种文章。

当我们仔细分析这种风格时，便可发见大抵是很疏宕而从容，不拘拘于整齐的形式，但却十分有着韵致。如果找比方的话，大概只有宋元人的水墨画是和这相近的。这就是所谓奇，所谓逸，而司马迁即是这种风格中之更精炼,更纯粹,更高贵,更矫健的。

如果我们更进一步去观察,我们可以说这种风格是来自秦文。秦文就是偏于奇横而不偏于骈偶的;她的韵文乃是以三句为韵,就已经是很好的一种说明了。在散文中,那就尤其显然。我们先从最早的文字看起吧,例如秦穆公的誓词:

> 嗟士卒,听无哗! 余誓告汝。古之人,谋黄发番番,则无所过。以申思不用蹇叔、百里傒之谋,故作此誓。令后世以记余过!

这是公元前六二四年时的文章。又如秦孝公发布的求贤令:

> 昔我穆公,自岐雍之间,修德行武,东平晋乱,以河为界;西霸戎翟,广地千里;天子致伯,诸侯毕贺,为后世开业,甚光美。会往者厉、躁、简公、出子之不宁,国家内忧,未遑外事。三晋攻夺我先君河西地,诸侯卑秦,丑莫大焉。献公即位,镇抚边境,徙治栎阳,且欲东伐,复穆公之故地,修穆公之政令。寡人思念先君之意,常痛于心。宾客群臣,有能出奇计强秦者,吾且尊官,与之分土。

这是公元前三六二年的时候。后来如张仪之檄楚相:

> 始吾从若饮,我不盗而璧,若笞我。若善守汝国,我顾且盗而城。

事在公元前三二九年。秦昭王之约楚怀王:

> 始寡人与王约为弟兄,盟于黄棘,太子为质,至欢也。太子陵杀寡人之重臣,不谢而亡去,寡人诚不胜怒,使兵侵君王之边。今闻君王乃令太子质于齐以求平。寡人与楚接境壤

界，故为婚姻，所从相亲久矣。而今秦楚不欢，则无以令诸侯。寡人愿与君王会武关，面相约，结盟而去，寡人之愿也。敢以闻下执事。

事在公元前三〇〇年。到了始皇时代，我们又可略举数例，一是议帝号令：

> 异日韩王纳地效玺，请为藩臣，已而倍约，与赵魏合从畔秦，故兴兵诛之，虏其王。寡人以为善，庶几息兵革。赵王使其相李牧来约盟，故归其质子；已而倍盟，反我太原，故兴兵诛之，得其王。赵公子嘉乃自立为代王，故举兵击灭之。魏王始约服入秦，已而与韩赵谋袭秦，秦兵吏诛，遂破之。荆王献青阳以西，已而畔约，击我南郡，故发兵诛，得其王，遂定其荆地。燕王昏乱，其太子丹乃阴令荆轲为贼，兵吏诛灭其国。齐王用后胜计，绝秦使，欲为乱，兵吏诛虏其王，平齐地。——寡人以眇眇之身，兴兵诛暴乱，赖宗庙之灵，六王咸伏其辜。天下大定，今名号不更，无以称成功，传后世，其议帝号！

二是称始皇令：

> 朕闻：太古有号毋谥；中古有号，死而以行为谥。如此则子议父，臣议君也，甚无谓，朕弗取焉！自今已来，除谥法，朕为始皇帝，后世以计数，二世、三世至于万世，传之无穷！

三是废封建令：

> 天下共苦战斗不休，以有侯王；赖宗庙，天下初定，又复立国，是树兵也；而求其宁息，岂不难哉？廷尉议是。

这都是在公元前二二一年的时候。这些文字出自谁手，我们不晓

得,但确是大手笔。当时最有名的大文学家则是李斯,我们试再举李斯的《焚书议》和《狱中上书》为例:

> 五帝不相复,三代不相袭,各以治;非其相反,时变异也。今陛下创大业,建万世之功,固非愚儒所知。且越言乃三代之事,何足法也?异时诸侯并争,厚招游学,今天下已定,法令出一;百姓当家则力农工,士则学习法令辟禁。今诸生不师今而学古,以非当世,惑乱黔首。丞相臣斯昧死言:古者天下散乱,莫之能一,是以诸侯并作,语皆道古以害今,饰虚言以乱实,人善其所私学,以非上之所建立。今皇帝并有天下,别黑白而定一尊。私学而相与非法教人,闻令下则各以其学议之,入则心非,出则巷议,夸主以为名,异趣以为高,率群下以造谤。如此弗禁,则主势降乎上,党与成乎下。禁之便!臣请史官非秦纪皆烧之,非博士官所职,天下敢有藏《诗》、《书》、百家语者,悉诣守尉杂烧之。有敢偶语《诗》、《书》者,弃市。以古非今者,族。吏见知不举者,与同罪。令下三十日不烧,黥为城旦。所不去者,医药、卜筮、种树之书。若有欲学法令,以吏为师。

这时在公元前二一三年。过了五年,李斯被囚,又从狱中上书:

> 臣为丞相治民三十余年矣。逮秦地之狭隘,先王之时,秦地不过千里,兵数十万,臣尽薄材,谨奉法令,阴行谋臣,资之金玉,使游说诸侯,阴修甲兵,饰政教,官斗士,尊功臣,盛其爵禄,故终以胁韩弱魏,破燕赵,夷齐楚,卒兼六国,虏其王,立秦为天子,罪一矣。地非不广,又北逐胡貉,南定百越,以见秦之强,罪二矣。尊大臣,盛其爵位,以固其亲,罪三矣。立社稷,

修宗庙，以明主之贤，罪四矣。更克画平斗斛度量，文章布之
天下，以树秦之名，罪五矣。治驰道，兴游观，以见主之得意，
罪六矣。缓刑罚，薄赋敛，以遂主得众之心，万民戴主，死而不
忘，罪七矣。若斯之为臣者，罪足以死固久矣，上幸尽其能力，
乃得至今，愿陛下察之。

李斯的其他文章尚多，不尽录。从这许多的秦文看来，我们大致可
以得到一个共同的印象，那就是非常直致、坦率、峻厉、爽利，而有
一种骠悍骄横的力量。她的风格和战国时其他国家的文字不同。
我们虽然还不曾对各国的文字统统做过分析，但至少我们可以说
战国的一般文字是一种以明快、锋利为特色的，而秦文在这方面并
没有那样显著，反之，它的最显著的特点乃在有些霸气——原始的
蛮横之气。

就是这种原始的蛮横状态，使它不甚拘拘于形式，有时虽有骈
句，但总是整而不齐，如李斯文章中"夸主以为名，异趣以为高"，
仿佛是偶句了，但紧接着又加上一句"率群下以造谤"，便把那整
齐的形式打破了。

秦和西汉的文章虽然这样一线相承，但也经过了一种风格演
化：那就是西汉时代的散文乃是把秦文更柔化了，更缠绵化了，更
冲淡些了，更疏散些了。这是时代精神使然，也是《楚辞》的影响
使然。司马迁讲西汉的政治时说："汉兴，破觚而为圜，斫雕而为
朴，网漏于吞舟之鱼。"(《酷吏列传》)这话同样可应用于风格的演
化上。这就是所谓时代精神。同时《楚辞》中那种抒情的意味，又
不知不觉间吸入于汉人的笔下，于是便更多了一番情趣。

柏拉图说："男子退化了，就变为女人。"这话在生理学上的意
义如何，我们不想去批评。但这永远是艺术上风格的演进的一个

律则。秦文之变而为西汉，西汉变而为东汉、魏、晋，都可拿这原则去说明。文字变到东汉，那就似乎太女性化了，而在西汉时却恰到好处。粗野和强悍是去掉了，只剩下刚健，但却并没有步入柔靡。

就在这种恰好的阶段上，出现了司马迁的散文。他的文字我们可以称为奇而韵。奇就是来自秦文的矫健，而变为疏荡；韵就是由于经过《楚辞》的洗礼，使疏荡处不走入偏枯躁急，同时却又已经有着下一代的风格的萌芽。

二 《史记》书中的形式律则

司马迁不止是一个历史家，而且是文学家（而且他之文学家的成分实多于历史家处）；《史记》也不止是历史书，而且是文学书；这统是尽人皆知的。但现在我们要强调一下，司马迁实在是意识地要把《史记》写成一部艺术品的，他说："所以隐忍苟活，幽于粪土之中而不辞者，恨私心有所不尽，鄙陋没世而文采不表于后世也。"他实在是想尽量表现他的文采或者艺术天才的。讲艺术不能不讲形式，我认为《史记》一书里自有它的艺术形式律则。照我们所探研的结果，大抵是这样的：

第一　统一律

他竭力维持一篇作品的审美意味上的统一性。在这种地方，他有时不惜牺牲历史上的真。可是他未尝没有补救的法子，那就是把一个历史人物的性格分散在不同的篇章里，而在同一篇章里则极力维持他那所要表现的某种突出的个性。例如《信陵君列传》里的主人公是仁厚而爱士的，几乎成了一个一无瑕疵的人物；而他之畏秦，不敢收留魏齐，不能欣赏虞卿之为了友道而抛弃相印,却写在《范雎蔡泽列传》里。又如在《汲郑列传》里的汲黯是多么耿直、硬朗,又是一个一点缺陷也没有的人物;但在《酷吏列传》中却露出了他之和周阳由"俱为忮"了。原来司马迁对于他所塑造的人物,也以艺术品视之,不能让他有任何杂质!

每一篇传——写得成功的传(这样的文字约占全书之半),司马迁写来都有一个中心的主题。他仿佛晓得每一篇文章就是一个独立的生命,他尽量去创造这一个生命,去维护这一个生命,去发扬这一个生命。他写的舜,是要写他是一个如何孝谨的人物;他写的秦始皇,是要写他是一个如何刚毅戾深的人物;他写的项羽,是写他如何代表一种狂飙突起的精神;他写的刘邦,是写他如何有着大度和豪气,但又不免带流氓的意味;他写的《封禅书》,是要在飘飘欲仙之中而有着讽刺;他写的《平准书》,是要在借写经济之便,而掘发着当时的吏制和刑法;《越世家》在写范蠡的坚忍;《孔子世家》在写孔子之学礼,问礼,好礼,习礼,讲礼;《陈涉世家》是讲的草莽英雄的粗枝大叶;《外戚世家》是讲的人生命运之渺茫;《萧相国世家》是在写高祖的忌刻;《留侯世家》是在写张良之道家人格之完整;《管晏列传》等于论友道;《孟荀列传》无异于论阿世苟合与特立独行的对立;《孟尝君列传》是在写一个无赖子弟的领袖;《平原君列传》却在写一个托大的公子哥儿生活;《信陵君列传》是写一个真正礼贤下士的榜样;《春申君列传》却在写一个政客的宦海升沉;《范雎列传》是在写一个由私人利害出发的人物的成和败;《蔺相如列传》是在写一个智勇双全的人物之应变处世的技巧;《屈原列传》纯然是在抒情的氛围里;《李斯列传》却像是写一个人的人格演化的小说;《张耳陈余列传》写人结怨之渐;《淮阴侯列传》写决断为一人成败之机;《叔孙通列传》写希世度务的人物之得意；《李将军列传》写才气无双的将军之坎坷；《平津侯列传》写老官僚的脸谱；《汲黯列传》写憨直人的心肠；《酷吏列传》在写惨酷之中仍注意着人才的高下；《大宛列传》则感慨之中又透露着风趣；《货殖列传》写趋富避贫是人类的自然欲望；《太史公自序》写善承父志和辅翼六经是自己的志事——几乎每一篇都有他不放松的主题，为他紧紧抓牢，一意到底。

最有趣的是：同是一件事，他可以写好几次，但因为场合的不同，他可以有好几种写法。例如鸿门之宴，就有下面这样的差别：

（一）《项羽本纪》：

沛公军霸上，未得与项羽相见。沛公左司马曹无伤使人言于项羽曰："沛公欲王关中，使子婴为相，珍宝尽有之。"项羽大怒曰："旦日飨士卒，为击破沛公军。"当是时，项羽兵四十万在新丰鸿门，沛公兵十万在霸上。范增说项羽曰："沛公居山东时，贪于财货，好美姬；今入关，财物无所取，妇女无所幸，此其志不在小。吾令人望其气，皆为龙虎，成五采，此天子气也。急击勿失！"楚左尹项伯者，项羽季父也，素善留侯张良。张良是时从沛公，项伯乃夜驰之沛公军，私见张良，具告以事，欲呼张良与俱去。曰："毋从俱死也。"张良曰："臣为韩王送沛公，沛公今事有急，亡去不义，不可不语。"良乃入，俱告沛公。沛公大惊，曰："为之奈何？"张良曰："谁为大王为此计者？"曰："鲰生说我曰：'距关，毋内诸侯，秦地可尽王也。'故听之。"良曰："料大王士卒足以当项王乎？"沛公默然曰："固不如也。且为之奈何？"张良曰："请往谓项伯言沛公不敢背项王也。"沛公曰："君安与项伯有故？"张良曰："秦时与臣游，项伯杀人，臣活之；今事有急，故幸来告良。"沛公曰："孰

与君少长?"良曰:"长于臣。"沛公曰:"君为我呼入,我得兄事
之。"张良出,要项伯。项伯即入见沛公。沛公奉卮酒为寿,
约为婚姻,曰:"吾入关,秋毫不敢有所近,籍吏民,封府库,而
待将军。所以遣将守关者,备他盗之出入与非常也。日夜望
将军至,岂敢反乎? 愿伯具言臣之不敢倍德也。"项伯许诺。
谓沛公曰:"旦日不可不蚤自来谢项王。"沛公曰:"诺。"于是
项伯复夜去,至军中,具以沛公言报项王,因言曰:"沛公不先
破关中,公岂敢入乎? 今人有大功而击之,不义也,不如因善
遇之。"项王许诺。沛公旦日从百余骑来见项王,至鸿门,谢
曰:"臣与将军戮力而攻秦,将军战河北,臣战河南,然不自意
能先入关破秦,得复见将军于此。今者有小人之言,令将军与
臣有郤。"项王曰:"此沛公左司马曹无伤言之;不然,籍何以
至此?"项王即日因留沛公与饮。项王、项伯东向坐,亚父南
向坐,——亚父者,范增也。——沛公北向坐,张良西向侍。
范增数目项王,举所佩玉玦以示之者三,项王默然不应。范增
起出召项庄,谓曰:"君王为人不忍,若入前为寿,寿毕,因击
沛公于坐,杀之。不者,若属皆且为所虏!"庄则入为寿,寿
毕,曰:"君王与沛公饮,军中无以为乐,请以剑舞。"项王曰:
"诺。"项庄拔剑起舞,项伯亦拔剑起舞,常以身翼蔽沛公,庄
不得击。于是张良至军门见樊哙,樊哙曰:"今日之事何如?"
良曰:"甚急。今者项庄拔剑舞,其意常在沛公也。"哙曰:"此
迫矣,臣请入与之同命。"哙即带剑拥盾入军门。交戟之士欲
止不内,樊哙侧其盾以撞,卫士仆地,哙遂入,披帷西向立,瞋
目视项王,头发上指,目眦尽裂。项王按剑而跽曰:"客何为
者?"张良曰:"沛公之参乘樊哙者也。"项王曰:"壮士! 赐之

卮酒。"则与斗卮酒。哙拜谢起，立而饮之。项王曰："赐之彘肩。"则与一生彘肩，樊哙覆其盾于地，加彘肩上，拔剑切而啖之。项王曰："壮士能复饮乎？"樊哙曰："臣死且不避，卮酒安足辞？夫秦有虎狼之心，杀人如不能举，刑人如恐不胜，天下皆叛之。怀王与诸将约曰：'先破秦入咸阳者王之。'今沛公先破秦，入咸阳，毫毛不敢有所近，封闭宫室，还军霸上，以待大王来。故遣将守关者，备他盗出入与非常也。劳苦而功高如此，未有封侯之赏，而听细说，欲诛有功之人。此亡秦之续耳，窃为大王不取也。"项王未有以应，曰："坐。"樊哙从良坐。须臾，沛公如厕，招樊哙出。沛公已出，项王使都尉陈平召沛公。沛公曰："今者出，未辞也，为之奈何？"樊哙曰："大行不顾细谨，大礼不辞小让，如今人方为刀俎，我为鱼肉，何辞为？"于是遂去，乃令张良留谢。良问曰："大王来，何操？"曰："我持白璧一双，欲献项王；玉斗一双，欲与亚父；会其怒，不敢献，公为我献之。"张良曰："谨诺。"当是时，项王军在鸿门下，沛公军在霸上，相去四十里。沛公则置车骑，脱身独骑，与樊哙、夏侯婴、靳强、纪信等四人持剑盾步走，从骊山下道芷阳间行。沛公谓张良曰："从此道至吾军，不过二十里耳，度我至军中，公乃入。"沛公已去，间至军中，张良入谢曰："沛公不胜桮杓，不能辞。谨使臣良奉白璧一双，再拜献大王足下；玉斗一双，再拜奉大将军足下。"项王曰："沛公安在？"良曰："闻大王有意督过之，脱身独去，已至军矣。"项王则受璧置之坐上。亚父受玉斗置之地，拔剑撞而破之，曰："唉！竖子不足与谋！夺项王天下者必沛公也！吾属今为之虏矣！"沛公至军，立诛杀曹无伤。

（二）《高祖本纪》：

沛公左司马曹无伤闻项王怒，欲攻沛公，使人言项羽曰："沛公欲王关中，令子婴为相，珍宝尽有之。"欲以求封。亚父劝项羽击沛公，方飨士，旦日合战。是时项羽兵四十万，号百万；沛公兵十万，号二十万，力不敌。会项伯欲活张良，夜往见良，因以文谕项羽，项羽乃止。沛公从百余骑驱之鸿门，见谢项羽。项羽曰："此沛公左司马曹无伤言之；不然，籍何以至此？"沛公以樊哙、张良故，得解归。归，立诛曹无伤。

（三）《留侯世家》：

项羽至鸿门下，欲击沛公。项伯乃夜驰入沛公军，私见张良，欲与俱去。良曰："臣为韩王送沛公，今事有急，亡去，不义。"乃具以语沛公。沛公大惊曰："为将奈何？"良曰："沛公诚欲倍项羽邪？"沛公曰："鲰生教我距关，无内诸侯，秦地可尽王，故听之。"良曰："沛公自度能却项羽乎？"沛公默然，良久曰："固不能也。今为奈何？"良乃固要项伯，项伯见沛公。沛公与饮，为寿，结宾婚。令项伯具言沛公不敢倍项羽；所以距关者，备他盗也。及见项羽后解。

（四）《樊郦滕灌列传》：

项羽在戏下，欲攻沛公。沛公从百余骑，因项伯面见项羽，谢无有闭关事。项羽既飨军士，中酒，亚父谋欲杀沛公，令项庄拔剑舞坐中，欲击沛公，项伯常肩蔽之。时独沛公与张良得入座，樊哙在营外，闻事急，乃持铁盾入到营。营卫止哙，哙直撞入，立帐下。项羽目之，问为谁？张良曰："沛公参乘樊哙。"项羽曰："壮士！"赐之卮酒、彘肩。哙既饮酒，拔剑切肉，食尽之。项羽曰："能复饮乎？"哙曰："臣死且不辞，岂特卮酒乎？且沛公先入定咸阳，暴师霸上，以待大王。大王今日至，听小人之言，与沛公有隙，臣恐天下解，心疑大王也。"项羽默然。沛公如厕，麾樊哙去。既出，沛公留车骑，独骑一马，与樊哙等四人步从，从间道山下归走霸上军，而使张良谢项羽。项羽亦因遂已，无诛沛公之心矣。是日微樊哙奔入营诮让项羽，沛公事几殆。

我们分析这四个片段，就可见出在《项羽本纪》里所写的场面最全，因为这是项羽成败的关键。在这里，把范增的决断和项羽的淳朴坦率都写出来了，而高祖的窘迫和张良的从容也刻画出来了。到了《高祖本纪》中，因重在写高祖的成功，所以这事已减了重要，他的窘迫之态也就只淡淡地写出而已。同时在这两篇中都写出曹无伤之挑拨和被诛，因为他是关系这事的首尾的。《留侯世家》和《樊哙列传》便都把曹无伤卸去，因为这时已不重在这事的原委，却重在两人的贡献了。在《留侯世家》中，根本没提到樊哙，只说"及见项羽后解"，这是因为《留侯世家》重在写一个策士的从容划策的生活，加入一个武将，便不调和了。在《樊哙列传》中却也不把樊哙写得十分生龙活虎，这是因为樊哙根本并非那样有声有色的人物；至于在《项羽本纪》中所以写得那样生气勃勃者，乃是为了衬托项羽的原故而已。在《项羽本纪》中，没有一个人物是松懈的，没有一个片段是微弱的，因为否则就不能构成那个叱咤风云的氛围，不能表现那"力能扛鼎，才气过人"的霸王之狂飙突起的精神了。

司马迁像一个出色的摄影师一样，他会选取最好的镜头。在同一个景色里，他曾挑选最适宜的角落。在一群人之中，他会为他们拍合影，却也会为他们拍独照。他晓得任何一个艺术品一定有一个重心，由于这重心而构成完整。在这种意味上，他是一个优异的肖像画家，也是一个优异的雕刻家。同时，他也像一个大音乐家一样，他要在他每一个杰作里奏着独有的旋律。因此，我们在读过他所写的传后，总觉得余音绕梁，时刻回旋在我们的心灵深处。

这种紧紧抓牢的主题，就是他的每一篇具有生命的传记的灵魂。由于这种各自独具的灵魂，所以每一篇传记都是像奇花异草样地，生气勃勃地呈现在人的眼前了。

第二　内外谐和律

司马迁尽量求他的文章之风格和他的文章中之人物性格相符合。卜封（Buffon）所谓的“文如其人”，我们已不足以拿来批评司马迁了，我们却应该说是“文如其所写之人”。司马迁的风格之丰富简直是一个奇迹，而每一种风格的变换都以内容为转移。现在只举几个最显著的例子。像他写战功，便多半用短句：

> 高祖为沛公而初起也，参以中涓从。将击胡陵、方与，攻秦监公军，大破之。东下薛，击泗水守军薛郭，西复攻胡陵，取之。徙守方与，方与反为魏，击之。丰反为魏，攻之。赐爵七大夫。击秦司马尼军砀东，破之。取砀、狐父、祁善置。又攻下邑以西至虞，击章邯车骑。攻爰戚及亢父，先登。迁为五大夫。北救东阿，击章邯军，陷陈，追至濮阳。攻定陶，取临济。南救雍丘，击李由军，破之，杀李由，虏秦侯一人。秦将章邯破杀项梁也，沛公与项羽引而东，楚怀王以沛公为砀郡长，将砀郡兵，于是乃封参为执帛，号曰建成君。迁为戚公，属砀郡。其后从攻东郡尉军，破之成武南。击王离军成阳南，复攻之杠里，大破之。追北，西至开封，击赵贲军，破之，围赵贲开封城中。西击秦将杨熊军于曲遇，破之。虏秦司马及御史各一人，

迁为执珪。从攻阳武，下轘辕、缑氏，绝河津，还击赵贲军尸北，破之。从南攻犨，与南阳守齮战阳城郭东，陷陈，取宛，虏齮，尽定南阳郡。从西攻武关、峣关，取之。前攻秦军蓝田南，又夜击其北，秦军大破，遂至咸阳，灭秦。项羽至，以沛公为汉王，汉王封参为建成侯。

——《曹相国世家》

这些短句就宛如短兵相接的光景。在他写缠绵的情调时，那文字就入于潺湲悠扬。

屈平疾王听之不聪也，谗谄之蔽明也，邪曲之害公也，方正之不容也，故忧愁幽思而作《离骚》。离骚者，犹离忧也。夫天者，人之始也；父母者，人之本也。人穷则反本，故劳苦倦极，未尝不呼天也；疾痛惨怛，未尝不呼父母也。屈平正道直行，竭忠尽智，以事其君，谗人间之，可谓穷矣；信而见疑，忠而被谤，能无怨乎？屈平之作《离骚》，盖自怨生也。

——《屈原贾生列传》

在我们读到这里的时候，简直忘了它是传记，却是辞赋了！

再如他写封禅，便多半用惝恍之笔，仿佛让人也到了烟云飘渺的蓬莱：

自威、宣、燕昭使人入海求蓬莱、方丈、瀛州。此三神山者，其传在勃海中，去人不远。患且至，则船风引而去。盖尝有至者，诸仙人及不死之药皆在焉。其物禽兽尽白，而黄金、银为宫阙。未至，望之如云。及到，三神山反居水下。临之，风辄引去，终莫能至云。

——《封禅书》

事情本在有无之间，文笔也便在若即若离之中。和这差不多的是他写老子。因为孔子见老子，有"犹龙"之叹，所以司马迁写老子时便也采了画龙的办法，让他鳞爪时隐时现：

> 老子修道德，其学以自隐无名为务。居周久之，见周之衰，乃遂去。至关，关令尹喜曰："子将隐矣，强为我著书。"于是老子乃著书上下篇，言道德之意，五千余言，而去，莫知其所终。或曰：老莱子，亦楚人也，著书十五篇，言道家之用，与孔子同时云。盖老子百有六十余岁，或言二百余岁，以其修道而养寿也。自孔子死之后，百二十九年，而史记周太史儋见秦献公曰："始秦与周合而离，离五百岁而复合，合七十岁而霸王者出焉。"或曰：儋即老子。或曰：非也。世莫知其然否。——老子，隐君子也！

这样就更增加了那幽深的人格的老子之神秘性了。反之，他写信陵君，则是笔端十分仁厚：

> 酒酣，公子起为寿侯生前，侯生因谓公子曰："今日嬴之为公子亦足矣！嬴乃夷门抱关者也，而公子亲枉车骑，自迎嬴于众人广座之中，不宜有所过，今公子故过之。然嬴欲就公子之名，故久立公子车骑市中，过客以观公子，公子愈恭。市人皆以嬴为小人，而以公子为长者能下士也。"……于是公子泣，侯生曰："公子畏死邪？何泣也？"公子曰："晋鄙嚄唶宿将，往恐不听，必当杀之，是以泣耳，岂畏死哉？"……客有说公子曰："物有不可忘，或有不可不忘。夫人有德于公子，公子不可忘也；公子有德于人，愿公子忘之也。且矫魏王令，夺晋鄙兵以救赵，于赵则有功矣，于魏则未为忠臣也。公子乃自

骄而功之，窃为公子不取也。"于是公子立自责，似若无所容
者。

语气都多么安详、和缓，而有着无限的暖意！

至于他写酷吏，那就是另一副技术了，酷吏是惨酷无情的，他
便也出之以铁而无私：

> 杜周者，南阳杜衍人。义纵为南阳守，以为爪牙。举为廷
> 尉史，事张汤，汤数言其无害。至御史，使案边失亡，所论杀甚
> 众，奏事中上意。任用，与减宣相编，更为中丞十余岁，其治与
> 宣相放。然重迟，外宽，内深次骨。宣为左内史，周为廷尉，其
> 治大放张汤，而善候伺：上所欲挤者，因而陷之；上所欲释者，
> 久系待问，而微见其冤状。客有让周曰："君为天子决平，不
> 循三尺法，专以人主意指为狱，狱者固如是乎？"周曰："三尺
> 安出哉？前主所是，著为律；后主所是，疏为令。当时为是，何
> 古之法乎？"至周为廷尉，诏狱亦益多矣。二千石系者，新故
> 相因，不减百余人。郡吏大府举之廷尉，一岁至千余章。章大
> 者连逮证案数百，小者数十人；远者数千，近者数百里。会狱，
> 吏因责如章告劾，不服，以笞掠定之。于是闻有逮，皆亡匿。
> 狱久者至更数赦，十有余岁，而相告言，大抵尽诋以不道，以上
> 廷尉及中都官诏狱，逮至六七万人，吏所增加十万余人。周中
> 废，后为执金吾，逐盗，捕治桑弘羊、卫皇后昆弟子刻深，天子
> 以为尽力无私，迁为御史大夫。家两子夹河为守，其治暴酷，
> 皆甚于王温舒等矣。杜周初征为廷史，有一马，且不全；及身
> 久任事，至三公列，子孙尊官，家訾累数巨万矣。

杜周可以说是一个集大成的酷吏，因为在他之前的那些酷吏的一

切本领他都学来了,他会逢迎,他会枉法,他会贪赃,他会用刑。司马迁写他时所用的方法,却也是近于拷打的方法。这样拷打的结果,审问出那个最可恶的创始的张汤来了,而且又审问出一个更大的奖励酷吏的罪魁来了,那就是汉武帝。杜周论杀甚重,便中上意;杜周枉法,诏狱也便益多;杜周捕治得凶,天子便以为尽力无私。司马迁这时乃是像一个法官一样,而让汉武帝立在堂下了。酷吏的行为是惨酷的,酷吏所操持的世界是森森然有着鬼气的,可是司马迁在鞭打着他们的灵魂时却也同样无情,笔下严厉到极点,一点宽贷也没有的。

难道司马迁没有轻松之笔么？有,那就是在《滑稽列传》里:

> 淳于髡仰天大笑,齐威王横行;优孟摇头而歌,负薪者以封;优旃临槛疾呼,陛楯得以半更。岂不亦伟哉？

在幽默的场合,他便还它一副笑脸。其他如写汉高祖时笔下便豁然有大度,写李广时乃使用一种疏疏朗朗的笔触,写孔子时是那样温良尔雅,写伍子胥时又是那样有着怨毒报复,总之,他的笔墨是在意识地使它和所写的内容相符合着。司马迁在这里乃是像一个熟练的名演员一样,他能够扮演老少男女的一切角色,演什么像什么。歌德说文艺的皮和核是分不开的,外就是内,内就是外,司马迁是充分做到了。每一篇作品,他晓得那灵魂和躯壳如何相一致着。

第三　对照律

司马迁往往用两种突出的性格或两种不同的情势,亦或两种不同的结果,作为对照,以增加作品的生动性。

我们具体地看罢,像在《项羽本纪》中,司马迁先写了项羽,项羽是一个纯然少年精神的代表，他初起事时才二十四岁，拔剑自刎时也才三十一岁。"年少气盛"，"血气方刚"，"好勇斗狠"，正是这样的人物所表现的。同时司马迁却写了一个比项羽大二十五岁的"世故老人"，那就是汉高祖。在项羽自杀时，高祖五十六岁了。因为年龄的悬殊，当然一个要斗力，一个要斗智。一个纯任热情、才气和本能的愤怒，一个却常常经过理智的考虑而以退为进，以柔克刚。结果那狂风暴雨式的素朴青年是失败了，而老有世故的滑头流氓成功了。这样的对照，司马迁觉得还不足，于是在项羽一边，又有项羽和范增的对照，这里同样有年龄的悬殊。范增大概大项羽四十多岁，而性格上则是天生的参谋人才，参谋人才要有男性的坚忍和意志；而项羽则是一个天生的元帅，元帅是要有母性的仁慈的（这一点，蒋百里在《全民族战争论》的序上提起过）。在汉高祖那边，则对照的是汉高祖和张良。高祖时刻受着窘迫，而张良永远能够从容。

同样有着这样的对照的，是信陵君和侯嬴。信陵君又是一个多情而仁厚的青年，而侯嬴则是阴鸷的老谋士，也七十多岁了。《越世家》中的范蠡的长男也是一个对照。范蠡也是典型的军事参谋，他看得定，拿得牢，非常坚忍。可是他的长男不行，他没有听他父亲的话，他不忍得把钱轻轻丢给庄生，结果庄生为他救弟之死，却又依然把他弟弟送了命。这长男带弟尸回来的时候，亲友都为之悲痛，范蠡却笑道："吾固知必杀其弟也。彼非不爱其弟，顾有所不能忍者也。是少与我俱，见苦为生难，故重弃财。至如少弟者，生而见我富，乘坚驱良，逐狡兔，岂知财所从来，故轻去之，非所惜吝。前日吾所为欲遣少子，固为其能弃财故也，而长者不能，故卒以杀其弟，事之理也，无足悲者。吾日夜固以望其丧之来也。"

因为他坚忍，所以可以帮勾践复仇，所以可以自己全命，所以可以自己致富，没有那个不能忍的长男之对照，范蠡的性格是不会这样明晰的。

在《封禅书》里，司马迁也是以对照律作为那一篇妙文的指导原则。这对照是汉武帝和方士。在汉武帝方面是愚，"神君所言，上使人受之，命之曰书法。其所语，世俗之所知也，无绝殊者，而天子心独喜"，真被愚弄得可笑。而在方士方面是诈。例如骗了许多酒食赏赐的五利将军，最后却是"装治行，东入海，求其师云"，治装里边，就不知是囊括了多少财物了。后来所谓"仙人好楼居"的公孙卿，也不过在大兴土木之中，克扣一些私钱而已。就是这种对照着的愚和诈的交织，构成了这一篇飘逸而又辛辣的杰作。

在《平准书》里则是官僚资本和农民意识的对照。一边是事析秋毫的兴利之臣的桑弘羊等，一边是上输助边的农民卜式。二者最后的冲突尖锐化了，卜式直然道："县官当食租衣税而已，今弘羊令吏坐市列肆，贩物求利，烹弘羊，天乃雨。"一边在牺牲，一边在榨取，这愤恨是无怪的。

此外，在《孔子世家》里是拿热心救世的孔子和个人主义的出世者老子、长沮、桀溺、接舆等相对照；在这里，我们一边看见有着对人世恋恋的温情，另一边看见那些聪明者之冷冷然的讽嘲。在《孟子荀卿列传》里，则是只顾主张不顾成败的思想家和一般阿世苟合的说客之对照，一边是寂寞，一边是受到处处的逢迎。在《刺客列传》中，就有着智深勇深的荆轲和天真躁急的太子丹之对照；在《汲黯列传》里，就有好直谏，面折人过的汲黯和专阿主意的张汤之对照；在《卫将军骠骑列传》里，就有仁善退让，以和柔自媚于上的卫青，和不省士卒，有气敢任的霍去病之对照；在《刘敬叔孙通列传》里，就有出自内心的主张的刘敬与希世度务的叔孙通之对照；前者见了高祖，不肯改自己的破衣服，后者则脱掉自己的儒服，而换上汉高祖最爱的楚装了。

在许多对照之中，最常见的是因为一人性格行为不同，而得到善终与否的对照：有才能的苏秦，因齐大夫与之争宠之故，而被刺死；他的弟弟苏代、苏厉，因较平庸，即皆以寿终：见《苏秦列传》。扁鹊因为勇于为人治病，为同行所妒，结果被刺杀；仓公不敢为人治病了，却也被人怨恨，几乎受刑，然而终于解脱：见《扁鹊仓公列传》。主父偃锋芒大露，结果是族死；公孙弘善于自藏，貌为忠诚，便活了八十岁，"竟以丞相终"：见《平津侯主父偃列传》。好出奇计，然而不免有些狂放的郦食其，到底为齐王所烹；而有些柔术的陆贾，却安车驷马，得到不少酒食，也"竟以寿终"：见《郦生陆贾列传》。——这里边有司马迁对于中国这个民族的弱点的了解，也有着处这个滑头社会的生存哲学，但不能不叫人感喟系之！

在许多对照中，写得最复杂的，是《魏其武安列传》。这里有着武安侯田蚡在未贵时对于魏其侯窦婴之跪起如子侄和后来说拜访而不想去拜访的对照。有着同为窦太后所不喜，因而家居，然而一个是真正失势，一个是慢慢更能握权的对照。又有着对于梁孝王、淮南王的关系的对照，窦婴主持家法，说："天下者，高祖天下，父子相传，此汉之约也，上何以得擅传梁王？"而田蚡却曾经受淮南王财物，说："上未有太子，大王最贤，高祖孙，即宫车宴驾，非大王立，当谁哉？"更有着在同是好客之中，而窦婴好客是在进贤，是发自真心，田蚡好客则只是做作，为和窦婴竞争，"欲以倾魏其诸将相"的对照。

在许多对照之中，写来最带有司马迁自己的感慨的，则是《张耳陈余列传》和《李将军列传》。张耳、陈余是刎颈交，但后来因为利害摩擦，陈余竟以杀张耳为投降汉高祖的条件。在这一年之后，司马迁紧接着写张耳的儿子张敖得到部下爱戴的壮烈故事。他们部下想反叛汉高祖，准备成功后即归功张敖，失败后则自己任咎。结果失败了，便有十余人争着寻死，更有贯高等甘受苦刑，以明张敖无罪，到张敖被赦，便认为使命已毕，终于绝肮自杀。这种义侠的行为和张耳、陈余那种因利背德的结局，是多么大的对照呢！至于才气无双的名将李广，司马迁在用按部就班的程不识与之对照之外，却又写出他一个从弟李蔡，李蔡是中下人物，"名声出广下远甚，然广不得爵邑，官不过九卿。而蔡为列侯，位至三公。"李广处处坎坷，李蔡竟直上青云，这对照实在更叫人难以为怀了！

对照的方法是像画家用了鲜明的色彩一样，是像戏剧家创造出对立的性格一样，于是让所描绘表现的对象更清晰了。

第四　对称律

大抵司马迁在写合传的时候，如果不用对照律，便往往用对称律，当然也有时二律并用。这是中国人的一种特有的审美意识，这是像大建筑物前一定摆两个大石狮，或者堂屋里一定挂一副对联似的。司马迁也是意识地要求这种安排的。例如《绛侯周勃世家》，事实是周勃、周亚夫父子二人的合传。在周勃传中写的是文帝之忌刻，文帝把他的丞相免了，叫他就国，后来逼得这样一个老实的人每见河东守尉来巡查时，便常被甲，令家人持兵以见之，终于入狱；在周亚夫传中，则写的是景帝的忌刻，因为他不赞成封皇后兄王信为侯，他说："高皇帝约，非刘氏不得王，非有功不得侯，不如约，天下共击之。今信虽皇后兄，无功，侯之，非约也。"景帝当时虽无话可说，以后就故意给他难堪，吃饭的时候不给他筷子，大块肉也不切开，终于借故把他抓入狱中，在他死后，就把王信封为侯了。周勃和周亚夫的遭遇便是对称着的。

在《管晏列传》中，是以论友情为中心的。在管仲方面就有鲍叔的知己之感，在晏婴方面就有着石父的"君子诎于不知己而信于知己者"的论调，这也是对称着的。

以上二例是稍微不太明显的，至于明显的例子那就太多了：《孙子吴起列传》中，孙膑和吴起都同样招忌。《白起王翦列传》中，一个因坑降作为赐死的理由，一个因三世为将作为必败的原因，这统统是以不成其为理由的理由作说词，而且又都隐指着李广、李陵的遭遇。《鲁仲连邹阳列传》则同为齐人，同擅长函札；《魏豹彭越列传》则同为魏王，同是被囚，被杀；《季布栾布列传》则同曾为奴，同曾为人救助，意气也有些类似；《袁盎晁错列传》则二人都是峭直刻深，不得善终。而《张释之冯唐列传》，在张释之方面，中间称道周勃，末尾以他的儿子张挚"以不能取容当世，故终身不仕"为余波；在冯唐方面，则中间称道魏尚，末尾也以他的儿子冯遂"亦奇士"为余波。《汲郑列传》吧，在汲黯方面，先说"其先有宠于古之卫君"，最后说"上以黯故，官其弟汲仁至九卿，子汲偃至诸侯相，黯姑姊子司马安亦少与黯为太子洗马……昆弟以安故，同时至二千石者十人。"在郑当时方面，则也是先说"其先郑君"，最后也同样说"庄兄弟子孙，以庄故，至二千石六七人焉。"这更是意识地寻求对称形式了。

我们再看《汲黯传》中："黯为谒者，东越相攻，上使黯往视之，不至，至吴而还，报曰：'越人相攻，固其俗然，不足以辱天子之使。'河南失火，延烧千余家，上使黯往视之，还报曰：'家人失火，屋比延烧，不足忧也。'"这两事明明是表现对称的美。又如《匈奴传》中：

> 冒顿乃作为鸣镝，习勒其骑射，令曰："鸣镝所射而不悉射者，斩之。"行猎鸟兽，有不射鸣镝所射者，辄斩之。已而冒顿以鸣镝自射其善马，左右或不敢射者，冒顿立斩不射善马者。居顷之，复以鸣镝自射其爱妻，左右或颇恐，不敢射，冒顿又复斩之。居顷之，冒顿出猎，以鸣镝射单于善马，左右皆射之，于是冒顿知其左右皆可用。从其父单于头曼猎，以鸣镝射头曼，其左右亦皆随鸣镝而射杀单于头曼，遂尽诛其后母与弟及大臣不听从者，冒顿自立为单于。冒顿既立，是时东胡强盛，闻冒顿杀父自立，乃使使谓冒顿，欲得头曼时有千里马。冒顿问群臣，群臣皆曰："千里马，匈奴宝马也，勿与。"冒顿曰："奈何与人邻国，而爱一马乎？"遂与之千里马。居顷之，东胡以为冒顿畏之，乃使使谓冒顿，欲得单于一阏氏。冒顿复问左右，左右皆怒，曰："东胡无道，乃求阏氏，请击之。"冒顿曰："奈何与人邻国，爱一女子乎？"遂取所爱阏氏予东胡。东胡王愈益骄，西侵。与匈奴间中有弃地莫居千余里，各居其边为瓯脱，东胡使使谓冒顿曰："匈奴所与我界瓯脱外弃地，匈奴非能至也，吾欲有之。"冒顿问群臣，群臣或曰："此弃地，予之亦可，勿与亦可。"于是冒顿大怒曰："地者，国之本也，奈何予之？"诸言予之者皆斩之。冒顿上马，令国中有后者斩，遂东袭击东胡。

这杀父自立和东败东胡固然有对称之美，而射马、射妻是对称，求马、求女也是对称。

　　司马迁语句上很避免骈偶，但对称的美感却仍是很强烈的。

第五　上升律

凡是司马迁叙一个情节或一种心理状态的进展时，往往使用这个逐渐加强或加浓的原理。例如《平准书》中："……物盛而衰，固其变也。……选举陵迟，廉耻相冒，武力进用，法严令具，兴利之臣，自此始也。……于是见知之法生，而废格沮诽穷治之狱用矣。……然无益于俗，稍骛于功利矣。……故三人言利，事析秋毫矣。法既益严，吏多废免。……吏道益杂不选，而多贾人矣。……自是之后，有腹诽之法，以此而公卿大夫多谄谀取容矣。"兴利和严法是这时经济政策的两翼，司马迁写这现象，便是用着上升律的。

又如《留侯世家》中，写留侯为太子设计，招了四个须眉皓白的老人来，叫高祖看见了，先是"怪之"。后来知道了这四人就是高祖要寻访的名人，"上乃大惊"，到这四人临去时，高祖便"目送之"。在心理的过程上，便也是递进的。

再如《信陵君列传》中，"公子于是乃置酒，大会宾客，坐定，公子从车骑虚左，自迎夷门侯生。侯生摄弊衣冠直上载公子上坐，不让，欲以观公子，公子执辔愈恭。侯生又谓公子曰：'臣有客在市屠中，愿枉车骑过之。'公子引车入市，侯生下见其客朱亥。俾倪，故久立，与其客语，微察公子，公子颜色愈和。当是时，魏将相宗室宾客满堂，待公子举酒，市人皆观公子执辔，从骑皆窃骂侯生。侯生视公子色终不变，乃谢客就车。至家，公子引侯生坐上坐，遍赞宾客，宾客皆惊。"从这"公子执辔愈恭"，"公子颜色愈和"，"公子色终不变"看，司马迁是在故意使用着上升律，以增加他作品之戏剧性的。

再如《张耳陈余列传》中，二人之结怨，先是误会，张耳怨陈余曰："始吾与公为刎颈交，今王与耳旦暮且死，而公拥兵数万，不肯相救，安在其相为死，苟必信，胡不赴秦军俱死，且有十一二相全？"次是责问，于是陈余怒曰："不意君之望臣深也，岂以臣为重去将哉？"陈余把印绶交出了，不想张耳果然受下，于是陈余"亦望张耳不让"，"由此陈余、张耳遂有隙"，最后双方以兵戎相见，而且陈余投降汉王的条件是"汉杀张耳乃从"了。这也是一种上升律，到了"汉杀张耳乃从"便是顶点。

其他，如《扁鹊列传》中，扁鹊见齐桓侯，先谓"君有疾，在腠理，不治将深"；次谓"君有疾，在血脉"；又次谓"君有疾，在肠胃间"；最后则望见而逃，因为他病"已在骨髓"了。《魏其武安列传》中，魏其因失势客稀，先是"天下吏士趋势利者，皆去魏其，归武安"；以后"魏其失窦太后，益疏不用，无势，客稍稍自引而怠傲"；同时武安的骄横，由"天下士、郡国诸侯愈益附武安"；到惹得武帝说："君除吏已尽未？吾亦欲除吏"；再到坐在他哥哥的上座，"以为汉相尊，不可以兄故私桡，武安由此滋骄"。《卫将军骠骑列传》中，二人一进一退，先是"由此骠骑日以亲贵，比大将军"，后来"自是以后，大将军青日退，而骠骑日益贵"。这统统是应用上升律，作为全传的结构的原理的。

第六　奇兵律

司马迁在行文时，是像行军一样。有时往往用一支奇兵，使他的行程得到更愉快的效果。最明显的是《平准书》中的卜式。"平准"是攻击当时的兴利之臣和严刑峻法的，卜式就是司马迁所设的奇兵，卜式在篇中时出时没，司马迁用他，以求杀敌致果。我们试看他先写那些富商大贾，"财或累数万，而不佐国家之急"，又写"征发之士益鲜"，这里都已经把卜式埋伏下了。后来卜式正式出现,要"输其家半助边",又要"父子死之"以从军越南;他主张治民如牧羊,把恶羊斥去,勿令败群;他拜为齐王太傅时,而孔仅使天下铸作器;他被尊时,而天子下缗钱令;他相齐,而杨可告缗遍天下;此后,是卜式贬秩为太子太傅,而桑弘羊为治粟都尉;最后是借卜式的话,"烹弘羊,天乃雨",而文字也就立刻收场。

同样情形的是《魏其武安列传》中的籍福。叫武安让魏其为丞相的是他,劝魏其兼容的也是他,代武安向魏其要田地的又是他,在灌夫使酒骂座时强按着灌夫的脖颈向武安谢罪的还是他,这也是司马迁在行文时的一支奇兵呀。不过这回不是用他来攻击了,却是用他来点缀魏其、武安的结怨,仿佛是一个传令兵一样,让全文的消息更灵通些。

在《伯夷列传》中,是用孔子携带着颜渊,当了司马迁的一支奇兵。其中如:"孔子序列古之仁圣贤人,如吴太伯、伯夷之伦详矣。"如:"且七十子之徒,仲尼独荐颜渊为好学,然回也屡空,糟糠不厌,而卒早夭。"如:"颜渊虽笃学,附骥尾而行益显。"这都是。但这回奇兵的用处又不是传令了,却是像哨探一样,站在了几个山头上。

第七　减轻律

这就是司马迁在叙述很严重的事情的时候,却有时会忽然出现轻松之笔,让人的精神得到刹那间的解放,对他所说的故事会更集中注意地听下去,同时也别有一种新鲜的趣味。例如《孔子世家》,本来先叙孔子的谱系,又叙他出生的年代,俨然是一个教主的降世似的,却忽然说:"生而首上圩顶,故因名曰丘云。"这轻松的笔调恰恰给那太严肃的空气一种补偿。又《萧相国世家》,本写他处在忌主汉高祖的手下,时时提心吊胆,已经很紧张了,而在他被拜为相国时,一般人来贺,召平却来吊,我们以为下面应该紧接召平的警告了吧,然而不,司马迁却写道:"诸君皆贺,召平独吊。召平者,故秦东陵侯,秦破,为布衣,贫,种瓜于长安城东,瓜美,故世俗谓之东陵瓜,从召平以为名也。"下面才写"召平谓相国曰:祸自此始矣。"这样便像惊涛骇浪之中,忽然出现了驯良的白鸥似的,叫人有一种暂时解放的快感。再如《淮南衡山列传》,淮南王要造反,伍被竭力谏阻,这也是十分紧张的局面,而伍被在谏词中却忽然讲到徐福告诉秦始皇在海上遇仙的故事,说他"东南至蓬莱山,见芝成宫阙,有使者铜色而龙形,光上照天。"《李将军列传》,在写他的命运蹭蹬之中,忽然叙到他"出猎,见草中石,以为虎而射之,中石没镞,视之,石也,因复更射之,终不能复入石矣。"都有这种作用。

同时我们可以注意的,就是司马迁凡写一个人的面貌性情时,决不在篇首,而是在叙过许多事情之后,拣一个适合的场合透露出来,可说毫无例外。我们略举数例吧:

《项羽本纪》:"籍长八尺余,力能扛鼎,才气过人。"叙在项梁带他偷看秦始皇渡浙江以后,而在他拔剑杀会稽守之前。

《孔子世家》:"孔子长九尺有六寸,人皆谓之长人而异之。"叙在他当季氏史和司职吏之后,而在适周问礼之前。

《留侯世家》:"张良多病,未尝特将也,常为画策臣,时时从汉王。"叙在他为高祖笼络黥布、彭越、韩信之后,而在劝高祖不能听郦食其立六国之前。

《绛侯周勃世家》:"勃为人木强敦厚,高帝以为可属大事。勃不好文学,每召诸生、说士,东乡坐而责之,趣为我语,其椎少文如此。"叙在他的许多军功之后,而在诛诸吕之前。

《刺客列传》："荆轲虽游于酒人乎，虽其为人沈深好书，其所游诸侯，尽与其贤豪长者相结。"叙在漫游各地之后，而在会燕太子丹之前。

《魏其武安列传》："武安者，貌侵，生贵甚，又以为诸侯王多长，上初即位，富于春秋，蚡以肺腑为京师相，非痛折节以礼诎之，天下不肃。"叙在他当过太尉、拜过丞相之后，而在权移主上之前。

《李将军列传》："广为人长，猿臂，其善射亦天性也。虽其子孙他人学者，莫能及广。广讷口少言；与人居，则画地为军陈，射阔狭以饮。"这也叙在他赎为庶人，拜为右北平太守之后，而在以郎中令攻匈奴之前。

《平津侯主父偃列传》："弘为人意忌，外宽内深，诸尝与弘有隙者，虽详与善，阴报其祸。"叙在公孙弘被汲黯数度庭诘之后，而在畏责请退之前。

《司马相如列传》："相如口吃，而善著书，常有消渴疾。"叙在他使蜀之后，而在谏猎之前。

其他像《大宛列传》中之叙张骞"为人强力，宽大信人，蛮夷爱之"；《汲郑列传》中之叙"黯为人，性倨少礼，面折，不能容人之过"；《游侠列传》中之叙郭解"为人短小，不饮酒，出未尝有骑"；都是叙在中间的。

这种在文章的中间忽然叙出一个人的面貌性情的方法，也可以说是减轻律的一种应用，定有着一种调剂的效果，这固不特叙在适合的地位使人印象格外深，并恰满足了读者之要知其为人的兴味而已。

这七种形式律则：统一律、内外谐和律、对照律、对称律、上升律、奇兵律、减轻律，统统是司马迁在他的艺术制作过程中的指导原理。其中除了对称律是中国人的美感所特有,奇兵律和减轻律是司马迁的艺术所独具外,也可说是世界上任何艺术作品所共遵的律则。我们并不是说一个艺术家先晓得了这些律则而后去制作,我们也无意要求任何艺术上的学徒来探寻方法于此,我们只是在客观的事实之中而归纳出他——司马迁或其他艺术天才——所无意间而采取的途径而已。这像研究生物的行为一样,生物未尝为律则所支配,但生物学家却可以发现那些可以统摄事实的律则而已。

三　建筑结构与韵律

一种艺术品,都有它的结构。《史记》一部书,就整个看,有它整个的结构;就每一篇看,有它每一篇的结构。这像一个宫殿一样,整个是堂皇的设计,而每一个殿堂也都是匠心的经营。司马迁自己说:"网罗天下放失旧闻,王迹所兴,原始察终,见盛观衰,论考之行事,略推三代,录秦汉,上记轩辕,下至于兹,著'十二本纪',既科条之矣;并时异世,年差不明,作'十表';礼乐损益,律历改易,兵权,山川,鬼神,天人之际,承敝通变,作'八书';二十八宿环北辰,三十辐共一毂,运行无穷,辅拂股肱之臣配焉,忠信行道,以奉主上,作'三十世家';扶义俶傥,不令己失时,立功名于天下,作'七十列传'。"照他看,《史记》不惟是一个建筑,简直是一个宇宙的缩影,秩序的天体之副本了。

当然,我们不能不注意,司马迁是一个浪漫派的艺术家,他之组织全书,是像李广用兵一样,好像没有部伍行阵,人人自便的光景,然而却并非绝对散漫(绝对散漫,就不能带兵了)。司马迁有意把他的全书造成一个有机体。大抵"本纪"和"世家"是代表上古的统治阶级的谱系的，"列传"是以事情的性质配上时代的前后相类次的，"十表"和"八书"则是有意地补足全书的经纬的。

我们再详细地看吧。司马迁在《陈杞世家》中说："舜之后，周武王封之陈，至楚惠王灭之，有《世家》言；禹之后，周武王封之杞，楚惠王灭之，有《世家》言；契之后为殷，殷有《本纪》言；殷破，周封其后于宋，齐湣王灭之，有《世家》言；后稷之后为周，秦昭王灭之，有《本纪》言；皋陶之后，或封英六，楚穆王灭之，无谱；伯夷之后，至周武王复封于齐，曰太公望，陈氏灭之，有《世家》言；伯翳之后，至周平王时封为秦，项羽灭之，有《本纪》言；垂、益、夔、龙，其后不知所封，不见也。——右十一人者，皆唐虞之际名有功德臣也，其五人之后，皆至帝王，余乃为显诸侯。"在这十一人中，有四人不知所封，有一人无谱，所以结果只有六人可说。所谓五人之后皆为帝王，就是指舜、禹、契、后稷和伯翳，这就是《虞本纪》（《五帝本纪》的一部分）、《夏本纪》、《殷本纪》、《周本纪》和《秦本纪》的由来。他们都是唐虞时的名臣，而唐尧是黄帝、帝颛顼、帝喾一系的（至少就司马迁的看法是如此），所以《五帝本纪》便作了本纪的第一篇。

秦到了始皇，局面是很不同了，所以不能不扩大而独立了，成为《秦始皇本纪》。

项羽是秦汉之际的过渡统治者，虽和刘邦同样是揭竿而起的平民，但司马迁却这样问道："吾闻之周生曰，舜目盖重瞳子，又闻项羽亦重瞳子，羽岂其苗裔邪？"这是颇有问津于遗传学而假定项羽是舜后之意了，大概到《项羽本纪》为止，司马迁是把他们都算在古代帝王的大谱系里去的。

然而纯粹平民的刘邦成了功,于是有《高祖本纪》。下面四个本纪都是分别叙到汉代的君主的。以上就是十二本纪的来历。

司马迁在《管蔡世家》中又说:"伯邑考,其后不知所封;武王发,其后为周,有《本纪》言;管叔鲜,作乱,诛死,无后;周公旦,其后为鲁,有《世家》言;蔡叔度,其后为蔡,有《世家》言;曹叔振铎,其后为曹,有《世家》言;成叔武,其后世无所见;霍叔处,其后晋献公时灭霍;康叔封,其后为卫,有《世家》言;冉季载,其后世无所见。"这是说文王十子的下落的。其中五人或不知所封,或为人所灭,或后世无所见,其中一人入于《本纪》,四人入了《世家》(即《鲁周公世家》、《管蔡世家》、《卫世家》,而《曹世家》附见《管蔡世家》中)。倘若拿这话和前引《陈杞世家》的话合看,则我们又知道《陈杞世家》是叙舜和禹之后,《齐世家》是叙伯夷之后,《宋世家》是叙殷之后。我们从这里看,可以晓得,世家中一部分也是唐虞之际的名臣之后,一部分乃是周的子孙和功臣之后。属于后者的,还有《吴太伯世家》、《燕召公世家》、《晋世家》、《郑世家》,这可以说都属于《周本纪》的系统。属于前者的,还有颛顼之后的《楚世家》,禹之后的《越世家》,这可以说都属于《五帝本纪》的系统。以上是《世家》中前十二篇的来历。

《晋世家》中的陪臣,又化而为《赵世家》、《魏世家》、《韩世家》;陈之后代齐,于是有《田敬仲完世家》。这是次四篇世家的来历。到了这《田敬仲完世家》,所谓六国者便已经叙完了,于是司马迁自齐王建十六年起便总叙灭六国之事:"十六年,秦灭周,君王后卒,二十三年,秦置东郡。二十八年,王入朝秦,秦王政置酒咸阳。三十五年,秦灭韩。三十七年,秦灭赵。三十八年,燕使荆轲刺秦王,秦王觉,杀轲。明年,秦破燕,燕王亡走辽东。明年,秦灭魏；秦兵次于历下。四十二年，秦灭楚。明年，虏代王嘉，灭燕王喜。四十四年，秦兵击齐，齐王听相后胜计，不战，以兵降秦。秦虏王建，迁之共，遂灭齐为郡。天下一并于秦。"

《孔子世家》放在《田敬仲完世家》之后是有道理的，因为孔子到底与一般有国有土的诸侯不同，但是又不能划在秦汉时代的世家之内，所以只好处于六国之后，而且"孔子，其先宋人也"，这是宋的贵族，所以也便属于先秦这一个世家集团了。

叙孔子之后，是《陈涉世家》，代表一个新时代的过渡。以下十二个世家统统是属于汉代了。所以司马迁这三十世家也是颇有系统和次第的。

在七十列传之中，大概也可以划分几个集团：上古至春秋是一个集团，包括《伯夷列传》、《管晏列传》、《老庄申韩列传》、《司马穰苴列传》、《孙子吴起列传》、《伍子胥列传》、《仲尼弟子列传》，即列传的前七篇。其中司马穰苴和孙子、吴起同为兵家，故前后相次。

从《商鞅列传》至《屈原贾生列传》，共十七篇，是第二个集团，都是六国时人。其中头二篇《商鞅列传》和《苏秦列传》仿佛六国争雄的前奏，所以冠首。而《苏秦传》中称："方诛商鞅，疾辩士，弗用，乃东之赵。"可见《苏秦传》在《商鞅传》后是有道理的。张仪为苏秦所激而说秦，故《张仪传》又次之。张仪尚诈谋，下即接以"秦人称其智"的《樗里子列传》。因叙及秦，故《穰侯列传》、《白起王翦列传》又以类相从。这时与潮流不合的迂阔之士是孟子、荀卿，故又以《孟子荀卿列传》次之。各国并起抗秦，于是有四国公子，遂以《孟尝君列传》、《平原君列传》、《信陵君列传》、《春申君列传》再次之。但终于抗不住秦，故以秦相《范雎蔡泽列传》接叙。

以下叙各国挣扎奋斗的名将贤人，先是《乐毅列传》，因蔡泽是燕人，所以先叙燕事。廉颇、蔺相如属于赵，田单和鲁仲连属于齐，屈原属于楚，又分别叙之。邹阳也是齐人，也善尺牍，所以附在《鲁仲连列传》中，贾生也是诗赋家，所以附在《屈原列传》中。

以下《吕不韦列传》、《刺客列传》、《李斯列传》、《蒙恬列传》四篇，属于秦始皇时代的集团。《刺客列传》重在荆轲，不过既叙其事，便也把荆轲以前的同类事也叙起来。

《张耳陈余列传》、《魏豹彭越列传》、《黥布列传》，三篇又是一个集团，这是陈涉、项羽之际的人物的传记。

自《淮阴侯列传》到《季布栾布列传》，共九篇，所叙却属汉高祖时人。

自《袁盎晁错列传》到《吴王濞列传》，共六篇，所叙却属文景二帝时代人，其中《扁鹊仓公列传》本重在仓公，而扁鹊也是因同为名医而先叙及之。

此下自《魏其武安列传》到《太史公自序》共二十四篇，所叙大体上属于武帝时的人物。这其中只有《循吏列传》、《滑稽列传》、《货殖列传》似乎所叙都不是武帝时代的人物，但《滑稽列传》和《货殖列传》本不能放在列传的前头，而《循吏列传》是为与《酷吏列传》相对，所以只好放在《酷吏列传》之前。中间因为汲郑二人也勉强可以称为汉武帝时的循吏，而儒林诸公也受酷吏的摧残与利用，故并插入二者之间。至于李广为名将，自然当在卫青霍去病传之前，顾炎武说："因为匈奴犯塞而有卫霍之功，故序匈奴于《卫将军骠骑传》之前。"因而中间又插入《匈奴列传》。《南越》、《东越》、《朝鲜》、《西南夷》四传都是以类相从。公孙弘、主父偃都有谏边郡之事，所以也次于四夷传之前，而在霍卫传之后。因西南夷而及于奉使巴蜀的司马相如，所以《司马相如列传》又在《西南夷列传》之后。只有《大宛列传》何以在《酷吏列传》与《游侠列传》之间，而不在四夷传前后，我们却想不出什么理由。

然而大体上说，七十列传是有计划排列的。至于十个年表是以时代相次，却又参照先贵族后功臣的原理，所以《汉兴以来将相名臣》作了殿尾。"八书"的次第大概是依照了六艺，所以《礼》、《乐》二书居首；《律书》是兵书，相当于射；《历书》和《天官书》，相当于数。封禅接近于天官，故又次之。"不封禅兮安知外"，因封禅而知水灾，故《河渠书》再次之。《平准书》在最后，是像《货殖列传》在列传的末尾一样，因为用经济来解释社会和政治，那代表司马迁站在唯物论来了解历史的史观。

这样一看，可以见出司马迁对于《史记》一书的整个设计，而造成了全书之整个建筑的美。

现在再就司马迁对于单篇的结构看，他也是有意地要造成部分的建筑美的：

第一，他所写的合传，都是有理由才合并写的。就史学的意义说，他是要在演化之中而寻出体系；就美学的意义说，他是利用对照或对称的原理，而组成一种艺术品。这都是我们已经讲过的。不过也有不十分明显的，我们在这里再补充说明一下。平原君、虞卿合传，单就本传看是看不出理由的，就《范雎传》看就晓得了，原来他两人对于魏齐都很有些古道热肠：虞卿肯为朋友弃了相印，平原君肯为朋友而为秦昭王所困，这气味实在有些相投。并且由《范雎传》看，才晓得司马迁在《平原君传赞》中所下的"翩翩浊世之佳公子也"的评语之故。韩王信和卢绾合传是因为二人同是处于一种情势而反汉，这就是赞中所谓"日疏自危，事穷智困"。樊、郦、滕、灌四人之合传，是因为都有武功，又都没有叛。《张丞相列传》中附及周昌、任敖、申屠嘉，是因为四人都是高祖时人，都老寿，又都各有所长。《万石张叔列传》中附及卫绾、直不疑、周文，是因为这一群都是恭谨之流。不过司马迁叙他们很有分寸，赞中说："仲尼有言：君子欲讷于言而敏于行，其万石、建陵、张叔之谓邪？是以其教不肃而成，不严而治；塞侯微巧，而周文处讇，君子讥之，为其近于佞也。然斯可谓笃行君子矣。"是在他们共同点之中而又分出差等的，这赞语真是铢两悉称的。平津侯、主父偃之所以合传，除了有着对照外，又因为主父偃是公孙弘杀之。在合传中写得最有统一性的，是《廉颇蔺相如列传》和《魏其武安列传》，那故事真是有机地穿插在一起了，业已超出了形式律则的应用。

第二，《史记》在每一篇文字中，确乎有首尾的呼应。例如《封禅书》中，开头即谓："自古帝王曷尝不封禅，盖有无其应而用事者矣，未有睹符瑞见而不臻乎泰山者也。虽受命而功不至；至矣，而德不洽；洽矣，而日有不暇给，是以即事用希。"后来说秦始皇上泰山，为暴风雨所击，不得封禅，便道："此岂所谓无其德而用事者邪？"再后来在讲过许多神怪之后，说到汉武帝要封禅了，便道："上与公卿诸生议封禅，封禅用希旷绝，莫知其仪礼"，这就是回应上边的"即事用希"。司马迁惯于以秦骂汉，上一个回应，即旨在说汉武帝之无其应而用事；后一个回应，却是重在功不至，德不洽。《封禅书》是叫人看得相当散漫的文字，但在这建筑物之中，仍然像设下钢骨水泥，架子很坚牢。在《越世家》中，后半叙范蠡成为大富翁，虽然有坚忍的线索在贯穿着，但仍然似乎有些牵合，于是司马迁早已有了主意，在开始劝越王暂时屈膝时，范蠡已经这样说："持满者与天，定倾者与人，节事者以地。卑辞厚礼以遗之，不许而身与之市。"这里已经提到市了，范蠡会大做买卖也就不突兀了。又如在《货殖列传》中，表面看也是散漫的文字，但是开头所谓"君子富好行其德"，就是由下面范蠡去回应，"十九年之中，三致千金，再分散与贫交疏昆弟，此所谓富好行其德者也"；开头所谓"人富而仁义附焉"，就是下文所谓"夫使孔子名布扬于天下者，子贡先后之也，此所谓得势而益彰者乎"；开头所谓"天下熙熙，皆为利来"，就是下文所举壮士在军，闾巷少年，赵女郑姬，游闲公子，弋射渔猎，博戏驰逐，医方技术，吏士弄法，一切在求富益货的总说明。下半则全然讲素封，先说："今有无秩禄之奉，爵邑之入，而乐与之比者，命曰素封"；中谓："蜀卓氏之先……富至僮千人，田池射猎之乐拟于人君"；结谓："千金之家，比一都之君，巨万者，乃与王者同乐，岂所谓素封者邪！非也？"所以这篇文章依然有着首尾皆具的形式。再如《酷吏列传》中，先提出"法令者治之具，而非制治清浊之源也；昔天下之网尝密矣，然奸伪萌起"的结论，其后叙到义纵时说："取为小治，奸益不胜"；叙到王温舒等时说："自温舒等以恶为治，而郡守都尉诸侯二千石欲为治者，其治大抵尽放温舒，而吏民益轻犯法，盗贼滋起。……其后小吏畏诛，虽有盗，不敢发，恐不能得，坐课累府，府亦使其不言，故盗贼寖多，上下相为匿，以文辞避法焉"，都是顺着同一个筋骨的。至于《李将军列传》中，在篇首叙他的先人李信，篇末叙他的子孙李敢、李陵，也叫人觉得有一种形式。这种在每一篇中的结构形式，颇像一个纪念殿堂，在那前后都各有一个小牌坊似的。

更可注意的，这又不独一篇为然，就一般小文，记某一个人的一段词令，也往往采取此法，书中例子随处皆是。

《项羽本纪》中樊哙对项羽道："臣死且不避，卮酒安足辞？夫秦王有虎狼之心，杀人如不能举，刑人如恐不胜，天下皆叛之。怀王与诸将约曰：'先破秦入咸阳者王之。'今沛公先破秦，入咸阳，毫毛不敢有所近，封闭宫室，还军霸上，以待大王来。故遣将守关者，备他盗出入与非常也。劳苦功高而如此，未有封侯之赏，而听细说，欲诛有功之人，此亡秦之续耳，窃为大王不取也。"在这里，"秦王有虎狼之心"和"亡秦之续"是呼应着的。又项羽对他的骑兵说："吾起兵至今，八岁矣，身七十余战，所当者破，所击者服，未尝败北，遂霸有天下。然今卒困于此，此天之亡我，非战之罪也！今日固决死，愿为诸君决战，必三胜之，为诸君溃围，斩将，刈旗，令诸君知天亡我，非战之罪也。"天之亡我，非战之罪，其中两言之，便也构成一种首尾呼应的形式。

《越世家》中范蠡独笑曰："吾固知必杀其弟也。彼非不爱其弟，顾有所不能忍者也。是少与我俱，见苦为生难，故重弃财；至如少弟者，生而见我富，乘坚驱良，逐狡兔，岂知财所从来，故轻去之，非所惜吝。前日吾所为欲遣少子，固为其能弃财故也。而长者不能，卒以杀其弟，事之理也，无足悲者，吾日夜固已望其丧之来也。""必杀其弟"和"卒以杀其弟"也呼应着。

《平原君列传》中毛遂对楚王说："王之所以叱遂者，以楚国之众也。今十步之内，王不得恃楚国之众也。王之命悬于遂手，吾君在前，叱者何也？且遂闻汤以七十里之地王天下，文王以百里之壤而臣诸侯，岂其士卒众多哉？诚能据其势而奋其威。今楚地方五千里，持戟百万，此伯王之资也。以楚之强，天下弗能当；白起小竖子耳，率数万之众，兴师以与楚战，一战而举鄢郢，再战而烧夷陵，三战而辱王之先人，此百世之怨，而赵之所羞，而王弗知恶焉。合从者为楚，非为赵也！吾君在前，叱者何也？"以及后来平原君对毛遂说："胜不敢复相士。胜相士多者千人，寡者百数，自以为不失天下之士，今乃于毛先生而失之也。毛先生一至楚，而使赵重于九鼎、大吕，毛先生以三寸之舌，强于百万之师，胜不敢复相士"。在前者，"吾君在前，叱者何也?"在后者，"胜不敢复相士"，都是首尾各自重复一次，以为呼应的。

《信陵君列传》中，"侯生笑曰：'臣固知公子之还也。'曰：'公子喜士，名闻天下，今有难，无他端，而欲赴秦军，譬若以肉投馁虎，何功之有哉? 尚安事客? 然公子遇臣厚，公子往而臣不送，以是知公子恨之复返也。'"

《冯唐列传》中，冯唐说文帝虽得廉颇、李牧弗能用也，文帝大怒，以为冯唐不该当众侮辱，后来又问他："公何以知我不能用廉颇、李牧也?"冯唐对了一大篇，从上古之遣将推毂起，说到李牧之如何可以放手去做，说到赵王迁之因谗诛李牧，遂致为秦所灭，说到现在就有一个魏尚，即有名将之风，而削爵被罚，他直然说文帝"法太明，赏太轻，罚太重"，于是说："由此言之，陛下虽得廉颇、李牧弗能用也!"这小段文字则宛如坐飞机俯瞰风景一样，回翔一过，经历了千岩万壑，却又看到原来的山麓了。

《韩长孺列传》中，韩安国为梁使，见大长公主而泣曰："何梁王为人子之孝，为人臣之忠，而太后曾弗省也? 夫前日吴、楚、齐、赵七国反时，自关以东，皆合从西乡；唯梁最亲，为艰难，梁王念太后帝在中，而诸侯扰乱，一言泣数行下，跪送臣等六人，将兵击却吴楚，吴楚以故兵不敢西，而卒破亡，梁王之力也。今太后以小节苛礼，责望梁王，梁王父兄皆帝王，所见者大，故出称跸，入言警，车旗皆帝所赐也。即欲以侘鄙县，驱驰国中，以夸诸侯，令天下尽知太后帝爱之也。今梁使来，辄案责之，梁王恐，日夜涕泣思慕，不知所为,何梁王之为子孝,为臣忠,而太后弗恤也?"这尤其是书中常见的形式了。

第三,司马迁为增加一篇文字的结构之美,常常使用一种重复的事项,让它的出现就像一种旋律,又像建筑长廊中的列柱似的,也的确构成一种美。例如在《项羽本纪》中,作为那样旋律的就是八千人和粮食:"遂举吴中兵,使人收下县,得精兵八千人。……江东已定,急引兵西击秦,项梁乃以八千人渡江而西。……汉王则引兵渡河,复取成皋,军广武,就敖仓食。……绝楚粮食,项王患之。……是时汉兵盛,食多,项王兵罢食尽。……张良、陈平说曰:'汉有天下大半,而诸侯皆附之,楚兵罢食尽,此天亡楚之时也,不如因其饥而遂取之。'……项王军壁垓下,兵少食尽,汉军及诸侯兵围之数重,夜闻汉军四面皆楚歌。……项王笑曰:'天之亡我,我何渡为?且籍与江东子弟八千人渡江而西,今无一人还,纵江东父兄怜而王我,我何面目见之?纵彼不言,籍独不愧于心乎?'"八千人代表项羽起事时的豪气,最后无一人还,真有些不堪回首,粮食一节则是他的致命伤,篇中都频频提及,这都增高了全文的悲剧情调。

在《萧相国世家》中,萧何为避汉高祖的猜忌,让封并以家私财佐军,"高祖乃大喜";又多买田地,贱贳贷以自污,"上乃大说";果然怨声载道了,"上大笑曰:夫相国乃利民。"这大喜、大说、大笑也都是韵律。

《留侯世家》中,张良遇圯上老人一段,先叫他拾鞋,他"愕然,欲殴之";以后老人又伸脚叫他给穿上,他"殊大惊,随目之";老人与他相约会,他"因怪之";到了老人与他相会时,第一次怒曰:"与老人期,后何也?"第二次复怒曰:"后何也?"最后一次,张良不到夜半就去先等了，老人喜曰："当如是！"这也很有一种韵律。这情景宛如信陵君之待侯生，那里一方面是上升律的应用，一方面也是这种韵律的表现。

在《平原君列传》，写毛遂使楚事，是用十九人为韵律："得十九人，余无可取者，无以满二十人。……平原君竟与毛遂偕，十九人相与目笑之而未发也。毛遂比至楚，与十九人论议，十九人皆服。平原君与楚合从，言其利害，日出而言之，日中不决，十九人谓毛遂曰：'先生上。'……遂定从于殿上。毛遂左手持盘血，而右手招十九人曰：'公相与歃此血于堂下。公等录录，所谓因人成事者也。'"这十九人不过抵毛遂一人，这一方面是对照律的应用，却也是表现散文的韵律。

在《刺客列传》中，写燕太子丹约荆轲刺秦王，说了一大篇以后，久之，荆轲曰："此国之大事也，臣驽下，恐不足任使。"后来答应了，燕太子丹给他车骑、美女，以顺适其意，但"久之，荆轲未有行意"。这两个"久之"也是韵律。同样的是《张释之列传》中，也屡用"久之"，以为节奏："于是释之言秦、汉之间事，秦所以失，而汉所以兴者。久之，文帝称善。……乃诏释之拜啬夫为上林令。释之久之前曰：'陛下以绛侯周勃何如人也？'……顷之，太子与梁王共车入朝，不下司马门，于是释之追止太子、梁王，无得入殿门，遂劾不下公门，不敬，奏之。……顷之，至中郎将，从行之霸陵。……顷之，上行出中渭桥，有一人从桥下走出，乘舆马惊，于是使骑捕，属之廷尉，释之治问。……良久，上曰：'廷尉当是也。'……久之，文帝与太后言之，乃许廷尉。……张廷尉事景帝岁余，为淮南王相，犹尚以前过也。久之，释之卒。"头几个"久之"是见虽以文帝之贤，而张释之执法的态度之难入；最后一个"久之"是写景帝仍然忌恨张释之从前劾他不敬的事,而使张释之郁郁而终。其中又用"顷之"以为对照。"顷之"者见不合法的事情之层见叠出,这韵律是太有意义了!

再如《卢绾列传》中则以"至其亲幸,莫如卢绾","乃立卢绾为燕王,诸侯王得幸,莫如燕王"为韵律;《夏侯婴传》中则以"太仆"为韵律;《灌婴传》中则以"疾战"为韵律;《李将军列传》中则以"善射"为韵律;《大宛列传》中则以"马"为韵律;而《酷吏列传》中以"上以为能"为韵律,那是别有击鼓而骂之妙了。

第四,司马迁在一篇的末尾,善于留有一些余韵,令人读他的作品将毕时还要掩卷而思,或者有些咏叹似的。我们只检最佳的例子说一说吧:如《项羽本纪》最后写项羽死后,各地皆降,独鲁不下,直到持项王头示鲁,鲁父兄乃降,"始楚怀王初封项籍为鲁公,及其死,鲁最后下,故以鲁公礼葬项王谷城,汉王为发哀,泣之而去。"项羽是一个重感情的人,鲁人对他的忠诚,可以稍慰他的寂寞,而始封鲁公,终葬鲁地,颇有一场大梦的感觉,刘邦和他对敌了这样久,泣之而去,也颇有到了大限,恩怨俱消,而项羽之可爱的人格永远在人心怀之意。所以这文字结束得太好了!

《高祖本纪》的结尾乃在还沛,而说:"游子悲故乡,吾虽都关中,万岁后吾魂魄犹乐思沛",他也感慨伤怀起来。"及孝惠五年,思高祖之悲乐沛,以沛宫为高祖原庙,高祖所教歌儿百二十人皆令为吹乐,后有缺,辄补之。"这样一来,于是一个流氓皇帝就还是一个多情的常人了。司马迁愿意和任何人的内心相接触着!

《封禅书》和《周亚夫传》都有铿然而止的结束法。《封禅书》说:"自此之后,方士言神祠者弥众,然其效可睹矣",偏不说没有效。《周亚夫传》说:"条侯果饿死,死后,景帝乃封王信为盖侯",

便仿佛这才称了景帝的心愿似的。《平准书》之以"烹弘羊，天乃雨"作结，也是这样结得清越，而叫人觉得有爽快之感的。

《信陵君列传》的结尾是："高祖始微少时，数闻公子贤，及即天子位，每过大梁，常祠公子。高祖十二年，从击黥布还，为公子置守冢五家，世世岁以四时奉祠公子。"便也更增加了信陵君之可倾慕处了。

《屈原贾生列传》的后面说："于是怀石，遂自投汨罗以死。屈原既死之后，楚有宋玉、唐勒、景差之徒者，皆好辞而以赋见称，然皆祖屈原之从容辞令，终莫敢直谏。其后楚日以削，数十年，竟为秦所灭。自屈原沉汨罗后百有余年，汉有贾生，为长沙王太傅，过湘水，投书以吊屈原。""终莫敢直谏"，这是反衬屈原的人格的；"竟为秦所灭"，是把楚国之亡系之于屈原，见他在楚国的分量的；百有余年，始有贾生过湘水以吊，可以见出这些长时间内的寂寞了。

最有趣味的结尾是《春申君列传》，春申君听了李园的话，以为与李园女弟生的孩子可以代为楚王，自己享福，但李园把女弟进献楚王以后，却把春申君杀了以灭口。"是岁也，秦始皇帝立九年矣，嫪毐亦为乱于秦，觉，夷其三族，而吕不韦废。"司马迁本记楚事，而忽然写到秦，这是给仗恃裙带关系的人一个下场的榜样的！

感慨最深也最有情趣的结尾是《刺客列传》和《李将军列传》。《刺客列传》中不惟在荆轲死后又叙到那和荆轲一起饮酒慨歌的高渐离瞎眼后击秦王的事，却又叙到从前那怒叱荆轲的鲁勾践，鲁勾践曾这样讲："嗟乎惜哉！其不讲于刺剑之术也。甚矣吾不知人也。曩者吾叱之，彼乃以我为非人也！"这结得太好了，话既由从前轻视荆轲的人道出，便表明鲁勾践也是和荆轲一流的豪杰，而那惋惜、赞叹却也就更令人咀嚼无尽了。《李将军列传》的结尾叙到"而敢有女为太子中人，爱幸；敢男禹，有宠于太子，然好利，李氏陵迟衰微矣。"责李氏子孙，正是爱护李广，而下面紧接"李陵既壮"，这文章真有顿挫，其声琅琅，叫人百读不厌。最后谓："单于既得陵，素闻其家声，及战又壮，乃以其女妻陵而贵之。汉闻，族陵母妻子。自是以后，李氏名败，而陇西之士居门下者，皆用为耻焉。"珍惜李氏之极，也就是赞扬之极，而前文李将军的许多坎坷蹭蹬，便突又斗然涌上读者的心头了！

司马迁对全书有着设计不足为奇，奇在他的精神——对艺术的忠诚——灌注到每一篇文章，在每一篇文章里有着建筑上的美：或则用对照和对称，或则使首尾有着呼应，或则中间加上重复的旋律，或则末尾带着悠扬清越的终止音符，总之，凭他的艺术本能与创作天才，务使他那作品不朽而后已呢！

四　句调之分析

文学是一种以语言为表现工具的艺术，所以所谓文学上的天才都是由于他之控驭语言的能力而成的。现在我们就进一步从句调上分析司马迁的艺术造诣吧。

第一　句子的长短

司马迁是有魄力能够熔铸长句的人，如"初宋义所遇齐使者高陵君显在楚军"（《项羽本纪》）共十五字，"项羽怨怀王不肯令与沛公俱西入关而北救赵"（《高祖本纪》）共十九字，"而李园女弟初幸春申君有身而入之王所生子者遂立"（《春申君列传》）共二十二字，这在中国传统的文字中是罕见的。这样的长句很有些像明人所译的《元朝秘史》或现代的欧化文了。司马迁在这一点上是有创造性的——同时也见出他对语言的组织力、控驭力。

反之，他也有短句。短句多半用在紧张的场合。叙战功用短句，如《曹相国世家》，即有短兵相接的光景。叙荆轲刺秦王也是用短句："秦王发图，图穷而匕首见。因左手把秦王之袖，而右手持匕首揕之。未至身，秦王惊，自引而起，袖绝。拔剑，剑长，操其室，时惶急，剑坚，故不可立拔。荆轲逐秦王，秦王环柱而走。群臣皆愕，卒起不意，尽失其度。……秦王方环柱走，卒惶急不知所为。左右乃曰：王负剑。负剑，遂拔以击荆轲，断其左股。荆轲废，乃引其匕首以摘秦王。……秦王复击轲，轲被八创。轲自知事不就，倚柱而笑，箕倨以骂。"这是紧张万分的局面，司马迁便也以紧张之句写之。他的笔墨能够与情势相副，这又是一个例证。

他最短的句子是一字句："项羽之卒可十万，淮阴先合，不利，却。"（《高祖本纪》）"张仪之来也，自以为故人，求益，反见辱，怒。"（《张仪列传》）一字句实在不能再短了！

他为了求疏朗参差之美，在行文中，往往长短句相间：

> 南登琅邪，大乐之，留三月。乃徙黔首三万户琅邪台下。复十二岁，作琅邪台，立石刻，颂秦德，明德意。
>
> ——《秦始皇本纪》

> 汉王使人间问之，乃项王也，汉王大惊。于是项王乃即汉王相与临广武间而语，汉王数之。项王怒，欲一战，汉王不听。项王伏弩射中汉王，汉王伤，走入成皋。
>
> ——《项羽本纪》

> 孔子年三十五，而季平子与郈昭伯以斗鸡故，得罪鲁昭公。昭公率师击平子，平子与孟氏、叔孙氏三家共攻昭公。昭公师败，奔于齐。……有司进对曰："君子有过则谢以质，小

人有过则谢以文。君若悼之,则谢以质。"于是齐侯乃归所侵鲁之郓、汶阳、龟阴之田以谢过。……桓子卒受齐女乐,三日不听政,郊又不致膰俎于大夫,孔子遂行。……居卫月余,灵公与夫人同车,宦者雍渠参乘出,使孔子为次乘,招摇市过之。孔子曰:"吾未见好德如好色者也。"于是丑之,去卫,过曹。

——《孔子世家》

今日嬴之为公子亦足矣。嬴乃夷门抱关者也,而公子亲枉车骑,自迎嬴于众人广坐之中,不宜有所过,今公子故过之。然嬴欲就公子之名,故久立公子车骑市中,过客以观公子。公子愈恭,市人皆以嬴为小人,而以公子为长者能下士也。

——《信陵君列传》

范雎辞让。是日观范雎之见者,群臣莫不洒然变色易容者。秦王屏左右,宫中虚无人。

——《范雎蔡泽列传》

秦王之遇燕太子丹不善,而丹怨而亡归。归而求为报秦王者,国小,力不能。其后秦日出兵山东,以伐齐楚三晋,稍蚕食诸侯,且至于燕。

——《刺客列传》

张仪闻,乃曰:"以一仪而当汉中地,臣请往如楚。"如楚,又因厚币用事者臣靳尚,而设诡辩于怀王之宠姬郑袖。怀王竟听郑袖,复释去张仪。

——《屈原贾生列传》

诸将皆喜,人人各自以为得大将,至拜大将,乃信也,一军皆惊。

——《淮阴侯列传》

李广上马，与十余骑奔射杀胡白马将，而复还至其骑中。解鞍，令士皆纵马卧。是时会暮，胡兵终怪之，不敢击。夜半时，胡兵亦以为汉有伏军于旁，欲夜取之，胡皆引兵而去。平旦，李广乃归其大军。大军不知广所之，故弗从。

——《李将军列传》

由于长短句之相间，而构成了《史记》之不整齐的美。

第二　句子的音节

我们说过，司马迁的散文，乃是标准的散文，乃是古文家所奉为正统的散文。它何以构成这样一种面目呢？原来也有一个秘密，那就是在音节上。原来诗的音节是在把单字的音节放在句尾。如：

无边　落木　萧萧　下，不尽　长江　滚滚　来。

而散文的音节（特别是司马迁及后来的追踪者）则把单字的音节放在句中：

孔子　为　次乘，招摇　市　过之。

——《孔子世家》

礼乐　缺　有间。

——《孔子世家》

燕军　夜　大惊。

——《田单列传》

乃今　得　闻教。

——《刺客列传》

相得　欢　甚，无厌，恨　相知　晚也。

——《魏其武安列传》

　　　　秦王　屏　左右,宫中　虚　无人。

　　　　　　　　　　　　　　　——《范雎蔡泽列传》

　　　君　卒然　捐　馆舍。

　　　　　　　　　　　　　　　——《范雎蔡泽列传》

理由呢,大概是因为诗要吟哦,最后一字音节可以拖长,而散文却需要停顿,于是非二字音节停不住,而中间的一字音节则可以拉长一个拍子,——以字音论,是单音;以拍子论,则是两个拍子;于是和二字二拍的音节配合起来,便有整齐而变化之美了。

第三　如何应付骈偶

　　司马迁的散文是与骈偶对待的,因此他避免骈偶;但对称是一种美感,尤其是中国人的一种美感,这对司马迁也不能不是一种诱惑,于是他遂采取了一种寓骈于散的方法,清代的批评家也有呼之为意偶而笔不偶,或笔单而气双的。唯独在有一个场合,司马迁却是用偶句,那就是作为一段的收束的时候。

　　我们先看这些句子:

　　　　试为我著秦所以失天下,吾所以得之者何,及古成败之国。

　　　　　　　　　　　　　　　——《郦生陆贾列传》

　　　　广行无部伍行阵,就善水草屯舍止,人人自便,不击刁斗以自卫,莫府省约文书籍事,然亦远斥候,未尝遇害。程不识正部曲行伍营阵,击刁斗,士吏治军籍至明,军不得休息,然亦未尝遇害。

　　　　　　　　　　　　　　　——《李将军列传》

　　　　今先生处胜之门下,三年于此矣,左右未有所称诵,胜未有所闻。

　　　　　　　　　　　　　　　——《平原君虞卿列传》

这些都是可以用偶句的,但司马迁偏偏避开了。对称的美仍然在里边,可是在形式上却出之以参差不齐。

我们再看:

> 贵上极,则反贱;贱下极,则反贵;贵出如粪土,贱取如珠玉,财币欲其行如流水。
>
> ——《货殖列传》

> 其在闾巷少年,攻剽椎埋,劫人作奸,掘冢铸币,任侠并兼,借交报仇,篡逐幽隐,不避法禁,走死地如骛者,其实皆为财用耳。
>
> ——《货殖列传》

这些句子都是业已构成对偶的,但前者忽然加上"财币欲其行如流水",后者忽然把四字句改为"走死地如骛",这是故意破坏那太整齐的呆板,以构成一种不整齐的美的。

至于同时连叙数事,故意变动句法,务期造成一种严格的散文,则有如下例:

> 初作难,发于陈涉;虐戾灭秦,自项氏;拨乱诛暴,平定海内,卒践帝祚,成于汉家。
>
> ——《秦楚之际月表》

> 故禹兴于西羌;汤起于亳;周之王也,以丰镐伐殷;秦之帝,用雍州兴;汉之兴,自蜀汉。
>
> ——《六国年表》

在这里,他都绝不用排句或偶句,便是为了维持他那浪漫性的风格。——不整齐的美!

现在却要看他那使用偶句的场合了,那就是以双行作顿:

从建元以来用少，县官往往即多铜山而铸钱，民亦间盗铸钱，不可胜数，钱益多而轻，物益少而贵。

——《平准书》

平既娶张氏女，赍用益饶，游道日广。

——《陈丞相世家》

楚汉久相持未决，丁壮苦军旅，老弱罢转漕。

——《项羽本纪》

有时，虽不用偶句，但也是用双笔作收：

相如既归，赵王以为贤大夫，使不辱于诸侯，拜相如为上大夫，秦亦不以城予赵，赵亦终不予秦璧。

——《廉颇蔺相如列传》

当是时，诸侯皆多季布能摧刚为柔，朱家亦以此名闻当世。……当是时，季心以勇，布以诺，著闻关中。

——《季布栾布列传》

大概这一种收顿的方法，叫人觉得有一种稳重均衡的美。司马迁可说是不惟晓得太排比整齐的坏处，而且善为利用了。所以他之不用偶句，不是不及，而是超越了它。

第四　在整个文章结构上的作用

以偶句作停顿，这是司马迁的句法在整个文章结构上的作用之一，其实还不止此。因为文章的结构之故，司马迁的句法却有着变动。我们姑且用提笔、接笔、结笔三种来看吧：

又造银锡为白金，以为天用莫如龙，地用莫如马，人用莫如龟。故白金三品，其一曰重八两，圜之，其文龙，名曰白选，直三千；二曰重差小，方之，其文马，直五百；三曰复小，椭之，其文龟，直三百。

———《平准书》

这"以为天用莫如龙"三句就是提笔。这是用整句作提的，很圆而劲。至如：

> 秦封范雎以应，号为应侯。当是时，秦昭王四十一年也。范雎既相秦，秦号曰张禄，而魏不知，以为范雎已死久矣。魏闻秦且东伐韩魏，魏使须贾于秦，范雎闻之，为微行，敝衣间步之邸，见须贾。

———《范雎蔡泽列传》

这"范雎既相秦"三句也是提笔，这种提笔很有情趣，能叙明事情的原委，在结构上也有过一番经营。在提笔中最常见的，则是用"当是时"三字起：

> 当是时，楚兵冠诸侯，诸侯军救巨鹿下者十条壁，莫敢纵兵。及楚击秦，诸侯皆从壁上观，楚战士无不以一当十。楚兵呼声动天，诸侯军无不人人惴恐。

———《项羽本纪》

> 当是时，诸侯以公子贤多客，不敢加兵谋魏十余年。

———《信陵君列传》

不过"当是时"的作用，有时不止是提笔，而且把上文兜住，所以在清代的批评家则称之为"提顿"，而因为对前文有绾束之力，也叫"镇压"。

接笔是叙在文中，让上下文有连系，司马迁在这种场合往往用缓笔：

> 上拜以为治粟都尉，上未之奇也；信数与萧何语，萧何

奇之。

——《淮阴侯列传》

（苏秦）谢去之。张仪之来也，自以为故人，求益，反见辱，怒，念诸侯莫可事，独秦能苦赵，乃遂入秦。

——《张仪列传》

桓公曰："寡人北伐山戎，过孤竹；西伐大夏，涉流沙，束马悬车，上卑耳之山；南伐至召陵，登熊耳山，以望江汉。兵车之会三，而乘车之会六。九合诸侯，一匡天下，诸侯莫违我。昔三代受命，亦何以异乎？"于是管仲睹桓公不可穷以辞，因设之以事。

——《封禅书》

在这里，"上未之奇也"，"张仪之来也"，"于是管仲睹桓公不可穷以辞"，都是接笔，也都是用缓笔。司马迁惯好在一篇的中间而写一个的面貌性情，那也是兼有以缓笔作接笔之用的。

至于结笔，大抵司马迁在叙许多事件之后，总有一笔结束。如叙军功：

参功，凡下二国，县一百二十二，得王二人，相三人，将军六人，大莫敖郡守司马侯御使各一人。

——《曹相国世家》

如叙世系：

釐王命曲沃武公为晋君，列为诸侯，于是尽并晋地而有之。曲沃武公已即位三十七年矣，更号曰晋武公。晋武公始都晋国。前即位曲沃，通年三十八年。武公称者，先晋穆侯曾孙也，曲沃桓叔孙也。桓叔者，始封曲沃；武公，庄伯子也。自

桓叔初封曲沃，以至武公灭晋也，凡六十七岁，而卒代晋为诸
侯。武公代晋二岁，卒，与曲沃通年，即位凡三十九年而卒。

——《晋世家》

都是。这些结笔，假若单抽出来看，或不见精彩，可是放在全文中，
便也有一种美。这《晋世家》中的一笔总账，尤其详细而劲拔。又
如《匈奴列传》中：

自淳维以至头曼，千有余岁，时大时小，别散分离，尚矣，
其世传不可得而次云。然至冒顿而匈奴最强大，尽服从北夷，
而南与中国为敌国，其世传国官号，乃可得而记云。

这也是好结笔，却也是非从全文一气读至此处，不容易欣赏他那总
括的气魄的。

一篇文章之惹人注意，最重要的就是首与尾。因为首是予人
印象之始，如果不佳，就令人不愿意读下去了；尾是予人印象之终，
如果不佳，就让人对以前所已获得的好印象也破坏了。司马迁在
这方面可说全顾到了。他用种种方法以求达到这个目的，上面说
的不过一端而已。至于接笔，那是为要在文中免除人的疲劳，所以
往往出之以松缓。

第五　善于写对话

各种人的不同性情，各种事情的不同场合，司马迁都能把它们
在对话中写出。我们试看：

吕后恐，不知所为；人或谓吕后曰："留侯善画计策，上信
用之。"吕后乃使建成侯吕泽劫留侯曰："君常为上谋臣，今上
欲易太子，君安得高枕而卧乎？"留侯曰："始上数在困急之
中，幸用臣策；今天下安定，以爱欲易太子，骨肉之间，虽臣等

百余人何益？"吕泽强要曰："为我画计。"留侯曰："此难以口
舌争也。顾上有不能致者，天下有四人。四人者年老矣，皆以
为上慢侮人，故逃匿山中，义不为汉臣。然上高此四人，今公
诚能无爱金玉璧帛，令太子为书，卑辞安车，因使辩士固请，宜
来。来以为客，时时从入朝，令上见之，则必异而问之。问之，
上知此四人贤，则一助也。"

——《留侯世家》

这是写从容画策的神情的。再看：

共执张仪，掠笞数百。不服，释之，其妻曰："嘻！子毋读
书游说，安得此辱乎？"张仪谓其妻曰："视吾舌尚在否？"其妻
笑曰："舌在也！"仪曰："足矣。"

——《张仪列传》

这是写家庭间夫妻的对话的，确不能与朋友间的对话相混。而：

平原君使者冠盖相属于魏，让魏公子曰："胜所以自附为
婚姻者，以公子之高义，为能急人之困。今邯郸旦暮降秦，而
魏救不至，安在公子能急人之困也。且公子纵轻胜，弃之降
秦，独不怜公子姊耶？"

——《信陵君列传》

这就又是亲戚间的对话，而不能施之家庭间其他分子。再看：

赵相贯高、赵午等，年六十余，故张耳客也，生平为气，乃
怒曰："吾王，孱王也！"说王曰："夫天下豪杰并起，能者先立，
今王事高祖甚恭，而高祖无礼，请为王杀之。"张敖啮其指出
血，曰："君何言之误！且先人亡国，赖高祖得复国，德流子

孙，秋毫皆高祖力也，愿君无复出口！"贯高、赵午等十余人皆
相谓曰："乃吾等非也，吾王长者，不倍德。且吾等义不辱，今
怨高祖辱我王，故欲杀之，何乃污王为乎？令事成，归王；事
败，独身坐耳。"

——《张耳陈余列传》

一个忠厚，一个激昂，这对话能表现两种性格。像：

> 于是尉佗乃蹶然起坐，谢陆生曰："居蛮夷中久，殊失礼
> 仪。"因问陆生曰："我孰与萧何、曹参、韩信贤？"陆生曰："王
> 似贤。"复曰："我孰与皇帝贤？"陆生曰："皇帝起丰沛，讨暴
> 秦，诛强楚，为天下兴利除害，继五帝、三王之业，统理中国，中
> 国之人以亿计，地方万里，居天下之膏腴，人众车舆，万物殷
> 富，政由一家，自天地剖泮，未始有也。今王众不过数十万，皆
> 蛮夷崎岖山海间，譬若汉一郡，王何乃自比于汉？"尉佗大笑
> 曰："吾不起中国，故王此；使吾居中国，何渠不若汉？"乃大悦
> 陆生。

——《郦生陆贾列传》

> 朱家乃乘轺车之洛阳，见汝阴侯滕公，滕公留朱家饮。数
> 日，因谓滕公曰："季布何大罪，而上求之急也？"滕公曰："布
> 数为项王窘上，上怨之，故必欲得之。"朱家曰："君视季布何
> 如人也？"曰："贤者也。"朱家曰："臣各为其主用。季布为项
> 籍用，职耳。项氏臣可尽诛耶？今上始得天下，独以己之私怨
> 求一人，何示天下之不广也？且以季布之贤，而汉求之急如
> 此，此不北走胡，即南走越耳：夫忌壮士以资敌国，此伍子胥所
> 以鞭荆平王之墓也。君何不从容为上言耶？"汝阴侯滕公心

知朱家大侠,意季布匿其所,乃许曰:"诺。"

——《季布栾布列传》

前一例见尉佗的豪气,后一例见为人说项时的语调,这都是非对于社会生活有极深的经验的,不容易揣摩。还有:

文帝辇过,问唐曰:"父老何自为郎? 家安在?"唐具以实对。文帝曰:"吾居代时,吾尚食监高祛数为我言赵将李齐之贤,战于巨鹿下,今吾每饭,意未尝不在巨鹿也。父知之乎?"

——《张释之冯唐列传》

太后怒,不食,曰:"今我在也,而人皆藉吾弟;令我百岁后,皆鱼肉之矣。且帝宁能为石人耶? 此特帝在,即录录,设百岁后,是属宁有可信者乎?"

——《魏其武安列传》

霸陵尉醉,呵止广。广骑曰:"故李将军。"尉曰:"今将军尚不得夜行,何乃故也?"

——《李将军列传》

这里一个是写对老人的谈话,一个是老太婆的口吻,一个是写醉汉,都多么恰切!

在他写的对话里能够看出年龄、性别、职业,以及处于一个什么场合。至于他能写口语,能写未完的语气,那更是人所习知的了。

第六　有意于造句

大凡一种艺术,如果无意去成功一种艺术品,那种艺术品是决不会成功的。"语不惊人死不休",这可以说是一切艺术家的态度。司马迁可说是意识地去创造他的艺术的,我们从他的造句上看出来：

> 是以驺子重于齐。适梁，梁惠王郊迎，执宾主之礼；适赵，
> 平原君侧行撇席；如燕，昭王拥彗先驱，请列弟子之座而受业，
> 筑碣石宫，身亲往师之。
>
> ——《孟子荀卿列传》

这不过是写驺子之受到处欢迎而已，你看他写每一个地方的欢迎
便各是一副样子。这一个例子，或者还可说在字面上。再看：

> 老父相吕后，曰："夫人，天下贵人。"令相两子，见孝惠，
> 曰："夫人所以贵者，乃此男也。"相鲁元，亦皆贵。老父已去，
> 高祖适从旁舍来，吕后具言客有过相我子母皆大贵。高祖问，
> 曰："未远。"乃追及问老父，老父曰："乡者夫人，婴儿皆似君，
> 君相贵不可言。"
>
> ——《高祖本纪》

这就不是在词藻上用力了，完全是白描，而这同一个相面的，相了
四人，句子都不同，都有分寸。再看：

> 是时天子方欲作通天台，而未有人。温舒请覆中尉脱卒，
> 得数万人作。上悦，拜为少府。徙为右内史，治如其故，奸邪
> 少禁。坐法失官，复为右辅，行中尉事，如故操。
>
> ——《酷吏列传》

这"治如其故"，"如故操"，本是一个意思，但他必须变换了笔墨去
写，要说他是无意去制作一个艺术品，那真是不可能的。

古文家所谓文气之说，似乎司马迁已经注意到。我们试比较：

> 高祖曰："公知其一，未知其二。夫运筹策帷帐之中，决

胜于千里之外,吾不如子房;镇国家,抚百姓,给馈饷,不绝粮
道,吾不如萧何;连百万之军,战必胜,攻必取,吾不如韩信;此
三人者,皆人杰也,吾能用之,此吾所以取天下也。”

——《高祖本纪》

　　高祖离困者数矣,而留侯常有功力焉,岂可谓非天乎? 上
曰:“夫运筹策帷帐之中,决胜千里外,吾不如子房。”余以为
其人计魁梧奇伟,至见其图,状貌如妇人、好女,盖孔子曰:
“以貌取人,失之子羽。”留侯亦云。

——《留侯世家》

一个是“决胜于千里之外”,一个是“决胜千里外”,这是因为前者
是在三个排比之下,语势缓;后者则因在赞语中,篇幅小,而要有许
多转折,文势便急。再比较:

　　怀王子子兰劝王行,曰:“奈何绝秦之欢心?”于是往会秦
　　昭王。

——《楚世家》

　　怀王稚子子兰劝王行,“奈何绝秦欢?”怀王卒行。

——《屈原贾生列传》

同一事件,而前者所写是一个事实而止,后者所写则有一些抒情的
意味,这是因为后者在子兰之上加了“稚子”,就更显得那意见之
无足轻重,而怀王竟听了他,愈见怀王之昏愦,又把“奈何绝秦之
欢心”缩削为“奈何绝秦欢”,于是语意更纯粹了,而声调更沉痛
了,而“于是往会秦昭王”则既冗长而仅为一普通事实,至于“怀王
卒行”便见怀王到底糊涂,楚国前途十分可悲,屈原心情非常刺痛
了。

司马迁下一个句子，是像一个老练的士兵一样，决不虚发一弹。《司马穰苴列传》开头即说"司马穰苴者，田完之苗裔也。"起初我们以为这句话很平常，其实不然，原来这文章就是记录田齐在齐国树立政权的斗争史的一个片段。这也就是司马穰苴起初不能不在齐立威的缘故，同时也是因为后来齐威王田和对《司马兵法》加以推崇的缘故。

司马迁是一个苦心的艺术家，凡精神所注，决没有泛泛之笔。

第七　语调之美

司马迁的语调之美，是说也说不尽的，现在姑举最容易发觉的几种：

一是圆浑。像《酷吏列传》中所说："汉兴，破觚而为圜，斫雕而为朴，网漏于吞舟之鱼，而吏治烝烝，不至于奸，黎民艾安。由是观之，在彼不在此。"这古意盎然，含蓄高绝处，真宛如三代的钟鼎彝器，或晋人书法了。

二是韵致。像《信陵君列传》中之"魏王怒公子之盗其兵符，矫杀晋鄙，公子亦自知也，已却秦存赵，使将将其军归魏，而公子独与客留赵"一段，其中"公子亦自知也"，就像春风荡漾一般，多么有着韵致。《汲郑列传》中之"每朝，候上之间，说未尝不言天下之长者，其推毂士及官属丞史，诚有味其言之也，常引以为贤于己"一段，其中"诚有味其言之也"，也很有赞叹的韵致。而《屈贾列传》中之"王怒而疏屈平，屈平嫉王听之不聪也，谗谄之蔽明也，邪曲之害公也，方正之不容也，故忧愁幽思而作《离骚》"，这更是有名的例子，简直是诗了。所谓韵致，就是既从容，又有余味。在叙事文中而有如许诗意，真是奇迹。

三是唱叹。《绛侯周勃世家》中，文帝在细柳劳军，"既出军门,群臣皆惊,文帝曰:'嗟乎,此真将军矣! 曩者霸上、棘门军,若儿戏耳,其将固可袭而虏也;至于亚夫,可得而犯邪?'称善者久之。"在《封禅书》中,汉武帝听了公孙卿讲黄帝的故事后,说:"嗟乎! 吾诚得如黄帝,吾视去妻子如脱屣耳。"《李将军列传》中"敢男禹,有宠于太子,然好利,李氏陵迟衰微矣。"《商君列传》中"吾说君以帝王之道比三代,而君曰久远吾不能待,且贤君者各及其身,显名天下,安能邑邑待数十百年以成帝王乎? 故吾以强国之术说君,君大说之耳。然亦难以比德于殷周矣!"这些地方都有一唱三叹之妙。

四是疏荡淡远。这可以看《西南夷列传》、《大宛列传》、《封禅书》,其中这样的句子最多,不备列。

五是沉酣。《刺客列传》中写荆轲与高渐离歌泣于市中一段,最可代表。

六是畅足。司马迁无论写苦与乐,一定写得十分畅快,神理气味十分尽致而后已。我们且看这些例子:

> 卢绾者,丰人也。与高祖同里。卢绾亲与高祖太上皇相爱,及生男,高祖、卢绾同日生,里中持羊酒贺两家。及高祖、卢绾壮,俱学书,又相爱也。里中嘉两家亲相爱,生子同日,壮又相爱,复贺两家羊酒。
>
> ——《韩王信卢绾列传》

> 国家无事,非遇水旱之灾,则人给家足,都鄙廪庾皆满,而府库余货财,京师之钱累巨万,贯朽而不可校,太仓之粟陈陈相因,充溢露积于外,至腐败不可食。
>
> ——《平准书》

> 于是窦后持之而泣,泣涕交横下,侍御左右皆伏地泣,助

皇后悲哀。

——《外戚世家》

灌夫家居虽富，然失势，卿相侍中宾客益衰，及魏其侯失势，亦欲倚灌夫引绳批根生平慕之后弃之者，灌夫亦倚魏其而通列侯宗室为名高，两人相为引重，其游如父子然，相得欢甚，无厌，恨相知晚也。

——《魏其武安列传》

士以此多归孟尝君，孟尝君客无所择，皆善遇之，人人各自以为孟尝君亲己。

——《孟尝君列传》

平原君门下闻之，半去平原君归公子，天下士复往归公子，公子倾平原君客。

——《信陵君列传》

这些都是十分带着踌躇满志的笔墨，所谓神完气足，笔酣墨饱，都是指这种文字吧。

一种艺术品之所以成功，必须是部分地好，合起来才能好，像大建筑一样，一砖一瓦的坚牢美观，正是整个建筑的必需条件，纵然不是充分条件。司马迁恰就是把精神能灌注在这一砖一瓦的！

五　司马迁之语汇及其运用

现在我们更进一步去分析司马迁的艺术之最基本的构成成分，那就是语汇。凡是文学上的天才，语汇都是丰富的，这不惟见之于他们的用字之多，而且又见之于他们的用字之新。有人曾以这种用字的优长推许过莎士比亚，现在我们觉得这同样可以应用于司马迁。

　　自然，我们还不能从确切的统计上看司马迁的语汇有多少，但无疑是非常大量的。我们看在《货殖列传》中他说到许多人都是为钱，但他的表现法便有"为重赏使"，"皆为财用"，"奔富厚"，"亦为富贵容"，"为得味"，"重失负"，"为重糈"，"没于赂遗"七八种之多。

　　语汇之多，决不在识字多寡，而在能运用。能运用，便使许多熟字也都新鲜起来，于是一字有数字之用，无形中语汇也就丰富了。例如：

> 范雎得出，后魏齐悔，复召求之。魏人郑安平闻之，乃遂操范雎亡。伏匿，更名姓曰张禄。
>
> ——《范雎蔡泽列传》

> 　　于是徙纵为定襄太守。纵至，掩定襄狱中，重罪轻系二百余人，及宾客昆弟私入相视亦二百余人，纵一捕鞠，曰："为死罪解脱！"是日皆报杀四百余人。
>
> ——《酷吏列传》

> 梁召籍入，须臾，梁眴籍曰："可行矣！"于是籍遂拔剑斩守头。
>
> ——《项羽本纪》

> 围汉王三匝，于是大风从西北而起，折木发屋，扬沙石，窈冥昼晦，逢迎楚军。楚军大乱溃散，而汉王乃得与数十骑遁去。
>
> ——《项羽本纪》

其中"操"、"掩"、"眴"、"逢迎"，都是普通的字，但因为用到恰好的地方，都新颖而内涵加多。"操"有奇货可居之意；"掩"有不分皂白之意；"晌"见当时之势急，且先有谋；"逢迎"见风沙之猛，又好像故意和项王作对，而汉王因天幸才能脱身似的。

司马迁有时用代字，而且用得好，如《孟子荀卿列传》中：

> 客有见髡于梁惠王，惠王屏左右，独坐而再见之，终无言也。惠王怪之，以让客曰："子之称淳于先生，管晏不及；及见寡人，寡人未有得也。岂寡人不足为言耶？何故哉？"客以谓髡，髡曰："固也。吾前见王，王志在驱逐；后复见王，王志在音声。吾是以默然。"客具以报王，王大骇曰："嗟乎！淳于先生诚圣人也。前淳于先生之来，人有献善马者，寡人未及视，会先生至；后先生之来，人有献讴者，未及试，亦会先生来。寡人虽屏人，然私心在彼有之。"

"驱逐"就是"马"，"音声"就是"讴"，但先说得混，后说得实，倘若先言马和讴，后云驰驱与声音，情味就很不同了。

同时司马迁用字深稳而经济，他说吕不韦，"孔子之所谓闻者，其吕子乎？"他用一个"闻"字，已经把吕不韦褒贬得分寸俱有了。他写朱买臣与张汤之结怨，便说"买臣楚士"，楚士二字便把那后果已经含蓄在其中了。

他常常对一个整个传记，因为抓到最确切的几个字，而用以显示主题。《屈原传》中是"志"，他说："其志洁"，"推此志也，虽与日月争光可也"，"悲其志"，他既抓到这个主要的字，便不放松了。《蔺相如传》中是"智勇"，传中处处写此二字，赞中便直然揭出"方蔺相如引璧睨柱，及叱秦王左右，势不过诛，然士或怯懦而不敢发，相如一奋其气，威信敌国，退而让颇，名重太山；其处智勇，可谓兼之矣。"

因为司马迁是这样的善于控驭文字，所以他有时把文字当作游戏，像小狗小猫玩一个可爱的小球似的：

> 夫贤士之处世也，譬若锥之处囊中，其末立见。今先生处胜之门下，三年于此矣，左右未有所称诵，胜未有所闻，是先生无所有也。先生不能，先生留。
>
> ——《平原君虞卿列传》
>
> 此人亲惊吾马，吾马赖柔和，令他马，固不败伤我乎！
>
> ——《张释之冯唐列传》
>
> 公所事者且十主，皆面谀以得亲贵。今天下初定，死者未葬，伤者未起，又欲起礼乐。——礼乐所由起，积德百年而后可兴也。吾不忍为公所为；公所为，不合古，吾不行，公往矣，无污我！
>
> ——《刘敬叔孙通列传》

文中的"先生"、"马"、"公"，便都是那拨弄着滚来滚去的皮球呢。

但司马迁尤其擅长的，却是他之运用虚字。这须要详细地欣赏下去：

（一）"矣"："矣"字最能够代表司马迁的讽刺和抒情：

> 天子识其手书，问其人，果是伪书，于是诛文成将军，隐之。其后则又作柏梁铜柱、承露仙人掌之属矣。
>
> ——《封禅书》

这是写武帝之时而觉悟，但又不能自拔处。

> 大见数月，佩六印，贵震天下，而海上燕齐之间莫不扼捥而自言有禁方，能神仙矣。
>
> ——《封禅书》

这是写那些方士之趋利骗人处。

> 况乃以中国一统，明天子在上，兼文武，席卷四海，内辑亿
> 万之众，岂以晏然不为边境征伐哉？自是后，遂出师北伐强
> 胡，南诛劲越，将卒以次封矣！
>
> ——《建元以来侯者年表》

这是讽刺武帝之好事，将卒之利用征伐。

> 其治所诛杀甚多，然取为小治，奸益不胜，直指始出矣！
> 吏之治，以斩杀缚束为务，阎奉以恶用矣！
>
> ——《酷吏列传》

这是慨叹酷刑之深刻化的。

> 敢男禹，有宠于太子，然好利，李氏凌迟衰微矣！
>
> ——《李将军列传》

这是对李广寄以无限的同情与惋惜的。"矣"字可说是司马迁运用得最灵巧的一种武器了。

（二）"也"：用"也"字的时候，让文字格外多了一番从容，有舒缓悠扬之致：

> 及高祖、卢绾壮，俱学书，又相爱也。里中嘉两家亲相爱，
> 生子同日，壮又相爱，复贺两家羊酒。
>
> ——《韩王信卢绾列传》
>
> 然好学，游侠，任气节，内行修絜，好直谏，数犯主之颜色，
> 常慕傅柏、袁盎之为人也。善灌夫、郑当时及宗正刘弃，亦以
> 数直谏，不得久居位。
>
> ——《汲郑列传》

（三）"而"："而"字有时代表一种结果，"当是之时，彭王一顾与楚则汉破，与汉而楚破。"（《季布栾布列传》）但大多是转折：

> 于是县官大空，而富商大贾或蹛财役贫，转毂百数，废居居邑，封君皆低首仰结，冶铸煮盐，财或累万金，而不佐国家之急。
>
> ——《平准书》

> 秦王使使者告魏王曰："吾攻赵，旦暮且下，而诸侯敢救者，已拔赵，必移兵先击之！"
>
> ——《信陵君列传》

以"而"字为转折，原很普通，但司马迁用来却特别有一种娟峭之美，清脆之声。他之用"然而"亦然：

> 淳于髡，齐人也；博闻强记，学无所主。其陈说慕晏婴之为人也，然而承意观色为务。
>
> ——《孟子荀卿列传》

本把淳于髡说得很好，然而一转，便一文不值了。

（四）"故"："故"字本也很普通，但司马迁用来便能发挥它特有的作用：

> 于是以东郭咸阳、孔仅为大农丞，领盐铁事，桑弘羊以计算用事侍中。咸阳，齐之大煮盐；孔仅，南阳大冶，皆致生累千金，故郑当时进言之。弘羊，雒阳贾人子，以心计，年十三侍中。故三人言利，事析秋毫矣。
>
> ——《平准书》

> 或闻上无意杀魏其，魏其复食治病，议定不死矣。乃有蜚语为恶言闻上，故以十二月晦，论弃市渭城。
>
> ——《魏其武安列传》

前"三人言利"之"故"字，是慨叹这事情的原委；后"以十二月晦"之"故"字，是指出那结果出于意外，却隐指武安从中造谣陷害。

（五）"则"：司马迁用"则"字也很别致：

> 项王曰："壮士！赐之卮酒。"则与斗卮酒。哙拜谢，起，立而饮之。项王曰："赐之彘肩。"则与一生彘肩。樊哙覆其盾于地，加彘肩上，拔剑，切而啖之。……项王乃大惊曰："汉皆已得楚乎？是何楚人之多也！"项王则夜起，饮帐中。
>
> ——《项羽本纪》

这三个"则"字都有无限的声色。

（六）"乃"：司马迁能把"乃"字用得很响：

> 项王大怒，乃自被甲持戟挑战。楼烦欲射之，项王瞋目叱之。楼烦目不敢视，手不敢发，遂走还入壁，不敢复出。汉王使人间问之，乃项王也，汉王大惊。
>
> ——《项羽本纪》

> 诸将皆喜，人人各自以为得大将，至拜大将，乃信也，一军皆惊。
>
> ——《淮阴侯列传》

（七）"亦"：司马迁在轻易之中，却也把"亦"字发挥了许多作用。《春申君列传》的末尾说："嫪毐亦为乱于秦，觉，夷其三族，而吕不韦废。"《陈丞相世家》中，陈平说："高祖时，勃功不如臣平，及诛诸吕，臣功亦不如勃，愿以右丞相让勃。"前一"亦"字映带裙带关系之不可恃，后一"亦"字写出陈平以谦词居功，确是老官僚的词令。

（八）"竟"：《信陵君列传》中有"公子竟留赵"，"竟病酒而死"，前一"竟"字表现那时的情势，指魏公子盗兵符，杀晋鄙，于是不敢归魏；后一"竟"字是哀其被毁，抑郁以死。《李将军列传》中有"专以射为戏，竟死"，《外戚世家》中有"竟不复幸"，"然竟无子"，都有出乎意料之外之意。前者重在惜李广之才，后者重在写人之不能操持命运。

（九）"卒"："卒"和"竟"差不多。用得最有情味的是《孔子世家》：

> 公山不狃以费畔季氏，使人召孔子，孔子循道弥久，温温无所试，莫能已用。曰："盖周文武起丰镐而王，今费虽小，傥庶几乎？"欲往。子路不说，止孔子。孔子曰："夫召我者，岂徒哉？如用我，其为东周乎？"然亦卒不行。

妙在孔子驳斥了子路以后，自己也没有去。见他一面用世之急，一面却终于出处之慎，子路不能服孔子之口，但已动孔子之心了。这一个"卒"字代表多少情味！

（十）"欲"：《魏其武安列传》中，"武安侯新欲用事为相，卑下宾客，进名士家居者贵之，欲以倾魏其诸将相。"加一"欲"字，便写出田蚡之好客是有作用，是矫揉，什么也不值了。

（十一）"言"：《孟子荀卿列传》中，"自如淳于髡以下，皆命曰列大夫，为开第康庄之衢，高门大屋，尊宠之，览天下诸侯宾客，言齐能致天下贤士也。"所谓"言"就是齐之好士，只为虚名而已，一场热闹又化为乌有。

其他像用"当是时"以振起上下文，用"于是"以掘发一事之因果，同时又都有一种节奏上的作用，这都处处见出司马迁之驾驭语言文字的能力，他能在基础的工作——句调和语汇——上已经做到止于至善的地步了！

六　司马迁的风格之特征及其与古文运动之关系

　　自来论《史记》的文章的多极了，我们现在姑举比较中肯的几种说法于此：

　　（一）韩愈说柳宗元的文章雄深雅健似司马子长，可知他是以"雄深雅健"作为司马迁的风格的特色的。

　　（二）柳宗元说："参之太史，以著其洁。"则柳宗元系以"洁"许《史记》的。

　　（三）苏辙说："太史公行天下，周览四海名山大川，与燕赵间豪杰交游，故其文疏荡，颇有奇气。"这里指出的特征是"疏荡"、"奇气"。

　　（四）王楙说："《新唐书》如近日许道宁辈画山水，是真画也；《史记》如郭忠恕画，天外数峰，略有笔墨，然而使人见而心服者，在笔墨之外也。"这是以"笔墨之外"论之。

　　（五）茅坤说："案太史公所为《史记》，百三十篇，除世所传褚先生别补十一篇外，其他帝王世系或多舛讹，法度沿革或多遗佚，忠贤本末或多放失，其所论大道，而折中于六艺之至，固不能尽如圣人之旨。而要之，指次古今，出《风》入《骚》，譬之韩白提兵，而战河山之间，当其壁垒部曲，旌旗钲鼓，左提右絜，中权后劲，起伏翱翔，倏忽变化，若一人舞剑于曲旃之上，而无不如意者，西京以来，千年绝调也。即如班掾《汉书》，严密过之，而所为疏荡遒逸，令人读之，杳然神游于云幢羽衣之间，所可望而不可挹者，予窃疑班掾犹不能登其堂而洞其窍也，而况其下者乎？"这里形容最为详尽,但最重要的自然是"疏荡遒逸"四字。

（六）姚祖恩说："其文洸洋玮丽,无奇不备。……如游禁籞,如历钧天,如梦前生,如泛重溟。"这是说他的风格之丰富。又说:"龙门善游,此亦如米海岳七十二芙蓉,研山几案间,卧游之逸品也。"这是以"逸品"目《史记》的。

（七）章学诚说："《史记》体本质苍,而运之以轻灵。"这是以"质苍"作为《史记》的特质的。

（八）曾国藩说："自汉以来,为文者莫善于司马迁。迁之文,其积句也皆奇,而义必相辅,气不孤伸。"这是仍以"奇"为司马迁之特色,特又注意到了司马迁之应付对称之美的底蕴。

（九）刘熙载论《史记》最详细,也最能探本。他说:"学《离骚》得其情者为太史公。"这是说司马迁之承继楚文化处。他又说:"文之有左马,犹书之有羲献也。张怀瓘云:若逸气纵横,则羲谢于献;若簪裾礼乐,则献不继羲。"这也是以"逸气"许司马迁。但他却更说:"子长精思逸韵俱胜孟坚,或问逸韵非孟坚所及固也,精思复何以异?曰:子长能从无尺寸处起尺寸,孟坚遇尺寸难施处则差数睹矣。"他并说:"太史公文,韩得其雄,欧得其逸。雄者善用直捷,故发端便见出奇;逸者善用纡徐,故引绪乃觇入妙。"这都比前人的观察又进了一步。他更说:"太史公文如张长史于歌舞战斗,悉取其意与法,以为草书,其秘要则在于无我,而以万物为我也。"这就已经发现司马迁的风格多端,并非文如其人,而为文如其所传之人、文如其所传之事了。

以上九人,代表了自唐宋到明清的批评家对于司马迁的风格的认识。他们的用语虽不同,但大致却可以得到共同或相似的看法。韩愈所谓"雄健",就是章学诚所谓"质苍";韩愈所谓"雅",

就是章学诚所谓"轻灵"，也就是柳宗元所谓"洁"。苏辙所谓"疏荡有奇气"，就是姚祖恩所谓"逸品"，就是王樵所谓"笔墨之外"，就是刘熙载所谓像王献之的书法那样"逸气纵横"。其中"逸"的一点，尤为一般人所一致感觉。

究竟"逸"是什么？用我们现在的话讲，可说就是司马迁在风格上所表现的浪漫性而已。浪漫者在追求无限，所以司马迁在用字遣词上也都努力打破有限的拘束。所谓"疏荡有奇气"也不过是这意思的另一种说法罢了。像他的精神是在有所冲决，有所追求，有所驰骋一样，他的风格也是的。这可以说是他的风格之本质的特征。

不过同时当注意者，就是他这种逸品的风格：一、不柔弱；二、不枯燥；三、不单调；四、不粗疏。不柔弱就是雄健，所以茅坤称之为"遒逸"，单是逸是容易不深厚有力的。不枯燥就是有韵致，所以刘熙载称为"逸韵"。不单调者是司马迁的风格的特质。虽是逸，但不能限于逸，有所限就不足代表浪漫精神了，他却有时超乎逸，不拘拘于逸，正如他不拘拘于一切。这种风格上的丰富，为姚祖恩所感觉到，而称之为"无奇不备"；也为刘熙载所感觉到，而称之为"无我，而以万物为我"。逸即是不拘，便很容易和粗疏相混，然而不然，司马迁之逸，却是经过雕琢磨炼的经营苦心，那就是刘熙载所谓"精思"。以画喻之，司马迁的文如写意画，但并非率尔的写意，却是由工笔而写意，正如齐白石晚年的画，虽一两笔画一个鸟雀，但从前却是经过了把蜻蜓的翅纹也画出来的那样的苦工的。以书法喻之，司马迁的文如米芾的字，表面看是不拘常调，其实却是经过了观摩善碑名帖，集大成而为之。总之，他的逸是像辩证法中高一级的发展，虽若与低一级的状态近似，而实不同了。能够从分析上切实窥探这种秘密而最有收获的,那就是曾国藩,以及为他所领导的吴汝纶和张裕钊,"义必相辅,气不孤伸",不过所发现的其中秘密之一而已。

一切是进步的,对于司马迁的风格之欣赏也可以看出愈后来愈精,我们真是叨时代之福了!

现在我们再说到司马迁和后来古文派的关系。司马迁是被后来的古文家所认为宗师的。其中几乎有着"文统"的意味。因为,第一次的古文运动领袖是韩愈,他推崇司马迁。第二次的古文运动领袖是欧阳修,他推崇韩愈。后来的桐城派的先驱归有光,以司马迁为研究目标,后来者则追踪韩欧,而曾国藩一派又探索于《史记》。这样一来,前前后后,司马迁便成了古文运动的一个中心人物。

但我们现在要看看:究竟古文家所得于司马迁的是什么? 是否及到司马迁,或不及司马迁,而且有着什么原因。刘熙载所谓"韩得其雄,欧得其逸",而且一个善于发端,一个须看引绪,这便已经说出古文家大师之所以得于司马迁的了。大抵韩愈所得的是豪气,欧阳修所得的是唱叹,而司马迁兼之。

司马迁的文章可说是抒情的记事文,在这一点上能追踪的,我们不能不推归有光,虽然归有光所记的事却未必有什么价值。

一般的古文家所得于司马迁的却是一种调子。这种调子在《史记》中虽不普遍,但已确乎存在:

若伯夷、叔齐,可谓善人者,非耶? 积仁絜行如此而饿死。且七十子之徒,仲尼独荐颜渊为好学,然回也屡空,糟糠不厌,而卒蚤夭。天之报施善人,其何如哉! 盗跖日杀不辜,肝人之肉,暴戾恣睢,聚党数千人,横行天下,竟以寿终。是遵何德哉？此其尤大彰明较著者也。若至近世，操行不轨，专犯忌讳，而终身逸乐富厚，累世不绝；或择地而蹈之，时然后出言，行不由径，非公正不发愤，而遇祸灾者不可胜数也。……伯夷、叔齐虽贤，得夫子而名益彰；颜渊虽笃学，附骥尾而行益显。岩穴之士，趋舍有时，若此类名堙灭而不称，悲夫！闾巷之人，欲砥行立名者，非附青云之士，恶能施于后世哉？

——《伯夷列传》

其游诸侯，见尊礼如此，岂与仲尼菜色陈蔡，孟轲困于齐梁同乎哉？故武王以仁义伐纣而王，伯夷饿不食周粟，卫灵公问陈而孔子不答，梁惠王谋欲攻赵，孟轲称太王去邠，此岂有意阿世俗苟合而已哉？持方枘欲内圜凿，其能入乎？

——《孟子荀卿列传》

晋楚齐卫闻之，皆曰：非独政能也，乃其姊亦烈女也，乡使政诚知其姊无濡忍之志，不重暴骸之难，必绝险千里以列其名，姊弟俱僇于韩市者，亦未必敢以身许严仲子也；严仲子亦可谓知人能得士矣！

——《刺客列传》

读书怀独行君子之德，义不苟合当世，当世亦笑之。……今游侠，其行虽不轨于正义，然其言必信，其行必果，已诺必诚，不爱其躯，赴士之厄困，既已存亡死生矣，而不矜其能，羞伐其德，盖亦有足多者焉。且缓急，人之所时有也，……此皆学士所谓有道仁人也，犹然遭此菑，况以中材而涉乱世之末流乎？其遇害何可胜道哉？……今拘学或抱咫尺之义，久孤于世，岂若卑论侪俗，与世沈浮而取荣名哉？而布衣之徒，设取予然诺，千里诵义，为死不顾世，此亦有所长，非苟而已也。故

士穷窘而得委命,此岂非人之所谓贤豪间者邪? ······然其私
义廉洁退让,有足称者。名不虚立,士不虚附。至如朋党宗强
比周,设财役贫,豪暴侵凌孤弱,恣欲自快,游侠亦丑之。余悲
世俗不察其意,而猥以朱家、郭解等令与暴豪之徒同类而共笑
之也。

——《游侠列传》

是以无财作力,少有斗智,既饶争时,此其大经也。今治
生不待危身取给,则贤人勉焉。是故本富为上,末富次之,奸
富最下,无岩处奇士之行,而长贫贱,好语仁义,亦足羞也。

——《货殖列传》

这等文字都大抵是郁勃蓄势,最后一泻而出,而古文家往往专摹此
种。实则是司马迁因为"意有所郁结,不得通其道",故文格如此,
别人没有他的感情那样浓烈,身世又没有他那样可悲可愤,学来学
去就是空架子了。

总而言之,司马迁的风格与他的人格是一事,浪漫精神是那共
同的底蕴,古文家充其量所学的,不过是司马迁之雅洁而已,不过
是司马迁在表面上的一点姿态而已。古文家对于司马迁的风格之
研究,可说愈来愈精,但能够多少创作那同等(未必一样)的有生
气的文章的,却愈来愈希。没有生活,没有性格,写不出那样文章,
又有什么奇怪! 可是司马迁的文章却毕竟可以永远不朽了!

三十五年五月二十七日写毕于南京

第九章　文学史上之司马迁

一　《史记》是中国的史诗

常有人说中国没有史诗，这仿佛是中国文学史上一件大憾事似的，但我认为这件大憾事已经由一个人给弥补起来了，这就是两千年前的司马迁。

不错，他把缙绅先生所不道的事加过了选择，然而在《五帝本纪》中终于记载了上古的传说（像黄帝、尧、舜的故事），在《封禅书》中也多少绘出了古代的神话，即在其他文字中也保存了一大部分春秋、战国、秦、汉间的传奇。保存古代史诗材料的，就是他。

诚然以形式论，他没有采取荷马式的叙事诗，但以精神论，他实在发挥了史诗性的文艺之本质。这是就他创作的本身论又是如此的。

试想史诗性的文艺之本质首先是全体性，这就是其中有一种包罗万有的欲求。照我们看，司马迁的《史记》是做到了的。他所写的社会是全社会，他所写的人类生活是人类生活的整体，他所写的世界乃是这个世界的各个角落。

史诗性的文艺之本质之第二点是客观性，这就是在史诗中作者要处于次要的隐藏的地位，描写任何人物，无论邪恶或善良，描写任何事件，无论紧张或激动，而作者总要冷冷的，不动声色。在这点上，司马迁也做到了。他可以写典型的小人赵高，但也可以写仁厚的公子信陵，他可以写楚汉的大战，但也可以写魏其、武安的结怨；他可以写许多方士之虚玄弄鬼，但也可以写灌夫之使酒骂座；他可以写坚忍狠毒的伍子胥，但也可以写温良尔雅的孔子；他可以写将军，可以写政客，可以写文人，可以写官僚，又可以写民间的流氓大侠；这些人物也有为他所痛恨的，也有为他所向往的，但他写时却都是一样不苟，他只知道应该忠实于他的艺术而已。有些场面，在读者或者已经忍不住恐怖或悲伤了，但他冷冷地，必须把故事写下去。他很巧妙地把他的主观意见和客观描写分开，对于前者，他已经尽量地划出，写在本文之外，而归入赞或者序里。

史诗性的文艺之本质之第三点是发展性，那就是一个人物的性格发展，或者一件事情的逐渐形成。他又做到了。他写的李斯，是如何一步步下水，如何为了官禄地位，而和赵高合作，又如何终于为赵高所卖，那是写性格发展之最佳的例证。他写的魏其、武安之逐渐生怨，而灌夫之使酒骂座之逐渐爆发，这又是写事态的发展之最好的标本。他善于写一事之复杂的因素，以及这复杂的因素之如何产生一种后果。

最后一点，我们不能不说，史诗性的文艺之本质在造型性。这更是司马迁所拿手，他天生有种对事物要加以具体把握的要求。诸侯之没落，他是说他们或乘牛车；国家的富庶，他是说仓库里的米已经腐烂，而穿钱的绳子是已经坏掉了。他写女人就是女人，骊姬、郑袖都纯然是女子的声口；他写英雄就是英雄，项羽是典型的青年男性。他写的冯唐，绝对是一个老人；他写的公孙弘，绝对是一个精于宦途的官僚；他写的李广，定是一个在性格上有着失败的悲剧的人物；他写的周勃，便又一定是一个粗鲁无谋的勇夫。

同时难得的，他之写成他的史诗并不是专在谨细上用功夫，却在于他之善于造成一种情调，一种氛围。他同样写战场，韩信作战是军事学识的运用，项羽作战是凭才气，而卫将军、霍去病和匈奴作战那就是凭运气了，这三个不同的战场，司马迁便都能分别地写成不同的氛围。他同样写失意，写项羽之败是由于太刚必折，写李广之败是一个才气不能发展的人之抑郁，写信陵之败却是一个没受挫折的人之逢到不可抵抗的打击；而屈原之败，则仿佛哀怨无穷；孔子之败，却又似乎始终屹然而立了。这些浓淡不同的阴影，便都系诸司马迁所造成的情调。

文学家之造成情调，是要归功于他之控驭文字的能力的，那就又不能不让人想到司马迁之运用语汇的从容，以及遣词造句之创造的气魄了。

就抒情方面说，司马迁也许是一个最主观的诗人，但就造型艺术说，司马迁却能尽量地维持他对于艺术的忠实，于是中国便有了无比的史诗性的纪程碑——《史记》——了。

二 《史记》与中国后来的小说戏剧

以司马迁的史诗之笔，他可以写小说。事实上他的许多好的传记也等于好的小说。自来在对司马迁以古文大师视之之外，也就有一种把《史记》当作小说的看法。不过这看法并不早，大概始于明，大盛于清，又为近代人所强调。这种看法原不错，司马迁原可以称为一个伟大的小说家呢。

假若照我的看法，中国小说史可以分为五个时代，一是小说之名未确立，大家认为小说是琐碎杂说的时代，这时代包括先秦到汉。二是志怪时代，那就是汉魏六朝。三是传奇时代，从隋唐到宋。四是演义时代，从宋到明清。五是受欧洲小说影响时代，那就是现代。现代没有完，我们不敢也不能有总括的说明。其他四个时代却都有一种演化的共同点，那就是大都是由神怪而到人情。例如第二个时代中是以《神异记》、《十洲记》那样的书开始，而最高峰却是《世说新语》。第三个时代是以《白猿传》、《古镜记》那样的神怪开始，而最高峰却是《莺莺传》那样的人情小说。第四个时代亦然，最高峰便是《红楼梦》一类写实的人情小说。而在第一时代中，假如以《庄子》那样的神怪寓言作为开端，而司马迁的《史记》便恰又代表一个最高峰，乃是中国小说史上第一期中的写实的人情小说了。

同时司马迁也确乎是生在中国小说史上有意义的时代的，因为那同时便有一个大小说家虞初，说不定他们见过面，虞初的有些材料是得之于他的！

这是就司马迁的《史记》本身说是如此，倘若就以后的影响说，不但《东周列国志》、《西汉演义》等颇有自司马迁的《史记》中采取了的材料，就是司马迁写的司马相如、卓文君的故事，便也很像给后来的恋爱小说作了先驱，而朱家、郭解的故事也直然是《水浒传》一类小说的前身。《聊斋志异》中的"异史氏曰"，那更是仿效《史记》中的"太史公曰"了。过去的小说家，在意识上或不意识上，受司马迁之赐，恐怕是不可计量的。

同时因为司马迁的《史记》富有那么些传奇的材料之故，也成了后来戏曲家的宝库，试看《元曲选》中的：

郑廷玉《楚昭王》	纪君祥《赵氏孤儿》
高文秀《谇范叔》	无名氏《赚蒯通》
李寿卿《伍员吹箫》	无名氏《冻苏秦》
尚仲贤《气英布》	无名氏《马陵道》

《元椠古今杂剧三十种》中又有：

郑光祖《周公摄政》	狄君厚《晋文公火烧介子推》
金仁杰《萧何追韩信》	

《脉望馆钞本元曲》中另有：

李文蔚《圯桥进履》	杨梓《豫让吞炭》
郑光祖《伊尹耕莘》	丹丘先生《卓文君私奔相如》
高文秀《渑池会》（《录鬼簿》、《正音谱》作《廉颇负荆》）	

　　这是现存的一百三十二种元剧中之十六种采取自《史记》故事的剧本。还有逸套见于《雍熙乐府》中者二种：

赵明道《范蠡归湖》	王仲文《汉张良辞朝归山》

而京剧中之：

《渭水河》	《武昭关》
《八义图》（或称《搜孤救孤》）	《文昭关》
《战樊城》	《浣纱计》
《长亭会》	《鱼肠剑》
《渑池会》（或称《完璧归赵》）	《未央宫》
《五雷神》（或称《孙庞斗智》）	《喜封侯》（或称《蒯彻装疯》）
《黄金台》	《盗宗卷》（或称《兴汉图》）
《宇宙锋》	《监酒令》

《博浪椎》　　　　　　　《文君当垆》
《霸王别姬》

也统统是由《史记》中的故事而变为剧本的,正如唐人的传奇之作为元明剧作家的材料来源一样,也正如中世纪的传说之为莎士比亚所取资一样。司马迁的《史记》是成了宋明清的剧作家的探宝之地了。

我们说过司马迁不惟影响了后来的小说,他本人就也是一个小说家;这话同样可以说他和戏剧的关系。在某种意义上说,他也是一个出色的剧作家,这是就他之善于写紧张的局面(如楚汉大战,荆轲刺秦王,灌夫闹酒等),以及善于写对话而可见的。

因此,司马迁不惟在传统的文艺上有他的地位,就是以现代的文艺类属去衡量时,也同样有他在文学史上不可动摇的比重了。

三　司马迁之文学批评

司马迁是一个创作家,但是,同时也是一个批评家——中国的文学批评本来常和历史家成为不解缘。司马迁在这一方面的贡献,我们可由理论与实践两方面去看。

先说他的理论,这又可分为五项:

一、文艺创作之心理学的根据　人为什么要创作?历来学者的答复是并不一致的。有的以为有利于“世道人心”;有的以为是一种经济行为;有的以为是为求偶;又有的以为是替统治阶级说话,以拥护其利益;更有的则以为有如清泉松风,无非是一种天籁而已。

这些答案都可以说明一部分的作品,或作品的一部分,但不能解释所有作品,或整个作品,因为他们全然忽略了文艺创作家个人的心理的缘故。创作本是人类心灵至高的活动,在心理方面岂可以无因?所以现代的心理学界,有以压抑说和补偿说来解释文艺的创作的了,但我们在两千多年前,却也早已有了一个同调,这就是司马迁的"发愤著书说":

> 昔西伯拘羑里,演《周易》;孔子厄陈蔡,作《春秋》;屈原放逐,著《离骚》;左丘失明,厥有《国语》;孙子膑脚,而论兵法;不韦迁蜀,世传《吕览》;韩非囚秦,《说难》、《孤愤》;《诗》三百篇,大抵圣贤发愤之所为作也。此人皆意有所郁结,不得通其道也,故述往事,思来者。
>
> ——《太史公自序》

> 古者富贵而名磨灭,不可胜记,唯倜傥非常之人称焉。盖文王拘而演《周易》;仲尼厄而作《春秋》;屈原放逐,乃赋《离骚》;左丘失明,厥有《国语》;孙子膑脚,兵法修列;不韦迁蜀,世传《吕览》;韩非囚秦,《说难》、《孤愤》;《诗》三百篇,大抵圣贤发愤之所为作也。此人皆意有所郁结,不得通其道,故述往事,思来者。乃如左丘无目,孙子断足,终不可用,退论书策以舒其愤,思垂空文以自见。
>
> ——《报任少卿书》

> 孔子明王道,干七十余君莫能用;故西观周室,论史记旧闻,兴于鲁而次《春秋》。
>
> ——《十二诸侯年表序》

> 虞卿料事揣情,为赵画策,何其工也!及不忍魏齐,卒困于大梁,庸夫且知其不可,况贤人乎?然虞卿非穷愁,亦不能

著书以自见于后世云。

——《平原君虞卿列传》

这也可说是司马迁自己的体会和自白。我们不要忘了他是一个创作家，他之体会到创作的冲动之来源时，与其谓为由往例归纳而得，毋宁说也是由自己的实际体验扩充而出，却又悟到前人也是如此而已。你看他在"故述往事，思来者"之后紧接着说："于是自述陶唐以来，至获麟止，自黄帝始。"在"左丘无目，孙子断足，终不可用，退而论书策以舒其愤，思垂空文以自见"之后，紧接着说："仆窃不逊，自托于无能之辞。"可知他完全是以一个创作家而作的一种创作过程的自白，说到前人处却只是印证而已。

因为它是一个创作家的创作过程之自白，所以更值得我们重视，也更增加了我们的信赖，并更显得其中确有几分真理。按照变态心理学家佛洛乙特（Freud）说：创作是人类受了压抑的欲望，在一种象征世界里的满足，所以创作与梦同功。厨川白村之《苦闷的象征》即根据于此。不过佛洛乙特在人类压抑的欲望中特别强调"性的要求"，未免把人类的生活看得太狭——至少把一般的伟大的文艺作品之创作的动机看得太狭了。后来阿德勒（Adler）又创了一种补偿说，以为人类在某一方面有着缺陷，便会发生"落伍情意综"（Inferiority Complex），于是常在另一方面要求胜过他人，以为补偿。例如他说许多写实的小说家都是因为眼睛近视，看不清楚，由于这方面不如人，遂发生"落伍情意综"，结果遂在想象方面特别用力，思有以胜过他人，于是那描写入微的栩栩欲生的作品便产生了。司马迁的学说和他们有些相近，但佛洛乙特、阿德勒都是心理学家，厨川白村只是文艺理论家，远不如司马迁以一个创作家而"现身说法"来得更真切，更可靠，更中肯。

　　我们试加以比较。照司马迁的意思，创作的动机无疑也是一种补偿。他所谓"意有所郁结"恰可相当于"情意综"。既然说"有所郁结"，又说"不得通其道"，可知是有被压抑的成分了，这一点和佛洛乙特的看法相同；但被压抑的却并不一定是性的要求，则和佛洛乙特相异。而且司马迁认为文艺者并不是这种被压抑的欲望之象征的满足，却是在另一方面求一种补偿，此则更和佛洛乙特有距离而接近于阿德勒。然而阿德勒的说法却又嫌过分重视落伍情意综，所给的说明也未免琐碎鄙近，难道一个大写实主义的作家如莫泊桑的创作也只是因为眼睛的近视么？至于司马迁的解释，却是多方面的：或事业失败，如孔子；或精神郁闷，如虞卿；或遭遇不平，如屈原、韩非；或肢体受难，如孙膑、左丘。司马迁的看法是广阔得多，注意之点也大得多了。

　　然而司马迁的意思尚不止此。他觉得另有两点也很重要：一是文学家对于自己的才华总有一种自觉，而不愿意随便埋没，这就是所谓："所以隐忍苟活，幽于粪土之中而不辞者，恨私心有所不尽，鄙陋没世而文采不表于后世也。"（《报任少卿书》）貌美的人不会躲在家里，口才好的人不会学缄默，天才总是自知的，也没有不爱表现的。虚伪谦卑的人决不会有伟大的作品。二是创作由于寂寞。人类最难为怀的时候，无过于"前不见古人，后不见来者，念天地之悠悠，独怆然而涕下"的时候了。到了这个时候，就不得不写一写荆轲如何刺秦王，杨志如何卖刀，或者林冲如何雪夜上梁山了（鲁迅躲在会馆里抄古碑的时候才写《呐喊》）！"述往事，思来者"，正就是这种心情。

　　补偿，寂寞，表现才华，这都是文艺创作之心理学的根据。创作由于受了压抑后的补偿，由于寂寞，由于表现才华，这观点是由人类之非理性成分出发的,所以就是单以司马迁的文艺理论看,司马迁也是浪漫的。

二、文艺创作之有用与无用　文艺创作是无用的,然而这种无用正是大用。此种无用为大用的道理,《老》、《庄》、《易传》里都有所推阐;但具体引用到文艺上,则自司马迁始。他一则说:"思垂空文以自见";再则说:"自托于无能之辞。"无能者就是无"奇策才力"之能,无"招贤进能"之能,无"攻城野战"之能,无"取尊官厚禄"之能。就浅近之功利的观点看,文学家诚然无能,文学家的文章也诚然无用,然而"古者富贵而名磨灭,不可胜记,唯俶傥非常之人称焉",到底是哪一类人更有永久性呢?所谓"究天人之际,通古今之变,成一家之言",到底是不是真无能呢?艺术的天才高于一切,艺术品的征服,所向无敌。以汉武帝与司马迁比,司马迁在我们心目中的地位决不会不及汉武帝,从这里看也就可看出在一方面无用而在另一方面却是大用的道理了。文学家常常卑视自己的成就,但却也常常对自己的才能与事业有着自负。这是因为文学家一方面既意识着他的大用,但也悲哀着另一方面的无用。可见他不必悲哀,他的大用正是无用的补偿!他倒应该感谢他的挫折、愤懑和郁结!

三、创作原理　创作有两种原理:一是当人类看见世界上许多具体的事物时,每想从中得到一些抽象的道理,这种道理不只在科学书与哲学书中有,就是文艺书中也有。例如"交情老更亲",就几乎像一个普遍的原则,像这种原则的获得,可称之为创作上的抽象律。一是当人类空有一些观念或情绪时,却又每喜欢把它推之于具体的事物上,例如先有"四海之内皆兄弟也"的情感,而去写出具体的一百单八个好汉的故事便是。这可称之为具体律。抽象律是给许多肉体以灵魂，具体律是给一个灵魂以许多肉体。司马迁在《司马相如列传》的赞里说："《春秋》推见至隐，《易》本隐以之显。"①"推见至隐"就是抽象律，"本隐以之显"就是具体律。

四、艺术之节制作用　艺术是人类情感的宣泄，其作用是节制而非激动，所以说："凡作乐者，所以节乐"；(《乐书》)②《正义》对这话的解释是："不乐至荒淫也。"正说对了。

五、幽默解　幽默(Humour)是人生和文艺里很重要的一个成分，在西洋的美学家或批评家都有很多学说去讨论它。在中国有与之略略相当的一个名词，就是所谓"滑稽"。滑稽和幽默当然有距离，这距离越到后来越大，但在司马迁所解释下的滑稽则与幽默的真解不相远。他曾说："不流世俗，不争势利，上下无所凝滞，人莫之害。"(《太史公自序》)又说："谈言微中，亦可以解纷。"(《滑稽列传》)凝滞和纠缠的确是幽默的反对物，凡是"化不开"的人物不会懂得幽默。功利观点也是凝滞和纠缠的一种，所以懂得幽默的人或者在某一刹那而处在幽默空气中的人，他一定持有一种超功利的态度。所谓"不流世俗，不争势利"，正是指此。幽默不伤害人的。否则变成冷讽；因此人类对于幽默的反应也是没有恶意的，所谓"人莫之害"是。幽默包括智慧和超脱，而且还有一点悲悯和温暖；它是会心的微笑，但其中含有泪。我们可以这样说：高等的滑稽就进而入于幽默，低级的幽默却不免流于滑稽。太史公

---

① 《司马相如传》的赞，因为其中有扬雄的"靡靡之赋，劝百讽一"两句话，王若虚《辨惑》说是"后人以《汉书》赞益之"。现在看《汉书》赞，的确和《史记》赞文字差不多，不过开首有"司马迁称"字样。我们现在实在辨不清到底史公的原文是保留多少了，但无论如何，我所引用的二句紧接"司马迁称"四字之下，必是史公原文无疑。

② 《乐书》多取《乐记》，但我所取的这一段在篇首，仍是司马氏文字。

在七十篇列传之中,居然给滑稽留出了一个独立的节目,可知他对此道之重视。他的《滑稽列传赞》也非常幽默:"淳于髡仰天大笑,齐威王横行(指连赵事);优孟摇头而歌,负薪者以封;优旃临槛疾呼,陛楯得以半更;岂不亦伟哉!"

以上是司马迁在批评上的理论。

我们现在再说司马迁在批评上的实践。司马迁是富有天才、识力和同情的大批评家,他具备着所有伟大批评家所应当有的条件。虽然他不曾写什么条分理析的批评论文,但他用叙述的方法把他那深刻而中肯的了解织入他的创作中。他像近代欧洲文艺传记家一样,描写就是批评。因为他观察深入和清楚,能够见到一个人的底蕴(包括好和坏),而出之以赞美或憎恶的浓烈情感;且即使是憎恶,却又不失其对书中人物的同情,所以他的书富有无限的魔力,我们可以说,他的书是时时在创造着,也时时在批评着。所以我们假如要在其中找出几段纯粹的批评文字是不可能的。下面也不过是一点"样本"而已。

一、对于孔子之礼赞　批评孔子,是一大难题,因为孔子的地位太重要,方面也太多,价值更是太大。如何称誉才能不失分寸?这应该是使太史公棘手的事。然而他却轻松地写出来了:

> 《诗》有之:"高山仰止,景行行止。"虽不能至,然心乡往之。余读孔氏书,想见其为人,适鲁,观仲尼庙堂、车服、礼器,诸生以时习礼其家,余祇回留之,不能去云。天下君王至于贤人众矣,当时则荣,没则已焉。孔子布衣传十余世,⋯⋯自天子王侯,中国言六艺者,折中于夫子,可谓至圣矣!
>
> ——《孔子世家赞》

他清楚地指出孔子的整个价值在对于六艺的贡献，尤其是礼。言简意赅，这是何等的识力！所以他时时以六艺和孔子并称，例如："秦缪公立三十九年而卒，其后百有余年，而孔子论述六艺。"（《封禅书》）"周室既衰，诸侯恣行，仲尼悼礼废乐崩，追修经术，以达王道，匡乱世，反之于正，见其文辞，为天下制仪法，垂六艺之统纪于后世。"（《太史公自序》）都是。

六艺中，司马迁尤其着重孔子与礼的关系。《孔子世家》可说就是以礼为线索的，从"孔子为儿嬉戏，常陈俎豆，设礼容"，到"适周问礼"，到"君君、臣臣、父父、子子"，到"臣无藏甲，大夫无百雉之城"，到"与弟子习礼大树下"，到"追迹三代之礼"，到"书传礼记自孔氏"，直到"诸儒亦讲礼——乡饮，大射——于孔子冢"，在太史公心目中，孔子一生是与礼结不解之缘的。孔子的伦理思想原是由群到个人的，个人与群如何相安？孔子的解答也就是"礼"——礼是就群的立场而给予个人的一种合理的制裁。太史公是真能了解孔子的。

同时太史公也很了解礼，所以他能够知道一生汲汲于礼的孔子的重要；但一般人常不愿受礼的约束，于是孔子就不免成为一个寂寞的失败者了。他说：

> 洋洋美德乎！宰制万物，役使群众，岂人力也哉！余至大行礼官，观三代损益，乃知缘人情而制礼，依人性而作仪，其所由来尚矣。……所以防其淫侈，救其凋敝，是以君臣、朝廷、尊卑、贵贱之序，下及黎庶、车舆、衣服、宫室、饮食、嫁娶、丧祭之分，事有宜适，物有节文。……周衰，礼废乐坏，……循法守正者见侮于世，奢溢僭差者谓之显荣。自子夏，门人之高弟也，犹云"出见纷华盛丽而说，入闻夫子之道而乐，二者心战，未

能自决"，而况中庸以下，渐渍于失教，被服于成俗乎？孔子曰："必也正名"，于卫，所居不合，仲尼没后，受业之徒，沈湮而不举，或适齐楚，或入河海，岂不痛哉！

——《礼书》①

孔子是极其热心实现理想的人，但也是不轻易和现实妥协的人。例如太史公写道：

> 定公九年，阳虎不胜，奔于齐，是时孔子年五十。公山不狃以费畔季氏，使人召孔子。孔子循道弥久，温温无所试，莫能己用，曰："盖周文武起丰镐而王，今费虽小，傥庶几乎？"欲往，子路不说，止孔子，孔子曰："夫召我者，岂徒哉？如用我，其为东周乎？"然亦卒不行。

《索隐》上说：周文武起丰镐而王，"检《家语》及孔氏之书，并无此言，故桓谭亦以为诬。"其实太史公所写的是艺术的真，是一种心灵的记录，原不必拘拘于出处。"温温无所试"，是孔子的热心和寂寞；"然亦卒不行"，就是孔子的不苟。又如《史记》写孔子（六十八岁了！）归鲁的一段：

> 冉求将行（先是，在孔子六十岁时，康子召冉求），孔子曰："鲁人召求，非小用之，将大用之也。"是日孔子曰："归乎，归乎，吾党之小子狂简，斐然成章，吾不知所以裁之！"子贡知孔子思归，送冉求，因诫曰："即用，以孔子为招"云。

把孔子的渴望返鲁，与其对于自己手底下人才的满意，先作一番烘托，于是写孔子一直过了八年，果然可以返鲁时的情形：

---

① 《礼书》多取《荀子》，但我所取的这一段在篇首，仍是司马氏文字。

会季康子逐公华、公宾、公林，以币迎孔子，孔子归鲁……凡十四岁而反乎鲁。鲁哀公问政，对曰："政在选臣。"季康子问政，曰："举直错诸枉，则枉者直。"康子患盗，孔子曰："苟子之不欲，虽赏之不窃。"

眼看孔子实现政治理想的机会要到了，可是下面紧接着说："然鲁终不能用孔子，孔子亦不求仕"，终于把一个倔强而自重的老人之命运和骨格和盘托出！孔子是失败了，但孔子的失败是伟大而富有悲剧感的失败。《孔子世家》便是要传达这种悲剧于永久的。司马迁在比较驺衍和孔子的遭遇时曾说：

王公大人初见其术，惧然顾化，其后不能行之。是以驺子重于齐。适梁，梁惠王郊迎，执宾主之礼。适赵，平原君侧行襒席。如燕，昭王拥彗先驱，请列弟子之座而受业，筑碣石宫，身亲往师之，作《主运》。其游诸侯，见尊礼如此，岂与仲尼菜色陈蔡，孟轲困于齐梁同乎哉？故武王以仁义伐纣而王，伯夷饿不食周粟；卫灵公问陈而孔子不答；梁惠王谋欲攻赵，孟轲称太王去邠：此岂有意阿世俗苟合而已哉！持方枘欲内圜凿，其能入乎？

——《孟子荀卿列传》

不阿世苟合以实现其主张，这就是孔子（孟子亦然）人格的硬朗处。荀子只讲究"固宠无患，崇美讳败"（夏曾佑《中国古代史》，页三三八，《大学丛书》本），品格就较差了。司马迁对于荀子并无什么赞语，可见司马迁是有眼力的。

孔子的事业在礼，礼是"群"对于"个人"所加的正当的制裁，已如上述，所以如果礼行，孔子的理想政治便可实现了。孔子为说明他的理想政治起见，于是作《春秋》。《春秋》不仅记"已然"，且标明"当然"，而其根据就是"礼"。司马迁很懂得这个道理，所以说"《春秋》者，礼义之大宗"。司马迁甚至以为《春秋》一书等于一种政变和革命，所以有"桀纣失其道而汤武作，周失其道而《春秋》作，秦失其政而陈涉发迹，诸侯作难"（《自序》）的话。因此孔子不惟是一个帝王、教主了，而且是一个革命领袖。《史记》就是想继承《春秋》的，这也可见出司马迁自负之重来；至于他对于《春秋》之了解，则多半近于公羊家言。

二、对于老庄申韩之批评　司马迁所处的时代，正是"世之学老子者则绌儒学，儒学亦绌老子"的时代，却难得司马迁给孔子写了那样向往的传记以后，却又分出篇幅来写了老庄申韩。他说老子是："无为自化，清静自正。"说庄子是："其言洸洋自恣以适己，故自王公大人不能器之。"说申子是："本于黄老而主刑名。"说韩非是："喜刑名法术之学，而其归本于黄老。"他又加以总评道：

> 老子所贵道，虚无因应，变化于无为，故著书辞，称微妙难识。庄子散道德放论，要亦归之自然。申子卑卑，施之于名实；韩子引绳墨，切事情，明是非，其极惨礉少恩，皆原于道德之意。而老子深远矣！

在那一个混乱的思想斗争中，司马迁独能超出儒道之上，作如此精确而公允的批评；两千载之下独感到他的目光如炬，令人震慑，诚不愧为一伟大的批评家！

他说韩非"引绳墨，切事情，明是非，其极惨礉少恩"，是颇有微词的；但他并不因此减却对韩非的同情。他一则说："韩非知说之难，为《说难》书甚具，终死于秦，不能自脱"；二则说："余独悲韩子为《说难》，而不能自脱耳！"有人以为批评家不能带情感，怕影响他的识力，其实不然，情感与识力原可并存不悖，大批评家且必须兼具此二者，吾于司马迁见之。

三、对屈原之了解　司马迁所写的传记有时不是纯粹的记叙，而是论文或随笔。就像培忒（Walter Pater）的名著《文艺复兴》一样，论到达文西和温克耳曼，到底是论文？还是传记？实在没法说清。《史记》中尤其表现了这种体裁的是《屈原贾生列传》。这是理想的批评文章，也是完整的文艺创作。

他为了要描写一个正直忠贞的人的真面貌，于是先写下周围那群小人的姿态以作衬托：

> 屈原……入则与王图议国事，以出号令，出则接遇宾客，应对诸侯，王甚任之。上官大夫与之同列争宠，而心害其能。怀王使屈原造为宪令，屈平属草稿未定，上官大夫见而欲夺之，屈平不与，因谗之曰："王使屈平为令，众莫不知，每一令出，平伐其功，曰：'以为非我莫能为也。'"王怒而疏屈平。……秦割汉中地与楚以和，楚王曰："不愿得地，愿得张仪而甘心焉。"张仪闻，乃曰："以一仪而当汉中地，臣请往如楚。"如楚，又因厚币用事者臣靳尚，而设诡辩于怀王之宠姬郑袖，怀王竟听郑袖，复释去张仪。……时秦昭王与楚婚，欲与怀王会，怀王欲行，屈平曰："秦虎狼之国，不可信，不如毋行。"怀王稚子子兰劝王行："奈何绝秦欢？"怀王卒行，……竟死于秦而归葬。

结果正直忠贞的人失败，只好去作他的《离骚》了。在这里又用得着司马迁那发愤著书说了。所以说："忧愁幽思而作《离骚》，

《离骚》者犹离忧也。"又说:"信而见疑,忠而被谤,能无怨乎? 屈平之作《离骚》,盖自怨生也。"

屈原的真价值到底何在? 有的人以为他是忠君爱国,又有的人以为他不过做一姓的奴才,殊不知屈原的真价值却在"与愚妄战"! 他明知自己的力量不大;但他以正义和光明来与一切不可计量的恶势力战斗,他虽然是孤军,但"终刚强兮不可陵"。司马迁了解这一点,所以不侧重屈原之忠君爱国,而侧重"疾王听之不聪也,谗谄之蔽明也,邪曲之害公也,方正之不容也,故忧愁幽思而作《离骚》"。邪曲害公,方正不容,就是中国整个社会上下五千年的总罪状,屈原的价值乃是在对这种社会做战士,后人只能见其小,司马迁独能见其大。

在太理智的人看来,也许觉得《离骚》,词句太重复杂沓,甚而不合逻辑(逻辑伤害了多少生命和创造力!),《天问》更凌乱,简直有不知所云之感。可是司马迁却认为这是可珍的文艺创作,是痛苦至极的呼号,所以他从人性的深处去了解屈原为什么问天:

> 夫天者人之始也,父母者人之本也;……故劳苦倦极,未尝不呼天也,疾痛惨怛,未尝不呼父母也。屈平正道直行,竭忠尽智,以事其君,谗人间之,可谓穷矣。

"人穷则反本",这是何等深刻的体会! 和那"意有所郁结,不得通其道,故述往事,思来者",同让人吟味无穷。他在这里提到"正道直行",这正是屈原碰壁的根本原因,却也是屈原人格的永不可磨灭处! 一个社会而不容一个正道直行的人存在,这是这个社会最大的耻辱!

司马迁更从屈原的人格而谈到了他的风格,他说:"其文约,其辞微,其志洁,其行廉;其称文小,而其指极大,举类迩,而见义远。其志洁,故其称物芳,其行廉,故死而不容自疏,濯淖污泥之中,蝉蜕于浊秽,以浮游尘埃之外,不获世之滋垢,皭然泥而不滓者也。推此志也,虽与日月争光可也。"①屈原的人格固高,文字固美,而司马迁的评传也真够艺术,他是那样说到人的心里,让人读了感到熨帖。

最后,司马迁之写屈原,始终为深挚而沉痛的同情所浸润着,他说:"余读《离骚》、《天问》、《招魂》、《哀郢》,悲其志,适长沙,观屈原所自沉渊,未尝不垂涕,想见其为人。及见贾生吊之,又怪屈原以彼其才,游诸侯,何国不容,而自令若是?读《鵩鸟赋》,同生死,轻去就,又爽然自失矣!"粗看起来,好像司马迁没有坚持的主

---

① 因为班固的《离骚序》上有:"昔在孝武,博览古文,淮南王安叙《离骚传》,以'《国风》好色而不淫,《小雅》怨诽而不乱,若《离骚》者可谓兼之。蝉蜕浊秽之中,浮游尘埃,皭然泥而不滓,推此志与日月争光可也。'此论似过其实"的话,后人遂以为司马迁《屈贾列传》系采淮南王安文,我以为未必可靠。淮南王安作《离骚传》的话,只见于《汉书》卷四十四《淮南衡山济北王列传》,而不见于《史记》卷一百十八《淮南衡山列传》。就班固所引者而言,这《离骚传》的确作得不坏,司马迁不该在《淮南传》里抹煞不提,况且他果已引用,更不会对此事推作不知,此其一。我们再看淮南王安的行事,只是一个庸才,就是所传的《淮南内篇》也多半是"集体创作",他本人能否作出这样好的文章,诚为疑问,此其二。况且高诱(建安时人)的《淮南子叙目》上乃是说:"诏使为《离骚赋》",并不是传,王念孙《读书杂志》"汉书·离骚传"条说"传"应该是"傅"字。"傅"与"赋"古字通,颇可信。即《文心雕龙》虽然在《离骚篇》上说淮南作,而《神思篇》就又说"淮南崇朝而赋《骚》"了。可知刘勰已不能肯定,淮南作《离骚赋》比较可能,因为他作过那种《招隐士》一类的"楚辞"。我疑惑《屈原贾生列传》根本并无袭取淮南王安之处,反之,有人袭取《史记》而托之淮南,为班固误信,倒是可能的。班固的取材本不严格,不然,何以《古今人表》上有许多荒诞不经的人物?此其三。退一步言,司马迁就是采取淮南《离骚传》,也不过《汉书》所引的几句而已,而且即这几句,为史公使用时也业已铸入史公的风格,是史公的创作而与淮南无涉了,此其四。总之,我们有理由说,《屈原贾生列传》的著作权应该归给司马迁。

张或见地一样，一会儿垂涕，一会儿又怪屈原，一会儿又爽然自失了。其实不然，这不过是表示他在丰盛的情感之下，感受力特别强些而已。批评家须有跃入作者精神世界里的本领，以作者之忧喜为忧喜，这一点，司马迁正是做到了。

司马迁既深切地了解孔子而加以礼赞过，现在又深切地了解屈原而加以礼赞着，孔子和屈原乃是中国古典主义和浪漫主义的两个极峰，他们可以不朽，司马迁也可以不朽了。但司马迁的根性自是浪漫的，所以他对孔子有欣羡而不可企及之感；对于屈原，他们的精神交流却更直接些。至于宋玉、唐勒、景差之徒，因为"终莫敢直谏"，缺少屈原之"正道直行"的精神，这是司马迁所不重视的。就是司马相如也不过是一个长于堆杂的辞匠，司马迁虽为之立传，但什么向往礼赞的话也没有（只是他说明《子虚赋》是借三人为词，以推苑囿之大，而归于节俭以讽，却颇能举出赋体的文章之典型的结构所在），我们更不能不佩服他的卓识和分寸了。

四　司马迁之讽刺

曾有人写过《骂人的艺术》这样的书，但我认为在中国文人中最精于骂人的艺术的，恐怕没有超过司马迁的了。从前有人称司马迁的《史记》为谤书，章学诚很不以为然，说这是"读者之心自不平耳"，然而照我们看，《史记》却实在是不折不扣的谤书，它尽了讽刺的能事，也达到了讽刺技术的峰巅。

他讽刺什么，以及如何讽刺，经过了清代学者的研究，已经渐渐有了确切的结论。大概中国读书人的理解力自明末清初便有了飞跃的进步，以后也更有着继续的发挥。倘若单以考据推许这个时代，那就只见其一面而已。

我们现在先说司马迁的讽刺目标吧。广泛地说，他所讽刺的就是他所处的朝代——汉。详细说，他所讽刺的是汉代之得天下未免太容易，有些不配；是汉初的人物——自帝王以至将相——之无识与不纯正；是汉朝一线相承的刻薄惨酷的家法；是武帝之愚蠢可笑，贪狠妄为。总之，他要在他的笔下，而把汉代形容得一文不值。

司马迁在《秦楚之际月表》中说："五年之间，号令三嬗，自生民以来，未始有受命若斯之亟也"，下面即历叙虞夏之兴，积善累功数十年，汤武之王，修仁行义十余世，就是秦之统一，也百有余载，结论是："以德若彼，用力如此，盖一统若斯之难也。"言外是汉凭什么，既无德，又没费力，却这样容易得天下！他讥讽地说："此乃传之大圣乎？""非大圣孰能当此受命而帝者乎？"假若只看这两句，也许以为他是真的在颂扬了，然而这两句之间，却插入"岂非天哉，岂非天哉"的重复慨叹，就知道他确乎是以赞作讽了！

整个的汉代之来历，在司马迁眼光中是如此。而刘邦之为人，司马迁尤其挖苦得利害。在《项羽本纪》中，项羽要烹他的父亲了，他说："吾翁即若翁，必欲烹而翁，则幸分我一杯羹"；在《高祖本纪》中，他曾给太上皇拜寿，说："始大人常以臣无赖，不能治产业，不如仲力，今某之业，所就孰与仲多？"在《萧相国世家》中，特别给萧何的封地多，那是因为"帝尝繇咸阳，时何送我独赢奉钱二也"；第一例见他之不孝，第二例见他之无赖，第三例见他之小气。而萧何的功绩虽然那样大，但如果不以家财佐军，不强买民田，以表示不能顺从民欲，则刘邦对他的猜忌是一点也不会放松的。就是对于韩信，韩信每打一次胜仗，他便"使人收其精兵"（《淮阴侯列传》），这同样见刘邦之忌刻。至于真正打仗的本领，那更没有。他有许多神异的事，仿佛是真命天子了，可是司马迁早借萧何之口说出："刘季固多大言"，那么一切神异也就多半是刘邦自造，化为乌有了。

和刘邦作对比的是项羽。项羽有真本领，有真性情，有真气概，在司马迁的笔下，项羽才是一个真正英雄，刘邦却是一个流氓而已。

不惟刘邦本人如此，就是他的周围，除了张良、陈平常设诡计之外，大半都是一些不学无术的老粗。司马迁在《樊郦滕灌列传》的赞中说："吾适丰沛，问其遗老，观故萧、曹、樊哙、滕公之家，及其素行，异哉所闻！方其鼓刀屠狗卖缯之时，岂自知附骥之尾，垂名汉庭，德流子孙哉？"《萧相国世家》中也说："萧相国何，于秦时为刀笔吏，碌碌未有奇节"，《曹相国世家》中说："曹相国参，攻城野战之功，所以能多若此者，以与淮阴侯俱"，《绛侯周勃世家》中说："绛侯周勃，始为布衣时，鄙朴人也，才能不过中庸"，意思是说他们统统是夤缘时会，因人成事而已。

这样的一个低能集团，那有才能的人处于其中，就未免太委屈了。韩信就是这样一个可惜的人才。司马迁在《淮阴侯列传》中说："而天下已集，乃谋叛逆，夷灭宗族，不亦宜乎？"他并非责备韩信之不当叛逆，却只责备他发动得有些迟了而已！这意思多么明显！

司马迁在讽刺整个汉代以及汉初人物之外，时常揭发汉家一线相承的刻薄。高祖的猜忌，已见于《萧何传》和《韩信传》不必说。文景二帝似乎是忠厚正经的人，其实不然，在适当的时候，司马迁就不惜揭穿那真相了。例如《张释之传》中，文帝为一人惊了自己的马，就要致之死地，亏得释之据法力争，才处了罚金。可见这位废除肉刑的文帝，也是一个伪君子而已。又如《佞幸列传》中，文帝为爱一个宦者邓通，便许他铸钱成为富翁，文帝的行为何尝不乖张荒淫？至于景帝的刻薄寡恩，只要看《张释之传》中，因为释之曾在景帝为太子时弹劾过他不下司马门，到即位后，虽口头上说不忌恨此过，但只有一年多，便把张释之调为淮南王相了。司马迁在记"景帝不过也"之后，便拆穿了说："犹尚以前过也。"又如《周亚夫传》中，因为周亚夫不许给王信封侯，景帝虽默然而止，但后来便故意请他吃饭不放筷子，给他难堪，到逼他死后，"景帝乃封王信为盖侯"了。司马迁冷然写去，已把景帝的真面目揭露了。

可是在这种种之中，司马迁所要讽刺的最大的目标，却是汉武帝。在《封禅书》中辟头即说："自古受命帝王，曷尝不封禅？盖有无其应而用事者矣，未有睹符瑞见而不臻乎泰山者也。虽受命而功不至，至矣而德不洽，洽矣而日有不暇给，是以即事用希。"无其应而用事，功不至，德不洽，都是暗指武帝。封禅的本身，原已荒唐，但即退一步讲，却也有配有不配，司马迁是直然认为武帝不配的。他不好明讲，便借管仲阻齐桓公，仲尼不肯论封禅，作为武器，略事攻击。整个文章中，都是写武帝之愚蠢、幼稚与可笑的。

《封禅书》之外，司马迁便在《酷吏列传》中写汉代惨酷的家传，而尤重在武帝。其中屡有"天子闻之，以为能"之语，可见那酷吏之惨无人性，实在是武帝的授意和怂恿。那最大的酷吏如张汤、杜周也不过是"善伺候"，能窥探武帝的意旨，而去找出理由，又去执行而已。

武帝之刻薄寡恩，不止对一般的臣下为然，就是对于宗室贵族也毫无留情。司马迁一则在《汉兴以来诸侯年表》中说推恩（其实是削弱诸侯）的办法是"强本干，弱枝叶之势"，他说这样一来，就可以"尊卑明而万事各得其所矣"，其实他只是在打官腔，下面却说出了实话："令后世得览，形势虽强，要之以仁义为本。"意思是说如果不仁不义，手腕虽高，毕竟还是危险的了。二则在《高祖功臣侯年表》中说：原先受封的百有余人，到了太初，不过百年之间，只存在了五个人，其余都坐法亡国。司马迁在表面上把"子孙骄溢"放在首要的地位，而把"网亦少密焉"放在次要的地位。就是这样，他仍怕别人把"网密"看重了，下面紧接"然皆身无兢兢于当世之禁云"，目的在再冲淡一下。然而其实他却正是重在"网密"的。太冲淡了，也怕别人把他的真正意思误会，但他又不能明言，于是只好混统地说："居今之世，志古之道，所以自镜也，未必尽同。"意思是就是兢兢于当世之禁，也未必不犯法，因为"网密"的缘故！他的文字富有层次转折，于是让他的真意在若明若暗之间了。

武帝之好事，司马迁借汲黯之口直说出来，"陛下内多欲，而外施仁义。"而在《建元以来侯者年表》中则说自来都是喜欢外攘夷狄的，"况乃以中国一统，明天子在上，兼文武，席卷四海，内辑亿万之众，岂以晏然不为边境征伐哉？自是后，遂出师北讨强胡，南诛劲越，将卒以次封矣！"就是天下太平，也要动动刀枪呢，于是有了许多封侯了！

至于武帝之横征暴敛，让民生凋敝，是见之于《平准书》中。但他不明指汉，却骂秦；也不说当代，却说古代不然：

> 及至秦中，一国之币为三等，黄金以镒名，为上币；铜钱识曰半两，重如其文，为下币；而珠玉龟贝银锡之属，为器饰宝藏，不为币。然各随时，而轻重无常。于是外攘夷狄，内兴功

业,海内之士力耕不足粮食,女子纺织不足衣服。古者曷尝竭
天下之财,以奉其上,犹自以为不足也? 无异故云,事势之流,
相激使然,曷足怪焉!

武帝周围那些人物,他也很少瞧得起。公孙弘、张汤都是外宽
内深的官僚。在《张丞相列传》中更说:"及今上时,柏至侯许昌、
平棘侯薛泽、武强侯庄青翟、高陵侯赵周等为丞相,皆以列侯继嗣,
娖娖廉谨,为丞相备员而已,无所能发明,功名有著于当世者",则
武帝时之无人也就可知了。至于能为社稷臣的汲黯,以及已成为
名将的李广,却只有埋没抑郁以终而已。

武帝所用的人多半是恃裙带关系的亲幸之辈。田蚡、卫青、霍
去病、李广利都是。司马迁都对他们各加讥讽。其中卫青、霍去病
尤受宠爱,他们都以卫皇后为靠山。司马迁写卫皇后时便说:"生
微矣,盖其家号曰卫氏",提到霍去病时便说:"及卫皇后所谓姊卫
少儿,少儿生子霍去病",这都是说他们出身微贱,父女姊妹的关
系也在可考不可考之间的。笔端是十分鄙夷着。

雄才大略的汉武帝,到了司马迁的笔下,算是一无所长了;浪
漫精神是无限的,是不屈服于任何权威的,是没有任何奴隶的烙印
的,我们于司马迁之讽武帝见之。以上尚是明显的,可指的讽刺,
另外有些散布在各篇的夹缝里的,还有很多很多。

司马迁讽刺的目标既明,我们现在就要看看他的阵法。他的
阵法大概是这样的:一则用揭穿事实的方法,事实往往是最强有力
的讽刺。如他写景帝,只说周亚夫死后,乃以王信为盖侯,就够了。
二则用无言的讽刺,凡是他不赞成的事便不去写,如《循吏列传》
中不叙汉代,《张丞相列传》中不叙那些备员的人物的事迹,读者
自然可以晓得什么是在缺乏着了。三则用互见的方法,他决不把

高祖的流氓行径及小气忌刻写在《高祖本纪》里,却分散在《项羽本纪》、《萧相国世家》里。四则用反言的方法,他口头在赞扬,骨子里却是在讥讽。五则用轻重倒置的方法,偏把主旨放在次要。六则用指桑骂槐的方法,他不骂汉而骂秦,其实他对秦并不坏,《六国表》可见。七则用借刀杀人的方法,用孔子抵挡封禅,用汲黯直斥武帝。八则全然在语气里带出来,他用几个"矣"字,往往就把他的意思表达出来了。九则常用无理由为理由,如三世为将不祥,坑降不得封侯之类,那真正的理由却是统治者的忌刻。

总之,他的方法是逃避和隐藏,这样便瞒过了那时当局者的检查,也瞒过了后来太忠厚以及太粗心的读者了!

撇开司马迁的一切文学造诣不谈,即仅以讽刺论,他也应该坐第一把交椅!

五　总结

——抒情诗人的司马迁及其最后归宿

然而在说过一切之后,司马迁却仍是一个抒情诗人!

只是感情才是司马迁的本质。不错,他有识力,也有学力,但就他本身而论,这却并不是他的性格中之最可贵,最可爱的。

他虽然因为家庭教育之故,对于儒学有些倾慕,然而并没有掩遮他的道家的自然主义的根性。即以这道家的自然主义论,却也仍没有淹没了他那更根本的一点内心的宝藏,那便是他的浓挚、奔溢、冲决、对一切在同情着的感情。不错,他看事情很明锐而透达,可是感情却是他的见解的导引之力。不错,他讽刺的对象很多,然而就是他所讽刺的人物,在他笔下写来,也依然带有大量的可爱的成分。他的自然主义,如果不加上"浪漫的"三个字,便成了没有生命的概念,与他的本质毫不相干了。

他的事业,在他自己看来,也许另有不朽的地方,但我们认为最重要的一点,却是留下了最伟大的抒情篇什,虽然形式上却是历史。在他后代有许多知己,有无数的追踪的人物,但与他本身似乎没有什么太大的连系,除非那些知己和追踪的人物在感情上和他有着共鸣。"发愤以抒情",这是楚文化的精神,却也是西汉所承受了的伟大的精神遗产,而集中并充分发挥了的,只有司马迁。那是一个浪漫的世纪。司马迁就是那一个浪漫世纪的最伟大的雕像。

因为他是抒情诗人,所以他的作品常新,——情感本是常新的。因为他是抒情诗人,他的识力和哲学并没引导他走入真正理智的陷阱。他对于若干历史上的大小事件,似乎很有所理解,然而归到根底,他唱起命运感的调子来了!"余甚惑焉!傥所谓天道,是邪非邪?""孔子罕称命,盖难言之也!非通幽明之变,恶能识乎性命哉!"因为他有命运感,所以他有着深切的悲剧意识,他赞赏那些不顾命运的渺茫而依然奋斗,却又终于失败了的伟大人格。孔子是如此,屈原是如此,信陵是如此,荆轲、项羽也是如此!

司马迁能赤裸裸地接触一切人物的本质,又能烛照一切人生的底层,于是而以情感唱叹着,同情着,描绘着了。

他是热情到这样的地步,因为热情而造成了自己的悲剧。他所觉得不可知的命运最后却也和他自己开起玩笑来。他在极大的屈辱之中,而与世长辞了!确切的卒年,我们不晓得。但公元前九○年,也就是司马迁四十六岁以后的生活,已经渺茫溟漫了。

司马迁身后的情形如何,我们所知的,也一如他的卒年之那样模糊。他的家庭生活怎样，也从没有记载。有人说他有两个儿子，但那是根据华山道士的胡言，当然不可信。有人说他有一个侍妾隋清娱，可是这是褚遂良所见的一个女鬼，更觉荒唐。

唯一可靠的倒是司马迁有一个女儿，嫁给了杨敞。杨敞是一个老实人。杨敞的儿子杨恽却很有棱角，颇有外祖之风，连文格也十分相似（他之《报孙会宗书》直然是他的外祖《报任安书》的姊妹篇），他很爱读他外祖的《史记》，但他却因口祸被腰斩。司马迁的一生是一幕悲剧，连这和司马迁最有着精神上的连系的亲属却也以悲剧终！

三十五年五月二十九日写毕于南京
三十六年九月二日校讫全稿于北平

了解一种文化，价值在被了解者，也在了解者

——谈李长之的《司马迁之人格与风格》

于天池　李书

一

《司马迁之人格与风格》一书，是当今学界研究司马迁和《史记》的重要参考书，也被学界视为李长之先生传记批评的代表作。但是在长之先生的传记批评专著中，大概没有比《司马迁之人格与风格》在创作生活环境上更为恶劣的了：长之先生的《鲁迅批判》、《道教徒的诗人李白及其痛苦》创作于他在清华大学读书即将毕业之际，虽然生活清贫，但衣食无忧；他的《李白》、《陶渊明传论》创作于上个世纪的五十年代前期，生活更是安定了很多，可《司马迁之人格与风格》就不同了。《司马迁之人格与风格》创作始于1941年，正是中国抗战最为艰苦的时候。长之先生在父亲病逝后，身为长子，负担着全家的生活重担，在四川过着颠沛流离的生活，不遑宁处。在中央大学和编译馆工作期间，每当日机轰炸的时候，他要拉着甚或背着母亲躲进防空洞。他的生活极其艰难，弟弟知道他喜欢吃老玉米，一次，从街市特意买来老玉米让他尝新，

可为了省钱，他竟硬逼着弟弟退回去。长期的艰苦生活，使他得了肺结核。后来他结婚了，但是由于夫妻双方的性格都很刚烈，尚处于磨合期，龃龉时有发生，以至于长之先生说那段时间是他"健康上和心情上最恶劣的时候"。

但是，在长之先生的传记批评专著中，大概也没有比《司马迁之人格与风格》在创作的文化和思想条件上更为优越的了。尽管他在清华大学读书时写作的《鲁迅批判》《道教徒的诗人李白及其痛苦》才华横溢，学识相当深厚，但毕竟生活阅历有限，挥洒之时显得才气大于学识。而且，那时他的德文和德国文艺美学理论的学习刚刚踏入门槛，像他的《鲁迅批判》对于鲁迅的分析就明显能看到弗洛伊德的影响，《道教徒的诗人李白及其痛苦》对于李白人格精神的分析也依稀能感觉到尼采"超人"理论的痕迹。二十世纪五十年代初期写《李白》《陶渊明传论》时，生活倒是安定了，但是在批评的自由度和思想方法的运用上似乎受到了较大的挤压，他自觉不自觉地抛却了原所服膺也颇娴熟的美学利器，尝试拿起当时风靡的新的文艺理论工具。尽管长之先生肯于努力并有天分，在当时的批评家里，他对马列主义文艺批评工具的运用颇为出色，但有的地方仍显得生硬勉强。连续不断的政治斗争所造成的心理阴影更是使他在写作这些传记人物时力不从心。写作《司马迁之人格与风格》时则不然，在学术道路上，作为中央大学的讲师、副教授，长之先生通过讲授文艺理论、中国古代小说史、中国文学批评史等课程，对于中国文化有了更系统的把握。尤其此时，他与宗白华先生朝夕切磋，更是对于文艺美学理论、对于中国美学史的认识和研究有了系统的提高。在中国文化方面，他比较系统地研究了中国文化史的核心——孔孟之道，写有《从孔子到孟轲》、

《儒家的根本精神》、《孔子与屈原》、《韩愈》等论文；他研究古代的美学理论，发表了《古代的审美教育》、《秦汉之际之儒家美学之继续发展与结束》、《中国画论体系及其批评》等论文；在西方文化研究方面，这时他译有玛尔霍兹的《文艺史学与文艺科学》、康德的《判断力批判》，出版了《德国兴亡鉴》、《西洋哲学史》、《德国的古典精神》等系列专著。此时长之先生的学养、阅历与十年之前他在清华大学时已经不可同日而语了，不仅广博、成熟、深厚、自如，其思辨的能力，独立的判断，也超迈从前，与日俱进。他不再对德国古典美学盲目崇拜，而是有了理性认识。对于唯物主义和辩证唯物主义，也不像从前那样简单加以排斥，而是有了理性的吸收。批判的武器在他手中此时可谓得心应手，挥洒自由，如同庖丁解牛那样奏刀豁然。如果说，我们在阅读《司马迁之人格与风格》时依然感到长之先生作品中那种热情、浪漫、鲜活，那种特有的年轻气的话，那么其中在文笔的奔腾澎湃之中显然又增加了纯净而沉着的成分了。

尤其值得指出的是，在创作《司马迁之人格与风格》时，正是长之先生鉴于抗日战争爆发而开始全面地思考世界文化和中国文化的问题之时，他由国防文化，想到了文化的国防；由战前的"五四"运动想到了战后中国的文艺复兴。他断言"在一个民族的政治的压迫解除了以后，难道文化上还不能蓬勃、深入、自主，和从前的光荣相衔接吗？现在我们应该给他喝路"。他曾经向许多青年热切地说过这一愿望，认为自己所指出的这文艺复兴的征兆终于不虚。他曾在《新世界新文化新中国》一文中满怀深情地放言："就中国说，我愿意在战后做一个胜利巡礼，重温一温我们的锦绣山河，并在新世界，新文化中，看新中国！"这使他在研究《司马迁之人格与风格》的时候具有一种开阔的文化视野，具有一种历史使命感，更具有一种难得的文化激情。在写作《司马迁之人格与风格》的同时，长之先生还写有一部论文集《迎中国的文艺复兴》，这部书充满热情地探讨中国在抗战中，尤其是抗战胜利后的文化走向，预言"胜利既然在望，我们好的传统之更加发挥也一定在望。""我们现在业已走上民族的解放之途了，随着应该是文化的解放。从偏枯的理智变而为情感理智同样发展，从清浅鄙近变而为深厚远大，从移植的变而为本土的，从截取的变而为根本的，从单单是自然科学的进步变而为各方面的进步，尤其是思想和精神上的，这应该是新的文化运动的姿态。这不是启蒙运动了，这是真正的中国的文艺复兴！"（《迎中国的文艺复兴》，商务印书馆，1946年出版，第22页）表面上看，《迎中国的文艺复兴》与《司马迁之人格与风格》是两部不相干的书，一个是就当前的文化发展谈自己的看法，一个是就历史上的巨著进行研究，但实际上两书是互为表里的姊妹篇。前者阐述的是长之先生关于中国文化研究的态度方法，是宏观的鸟瞰。后者是就对中国文化影响甚大的一部巨著所进行的研究，是具体而微的解析。《迎中国的文艺复兴》是《司马迁之人格与风格》一书的形而上的阐释；《司马迁之人格与风格》是《迎中国的文艺复兴》一书理论上的具体实践。

　　一部成功的专著的出现，除去作者的才气素质外，同作家的生活环境和思想文化环境，乃至时代精神都有着密切的关系，都是不能或缺的。但如果生活环境是从生存的意义上说的，那么它并不是很重要，一般来说，只要能生存就能创作。有时恶劣的生活环境反而能达到"贫穷出诗人"、"愤怒出诗人"的效果。相对来说，思想文化环境反而更重要些，它可以营造学者的创作氛围，限制或者发展学者的思维想象空间，推动或者阻滞学者的逻辑思维，它对于学者能否创作出质量高或者质量低的学术著作关系甚大。当然，时代精神和激情对于学者的作品在更高层面上的意义更为重要，它决定的是能否产生更高层次的伟大的作品，而这又是可遇而不可求的事。对于长之先生而言，大概抗日战争所激发出来的民族精神和文化激情对于他创作《司马迁之人格与风格》至关重要，他对于中国在抗日战争胜利之后文艺复兴的渴望和期盼，从某种意义上与司马迁的"究天人之际，通古今之变，成一家之言"产生了难得的共鸣共振，这对于他的《司马迁之人格与风格》的创作是莫大的助力，也是我们今天阅读《司马迁之人格与风格》最有兴味的地方。

二

长之先生在研究文化现象时有一个鲜明的观点，那就是："谈一国的文化时，须就其最高的成就立论，而不能专就低处看。文化是人类精神活动的最高的也是最后的结晶，只有这，才是文化。""我们所据以衡量法国文化的当然是笛卡尔和卢骚，据以衡量德国文化的当然是康德与歌德，据以衡量英国文化的就是牛顿和达尔文或者莎士比亚了。谈中国文化时又何独不然？我们不谈则已，谈就必须就孔子、屈原、司马迁、杜甫、李白、吴道子、王羲之、朱熹倪、云林、王阳明等人所成就的看，决不能就一般没有知识，没有教养的人的成就看。站在高级，可以了解低级；站在低级，却不能够了解高级。我们把最高的成就明白了，对于许多通常的平凡的现象，倒未始不可以更容易地把握其意义。"（《迎中国的文艺复兴》，商务印书馆，1946 年出版，第 4 页）这个观点，不仅贯彻于长之先生对于研究对象的选择上，也贯彻于他对于对象的分析上。

对于《史记》和司马迁的研究，他首先重视的是时代，重视时代的文化环境对司马迁的影响的阐释，他说："我们说司马迁的时代伟大，我们的意思是说他那一个时代处处是新鲜丰富而且强有力！奇花异草的种子固然重要，而培养的土壤也太重要了！产生或培养司马迁的土壤也毕竟不是寻常的。"

但是他所说的时代是指"一民族之一般的艺术特色，以及其精神上的根本基调，还有人类的最共同最内在的心理活动与要求"（《批评精神》，南方印书馆，1942 年出版，第 200 页）。所以其侧重点既不是政治，也不是经济，而是文化。

长之先生首先阐述"大可注意的是，汉的文化并不接自周、秦，而是接自楚，还有齐。原来就政治上说，打倒暴秦的是汉；但就文化上说，得到胜利乃是楚。"接着论述说："齐、楚文化是一系，都是浪漫精神的代表，那么，汉代在楚文化的胜利之余，又加上齐，真是如虎添翼，自然可以造成浪漫文化的奇观了。"他总结说："驰骋，冲决，豪气，追求无限，苦闷，深情，这是那一个时代的共同情调，而作为其焦点，又留了一个永远不朽的记录的，那就是司马迁的著作！"

其次，他重视司马迁思想的渊源和继承处，他认为司马迁的思想同他的父亲的思想有着重要的渊源："司马谈的精神面貌处处范铸了他的天才爱儿司马迁。司马迁对于任何家的学问能欣赏，并能批评；他书中所记载的黄老派，也都与司马谈所论的相符合；直然是司马谈的精神的副本啊！"但"道家立场的司马谈，却多给了他儿子一种儒家的陶冶，这使他们父子之间，有了一种思想上的差异。"长之先生尤其重视孔子对于司马迁的影响,他说:"由于孔子,司马迁的天才的翅膀被剪裁了,但剪裁得好,仿佛一个绝世的美人,又披上一层华丽精美而长短适度的外衣似的;由于孔子,司马迁的趣味更淳化,司马迁的态度更严肃,司马迁的精神内容更充实而且更有着蕴藏了! 一个伟大的巨人,遥遥地引导着一个天才,走向不朽!"

在这之后,他深入探讨司马迁的人格,他说"孔子的精神是理性的——纵然根底上也不尽然;但司马迁终于是情感的。孔子的趣味,表现而为雅,这是古典的;但司马迁的趣味,表现出来,却是奇,这却是浪漫的了。"司马迁的"情感极浓烈,平常就有一种说不出的极苦闷,极寂寞的郁结的烦恼在;德文所谓 Leidenschaft,最足以表现他这种心情。"他特别强调李陵一案在司马迁人格发展中的位置:"大概自从李陵案以后,司马迁特别晓得了人世的艰辛,特别有寒心的地方(如赏识韩信,劝高祖登坛拜将的是萧何,骗了韩信,使之被斩的,却也是萧何),也特别有刺心的地方(如李同告诉平原君的话:'士方其危苦之时,易得耳'),使他对于人生可以认识得更深一层,使他的精神可以更娟洁,更峻峭,更浓烈,更郁勃,而更缠绵了! ——这也就是我们在《史记》里所见的大部分的司马迁的面目。总之,这必然发生的李陵案,乃是他的生命和著述中之加味料了,他的整个性格是龙,这就是睛!"

长之先生在其《批评精神》一书中盛赞德国哲学家倭铿(R. Eucken)对于歌德的传记批评,说他"从作家的世界观入手,以论及他的人生观,从他的人生观才又证之以他的作品,那路径是多么深刻和根本。"(《批评精神》,南方书社,1942 年出版,第 42 页)可以说《司马迁之人格与风格》正是沿着这个路径进行的。

不能说对于时代、世界观、人格精神这些问题的探讨前人从来没有涉猎过,但或者语焉不详,或者三言两语缺乏联系。在《司马迁之人格与风格》中,长之先生把时代、思想、人物一线贯穿起来,明晰起来,用现代的文化观念给予了新的阐释和说明,并由此建立起来对于《史记》的分析。就像粒粒的珍珠由于红线的贯穿而有了条理,有了造型一样,长之先生独到而有特色的对于司马迁所处时代及其世界观、人格精神的分析使得他的《史记》研究与传统的随感札记式的研究明显地分道扬镳了。晚清以来,《史记》的研究一直在探索新的路径新的方法,不少学者付出了辛勤的劳动,也取得了很多成绩,但是从传记文学批评的方法论上说,《司马迁之人格与风格》一书的出现,才真正廓清了在《史记》研究中旧路径和新方法的界石。长之先生在本书的序言中坦言"我们比以前人占便宜处,是我们懂得了体系化"。这是长之先生《司马迁之人格与风格》超迈前人最根本之处,也是他在传记文学批评方法论上最优长之处。

在《司马迁之人格与风格》中,长之先生不仅站得高阔,观得宏大,而且分析得也极为深细透彻,像对于《史记》的美学风格的观照,他就专门探讨了其中的艺术形式律则,认为有"统一律"、"内外和谐律"、"对照律"、"对称律"、"上升律"、"骑兵律"、"减轻律",认为"其中除了对称律是中国人的美感所特有,奇兵律和减轻律是司马迁的艺术所独具外,也可说是世界上任何艺术作品所共遵的律则"。同时依据《史记》对句子的长短,音节,如何应付骈偶,语汇的运用等对司马迁口语语言的能力和特点进行了更加深微仔细的探讨。他说"凡是文学上的天才,语汇都是丰富的,这不惟见之于他们的用字之多,而且又见之于他们的用字之新。有人曾以这种用字的优长推许过莎士比亚，现在我们觉得这同样可以应用于司马迁。"他在指出司马迁用代字用得好，"用字深稳而经济"，"常常对于一个整个传记，因为抓到最确切的几个字，而用以显示主题"，"但司马迁尤其擅长的，却是他之运用虚字。"在详尽地分析"'矣'字最能够代表司马迁的讽刺和抒情"之后，他断言"'矣'字可说是司马迁运用得最灵巧的一种武器了"，他总结说："一种艺术品之所以成功，必须是部分地好，合起来才能好，像大建筑一样，一砖一瓦的坚牢美观，正是整个建筑的必需条件，纵然不是充分条件。司马迁恰就是把精神能灌注在这一砖一瓦的！"我们说，长之先生对于司马迁《史记》一书的分析，也恰恰做到了"把精神能灌注在这一砖一瓦的"地步。

自古以来对于《史记》文章风格的评论，真是"多极了"。李长之超迈前人之处，不仅在于能阐幽明微，更在于其能综合。他说古文家对于司马迁的风格的认识，虽然用语不同，"但大致却可以得到共同或相似的看法。韩愈所谓'雄健'，就是章学诚所谓'质苍'；韩愈所谓'雅'，就是章学诚所谓'轻灵'，也就是柳宗元所谓'洁'。苏辙所谓'疏荡有奇气'，就是姚祖恩所谓'逸品'，就是王楸所谓'笔墨之外'，就是刘熙载所谓像王献之的书法那样'逸气纵横'。其中'逸'的一点，尤为一般人所一致感觉。究竟'逸'是什么？用我们现在的话讲，可说就是司马迁在风格上所表现的浪漫性而已。浪漫者在追求无限，所以司马迁在用字遣词上也都努力打破有限的拘束，所谓'疏荡有奇气'也不过是这意思的另一种说法罢了。像他的精神是在有所冲决，有所追求，有所驰骋一样，他的风格也是的。这可以说是他的风格之本质的特征。"假如我们排比古文家对于司马迁文章风格的评论，确实用词各异，甚至莫衷一是，而经长之先生整理爬梳，以浪漫性统驭之后，便豁然开朗。当然这种综合，依然得力于体系的方法，得力于长之先生用司马迁的浪漫的自然主义的人格精神来统驭分析他的文章。

作为一部史学和文学的巨著，长之先生的所论是站在文学本体论的立场或太偏重于文学方面的研究的，而且，《史记》作为一部百科全书式的巨著，长之先生所论，尽管深细，尽管触及的方面极为广泛，但似乎挂一漏万之处也颇多。但是有了长之先生对于司马迁的时代、思想和人格精神的深入探讨，有了一种体系的联系，他的那些疏漏和不足之处似乎都不足论列了。

当然，《司马迁之人格与风格》也不是没有其他缺点的。即使就长之先生十分得意的体系的方面而言也是如此。记得历史学家陈垣先生在看了《司马迁之人格与风格》后对长之先生说："你写的这部书最有价值的部分是《司马迁生年为建元六年辨》，最差的是《〈史记〉各篇著作先后之可能的推测》。好在哪？好在你言之成理，尤难能可贵的是司马迁晚生了十年，生于建元六年的话，其时所作《史记》的年龄，恰恰更符合你所论的浪漫精神诸因素。差在哪？不是你下的功夫不够，是限于文献的不足，本来应该粗线条的地方，你一定要明晰，搞明白，结果出力不讨好——陷于了在材料不足时的主观推测。"这是陈垣先生站在一个历史学家的立场上对于《司马迁之人格与风格》的批评，那批评确实搔到了痒处。不过出现这样的缺点，大概同长之先生受德国哲学体系化思维的训练有关——他处处想形成一个系统，想做得圆满，即使残缺破败也不放弃补缀。不过，就《〈史记〉各篇著作先后之可能的推测》一节而言，尽管可能有些臆测缺陷，也还是做到了在那个时代对于这个课题所能做到的极致了。

三

长之先生在《论如何谈中国文化》一文中说:"了解一种文化时,与其说价值在被了解者,不如说在了解者,所以温克尔曼、席勒、尼采所了解的希腊文化并不同,但这何碍于这些了解者的价值? 真正发现一种古代文化的完全真相也许是不可能的,只是在这发现之际,就可以表现一种发现者的人格了。""了解包含一种精神上的共鸣,了解即是创造。"(《迎中国文艺复兴》,商务印书馆,1946年出版,第8页)

长之先生在《司马迁之人格与风格》一书中论定"情感者,才是司马迁的本质。""司马迁在性格上更占大量成分的乃是他的浓烈的情感,他原是像屈原样的诗人。所以结果,假若用一个名词以说明司马迁时,我们应该称他为浪漫的自然主义(romantic naturalism)。""他之作《史记》,也绝不像一个普通平静的学者似的,可以无动于衷而下笔者……几乎没有一篇不是基于一种感情而去着手了的。"

作为批评家,长之先生其实也可以说是"在性格上更占大量成分的乃是他的浓烈的情感"的人。他在许多地方是与司马迁像极了。我们经常可以看到长之先生的情感像奔涌的洪水那样泛滥。他写《司马迁之人格与风格》中关于李陵案的一章时就不讳言"却为这一章哭了,泪水一直模糊着我的眼"。司马迁在枯燥冷冽的人生中渴望友谊,要求得极为急切。李长之在自己的一生中也充满着对于友谊的渴望——虽然在反右斗争后,他只能在孤寂中舔舐自己的伤口。司马迁对于孔子有纯挚的依恋,仰慕的情感。

长之先生则更是说"孔子是奠定中国儒家的思想的人，也是把中国民族所有的优长结晶为一个光芒四射的形体而照耀千秋的人。"（《中国文化传统之认识上：儒家之根本精神》，见《迎中国的文艺复兴》，商务印书馆，1946 年出版，第 59 页）"儒家的真精神是反功利，在这点上，司马迁了解最深沉，也最有同情。"长之先生则明确宣布自己的批评的原则是"为批评而批评"，并且主张感情的批评主义，他说："我以为不用感情，意定不能客观。因为不用感情，就不能见得亲切。在我爱一个人时，我知道她的长处，在我恨一个人时，我知道她的短处，我所漠不关心的人，必也是我所茫无所知的人。感情就是智慧，在批评一种文艺时，没有感情，是绝不能够充实，详尽，捉住要害。我明目张胆地主张感情的批评主义。"司马迁写《史记》贯彻着一种艺术精神，视《史记》为自我抒情的篇章，长之先生也视自己的批评专著如创作，他说："我写一部东西，很少是基于外在的动机，却往往基于自己的一点创作欲求。在我创作冲动不强烈时，我不能写；在我酝酿不成熟时，我不能写；在我没感到和自己的生命有着共鸣时，我也根本不能选择了作为我写作的对象。"（《司马迁之人格与风格》，开明书店，1948 年出版，第 3 页）

我们说长之先生在性情上像司马迁绝没有拉大旗作虎皮，认为长之先生在文化史上的地位和成就可以和司马迁相媲美的意思，而是说性情相通的人更容易理解和沟通。因为李长之在心灵乃至情感思想上与司马迁有着共鸣，因此他在撰写《司马迁之人格与风格》的时候就与他的传主有了共同的命运感，是其所是，非其所非，其笔锋带情感，而这情感绝不是表面上字词语句的抒情，而是与传主在时代上共呼吸，在事业上共感慨，在人物上共褒贬，真正深入到传主内心去吟咏赞叹。比如，司马迁的"此人皆意有所郁结，不得通其道，故述往事，思来者"，对于一般人而言，不是不可以从字面上去理解，但对于有着同样天才意识，有着文化历史使命感的人，其理解的深度是绝不一样的。再比如，对于情感平淡的人，阅读《史记》中的人物是一种理解，对于与司马迁有着同样浓烈情感而感同身受的人就会更"于我心有戚戚焉"，而对于在文化历史的使命感上有着共鸣且在艺术表现上又能深深地理解和欣赏的人，则会在其批评的文字中，言之不足故嗟叹之，嗟叹之不足故咏歌之了。如果说在长之先生的心目中，《史记》是浪漫的诗篇的话，那么，从某种意义上，《司马迁之人格与风格》作为批评著作，也具有批评的抒情性和浪漫性，那是一个文化的发现者在抒发其人格与司马迁精神上的共鸣之情，是对于复兴中国伟大时代和伟大文化的呼唤。这是长之先生《司马迁之人格与风格》在众多《史记》评论的学术专著中最显著的最与众不同的地方。

长之先生对于司马迁的最终认识是："因为他是抒情诗人，所以他的作品常新，——情感本是常新的。因为他是抒情诗人，他的识力和哲学并没引导他走入真正理智的陷阱。他对于若干历史上的大小事件，似乎很有所理解，然而归到根底，他唱起命运感的调子来了！'余甚惑焉！倘所谓天道，是耶非耶？''孔子罕称命，盖难言之也！非通幽明之变，恶能识乎性命哉！'因为他有命运感，所以他有着深切的悲剧意识，他赞赏那些不顾命运的渺茫而依然奋斗，却又终于失败了的伟大人格。"（《司马迁之人格与风格》，开明书店，1948年出版，第378页）这段评论也完全可以平移到长之先生自己对于司马迁及《史记》的评论上。如果说《司马迁之人格与风格》存在某些不足的话，那就是它带有长之先生太多的太浓烈的情感，而且也有着太过深切的悲剧意识。比如在本书的结尾，他说"司马迁的一生是一幕悲剧，连这和司马迁最有着精神上的联系的亲属却也以悲剧终！"就有些诗人而不是学者的论断的味道。这仿佛是谶言，这个在现当代文学批评史上与司马迁情感意识最相通，写了最好的司马迁评论的学者最后却"也以悲剧终！"

司马迁

一　引子

爱看戏的人,对什么"霸王别姬""萧何月下追韩信""伍子胥过昭关""搜孤救孤"等等戏名,差不多都能讲出它是什么故事而来,也能唱上两句。可是请问这些故事的出处在哪里呢? 原来是根据一本叫作《史记》的大书编出来的。

《史记》是"二十四史"开头的一部。"二十四史"又是什么呢? 它是咱们祖国历代留下来的二十四种大部头历史书。"二十四史"记载的事儿多,分量大,从前刻版印刷的"二十四史",就有三千六百三十五卷。咱们祖先的重要活动都写在里头了:有好人好事,也有坏人坏事;有成功的经验,有失败的教训,够丰富啦。中国人民爱这部"二十四史",世界人民也爱它。去年民主德国的文化代表团到中国,咱们就送给他们一部"二十四史",客人非常喜欢。因为谁想研究中国的历史,范围说得宽些,谁想研究亚洲以至世界的历史,谁就得读这部大书。因为中国历史上发生的大事,都和世界人民密切相关呵!

《史记》是"二十四史"开头的一部,其他二十三部,都是照着《史记》的样儿接着写下去的。可是"二十四史"中要数《史记》写得最好,人们也最爱读《史记》。

这么说，《史记》的作者，一定是很了不起的人了。可不是！他是谁呢？他就是我国伟大的史学家、文学家司马迁。

司马迁做过些什么事？他是怎么写出这部好书来的？让咱们慢慢说下去。这只是一个引子，正文在后头。

二　野孩子到了京城

司马迁姓司马，名迁，号子长。

他生在陕西省韩城县芝川镇。韩城是山西、陕西两省交界的地方。韩城县北边不远有座龙门山——俗话说："鲤鱼跳龙门"，就指的这地方。韩城县和龙门山中间隔着滚滚的黄河。司马迁从小就爱龙门山，他在家门口一眼可以望到那雄伟的山影，他后来就干脆说自己生长在龙门。

司马迁出生那年，是汉武帝建元六年，即公元前一三五年。汉武帝是个很有名的皇帝。他当了五十多年的皇帝，司马迁一辈子，就生活在汉武帝时代。

这时代可不比寻常。一来是富庶。因为这时汉朝开国已经七十多年，天下还算太平，生产也很进步，社会经济一天比一天繁荣。当时，政府的仓库里钱多得用不完，穿钱的绳子都烂了；米多得吃不完，在仓里发霉了；普通人家都能过日子。二来是强盛。汉朝初期常受北方匈奴的欺负，这会儿把匈奴撵走了；西方经过张骞去探险，通往新疆、伊朗、印度的道路也打通了；东南的福建、广东，西南的四川、云南、贵州，早先是荒凉的地方，这会儿也繁荣了。中国这时是世界头等强大的国家。三来是文明。以前秦始皇不许人藏书，这会儿早已废除了这种法令，鼓励人藏书、读书，一时出现了许多学者；外国的许多新鲜事物也都传到了中国。所以当时中国又是世界上最文明的国家。司马迁可赶上好时候了。

司马迁十岁以前住在家乡。他幼时可是个野孩子：不在田地里玩玩，就在山上跑跑。他喜欢听农民讲故事，问这问那；又喜欢和牧童追赶牛群、羊群。他爱这种生活，也爱这些人物。他那时海阔天空，无拘无束，身体练得真棒。

司马迁十岁那年，父亲司马谈带他到京城去。汉朝的京城在长安（就是现在西安），司马谈在京城当太史令，负责编写历史。历史不能凭空编写，要根据大量文献资料，所以太史令又兼管图书，像今天的图书馆长；古代的事儿要记，当代的事儿也要记，这职务就又有些像现在的新闻记者。可以想见做这种工作要有很多学问，为人也要十分正直。司马谈呢，正是这样的人。

司马迁一到京城，他父亲就叫他入了小学。那时小学里主要功课是认字，尤其是认古字；认字要一个一个的死记，真是一件很艰苦的事儿。可是司马谈告诉他儿子：文字好比一把钥匙，没有钥匙，怎么能打开知识的宝库呢？司马迁听了父亲的话，就从此刻苦学习。他很富于情感，常常为书中的情节感动：有时大笑，有时哭泣。司马迁长大了，父亲又介绍他认识了当时许多著名人物。他本是事事留心的人，从形形色色的人物中，学习到不少东西。因为受到父亲的影响，司马迁小时就喜欢历史，并且希望像父亲一样，将来做历史家。

三　游历了半个中国

司马迁在京城念了十几年书，认识了很多著名人物，眼界扩大了，心胸也开阔了，可是老这么下去，见闻还是有限的。

司马迁二十岁那年，他父亲给了他一辆马车，叫他到各处去旅行。这是他巴望不到的，老待在京城真憋得慌。他在家乡时那种爬山涉水的兴致又来了。旅行，多好！旅行就旅行个痛快吧。

他出了长安，就往东走，先到淮水流域（江苏和安徽北部）。他为什么急于到这一带呢？原来秦朝末年农民曾经在这一带起义，汉高祖刘邦和楚霸王项羽也在这里争过天下，汉朝的许多开国功臣也生长在这带地方。这些人和这些事，早就引起了司马迁的兴趣。凭他在家乡的经验，他知道民间流传的故事最生动真实，最有价值，他想，如果能在这一带采访一下，将来写出的历史可能会格外真切动人。

果然，他在这一带打听到的事迹最多。这里流传着陈胜、吴广的许多事迹：他们都是老老实实的庄稼人，在家干着农活。可是秦二世硬把他们抓去当兵，强迫他们到河北密云县去守边塞。他们吃不饱，穿不暖，还受尽长官的打骂。他们走到大泽乡（安徽宿县北部），大雨下个不停，满路泥泞，十分难走。看来到达目的地准会误期了，按照秦朝的法律，误期就要杀头。陈胜、吴广觉得赶去也是送死，不如反了，也许还会闯出条活命来！于是，他们领导九百多当差的起义了。接着各地人民都纷纷杀了本县的长官，起来响应。不到三年工夫，就推翻了秦朝。

司马迁听到这些故事，深深为农民起义的英雄气魄和正义行为所感动，他想：秦二世残暴不仁，老百姓恨他，他哪得不亡呵！他决心把农民起义的英雄事迹记载下来。

司马迁来到楚汉相争的古战场。项羽原来也是农民起义的领袖之一，曾经声势赫赫，但是他后来固执、任性，终不免一败涂地。司马迁对他十分惋惜。接着司马迁又转向江南，到了苏州、杭州、绍兴，在这一带采访了大禹治水的故事。他还登上庐山，想象着远古的情景：那时候漫天的洪水，大禹领导众人开出一条条水道，把洪水导入到大海去，这是多么伟大的气魄呵！

这时，他又惦记着古代爱国诗人屈原了。他到了长沙，到了屈原投水的汨罗江。屈原生活在战国时代，离司马迁有一百多年了。屈原是楚国人，楚国常常受到秦国的欺负。屈原主张抵抗强暴的秦国，可是楚国的国王和贵族贪图贿赂，甘心上秦国的当，他们不但不听信屈原的主张，反而排挤他、赶走他。屈原到处流浪受苦，但他仍然时刻关怀着祖国和人民。后来秦兵打进了楚国，他又没有报效祖国的机会，就悲愤自杀了。屈原死了，人们却一直纪念着他，人们把他投水的日子定作节日（端午节），那天，人们划龙船、吃粽子，纪念这个爱国诗人。

司马迁到了屈原投水的地方，望着江水出神。他同情屈原，替屈原抱不平，人民对屈原那么怀念，也使他深深地感动。

他从这里北上，到了山东曲阜，这里真不愧为孔子的故乡，到处都可以听到朗朗的读书声。他在这里采访了孔子的事迹，又转到淮水流域,补上前次采访遗漏了的东西。他在路上缺过盘缠,挨过饿,可是一直兴致勃勃。他游遍半个中国,最后回到长安了。

司马迁这次旅行,不但满足了好奇心,更重要的是增长了许多见识,储备了写历史的宝贵材料。

四 做了郎中

司马迁旅行回来,不久就做了郎中(官名)。这时他大约二十二三岁。

郎中是皇帝的侍从,平常没有固定的事做,但需要随时在皇帝左右听候差遣;再就是皇帝出门巡游,也要跟随着。司马迁做了郎中,他父亲当然替儿子欢喜,这是当时人们的一种做官心理。郎中虽然是小官,但接近皇帝;如果有才能,就容易被提拔。而且郎中可以参加各种活动,也可以增广见识。所以司马谈喜欢自己的儿子有这么个上进的机会。

可是年轻的司马迁却另有一种想法,他好奇,他觉得这个职务有机会看到各种事儿,并且亲身参加一些活动,对将来编写历史也有好处。他是无时无刻不想着做一个历史家啊。

他当了郎中,常跟着汉武帝到各地去。汉武帝像历来皇帝一样迷信,希望当神仙,长生不老。他要成仙,就到各处去祭神。有一次,他跑到甘肃平凉以西去祭神,司马迁也跟从着,他趁这机会观察了西北的风土人情,在那里采访了祖国传说中最早的一位皇帝——轩辕黄帝的事迹。

这时司马迁差不多把全国都游历遍了,只有西南还没去过。碰巧在他二十五岁的那年,有了到西南去的机会。原来在汉朝立国的初期,西南地区还没有服从汉朝。三十年前,汉朝曾经派兵去征讨,但没有平服,二十年前派人去劝说,也没有效。这回汉武帝又派司马迁去劝说他们归顺,司马迁去了,却马到成功。汉朝政府在西南增设了五个郡(像现在的一省),包括现在贵州北部、四川、云南等地。从此以后,汉朝完成了西南的统一。这不能不说是司马迁对祖国的一个大贡献。司马迁也考查了西南一带的风土人情,增加了不少地理知识。这些,他后来也写到书里了。

他在西南工作一年多,回到洛阳,不幸的事却发生了:他的父亲在洛阳病倒了。

五　父亲最后的叮嘱

　　他父亲怎么会病倒在洛阳呢？原来是这么回事：汉武帝越来越迷信了，他要率领文武百官到泰山去祭天，祭天以前，要天下太平，没有战事，于是他就亲自带了十八万骑兵，越过长城，到现在内蒙古自治区五原、呼和浩特一带，向匈奴示威。汉军旗子招展一千多里，匈奴见汉军这般威风，哪敢交锋！汉武帝认为这就是天下太平了，就率领大队人马经过陕西回到洛阳，再东去泰山祭天。汉武帝这次祭天，司马谈跟着去了，不幸到了洛阳，他却卧病不起了。

　　司马迁赶到洛阳，见父亲在床上痛苦地呻吟，心里十分难过。父亲紧紧地握着他的手，不住流泪，他断断续续地告诉儿子："我们祖上就做过周朝的史官，前辈中不少人干过大事，后来不成了，难道祖宗事业就这么断了吗？不能，不能啊！你最好能当个好史官，继承祖宗的事业！……"

　　司马谈一会儿又叹息着："唉！天子到泰山去祭天，是难得碰上的大事。我去不成了，真是命啊，命啊！"

　　老人最后又叨念着史官的事："我死了以后，你可能继承我的官职。如果当上太史令，可不要忘了我这心愿，四百多年前孔子修过史书《春秋》，这以后就再没有人接替他老人家的工作了。如今天下统一，十分难得。我见过不少好人，他们正直无私，做过许多有益的事；我也见过一些坏人，他们贪婪残暴。我是史官，应该把这一切都记录下来，可是，我已经来不及做这工作了。这是我放心不下的，你千万要记着！"

司马迁默默地听着父亲的嘱咐。他向父亲发誓："你尽管放心，我即使愚蠢，也一定要实现你的志愿。你编写的草稿，我一定加以整理、补充。你收集的材料，我会珍视它、充分利用它。我决不懈怠，你老人家放心吧！"

老人坦然闭上眼睛，离开了人世。这一年司马迁二十六岁。

司马迁死了父亲，自然十分悲痛，但想起父亲的教诲，又琢磨着父亲临死时讲的那些话，他明白了父亲对自己的希望多么殷切！父亲希望他当第二个孔子，写第二部《春秋》，对好人善事要表扬，对坏人恶事要攻击！

从此，他写史书的决心更大了。他只因为还有职务在身，不敢怠慢，擦干了眼泪，就又奔向泰山，追赶汉武帝祭天的大队人马去了。

六　参加救水灾

汉武帝在泰山祭了天，就带着大队人马沿着渤海湾到了现在辽宁的锦县，再越过内蒙古草原，回到京城长安。

祭天后来年年举行，规模和路线也都和第一次差不多。汉武帝祭天，不过是闹排场、摆威风，痴心想当神仙；可是司马迁跟随着，熟悉了许多地方的风土人情，体会到了不少民间疾苦。

司马迁二十七岁那年，汉武帝第二次到泰山去祭天，路上逢上了黄河决口。决口地点在河南北部濮阳县叫瓠子的地方。那滔滔洪水，不知卷走了多少生命财产！汉武帝祭天，本是劳民伤财，但他硬说是替老百姓祈求幸福，眼前的水灾，真像和他开玩笑。

可是汉武帝是好面子的，他装作关心百姓，叫官员们都去堵塞河水。司马迁自然也参加了这工作。他和千万老百姓一起，把一根根的木桩打下，又抬来一筐筐的泥土填补河堤。

汉武帝却做些无补于实际的事，他把白马和玉璧投进水里祭河神，请求保佑。他还作了两首《瓠子歌》，来替自己辩解：

瓠子决了口呀，怎么办？
村子变成河呀，白茫茫一大片。
变成河了呀，地上不安宁，
水再堵不住呀，山也要漫平。

山要漫平呀,巨野地方的水又涨,

河道长了呀,堤又冲坏,

龙王出巡呀,为何还不回来?

要不是我出外祭天呀,

哪知道百姓受的灾?

替我告诉龙王呀,他太不仁,

河水泛滥不止呀,简直愁煞人!

啮桑那地方已经漂起来了呀,淮泗的水又满,

光看见水涨呀,水退可难!

这就是说,亏了他出来祭天,才知道民间疾苦,这当然是骗人的话。

还有一首歌,是这样说的:

河水滚滚呀,流不止,

要把它堵住呀,真不易;

拿草来塞呀,丢下美玉来祭,

龙王答应退水呀,供应塞河的柴禾没来得及,

没来得及供应呀,这要怪老百姓,

光用艾灰呀,怎么堵得住滔天洪水。

快砍竹子呀,把桩打稳,

宣房的河堤塞好了啊,万福来临!

瞧瞧,堵塞决口,缺少柴草,汉武帝却怪到老百姓身上了。但瓠子的决口终于塞住,许多年的灾害消灭了。司马迁亲自参加了这次塞河工程,为人民的劳动深深感动。后来,他把这次工程,写进一篇谈治理河水的文章里了。

七　正式写书

司马迁二十八岁那年,果然当了太史令。

为什么司马迁到这年才当上太史令呢?原来他的才能,早就给汉武帝看中了,司马谈死后,汉武帝就认定只有他最适合做太史令;可是按照中国旧日的习惯,父亲死了,儿子要守孝三年,不能做官。汉武帝就一直把太史令这官职空着,等司马迁守孝日期满了来担任。

司马迁自然很高兴地接受了这个职务。当了太史令,研究就有了更方便的条件:国家藏的图书可以翻阅,档案可以查看;因为职务的关系,和当代学者也有了更多的接触机会。说到编写,他父亲原来也留下一些未完成的稿子,他就细心地加以整理。

他这时处的是顺境。他一心只想把工作做好,就谢绝了应酬,连自己的家务事也看淡了。他的书房里堆满了简册和帛卷(那时纸还没有发明,字写在竹片或绢帛上),他不分白天黑夜,只是不停地翻阅,不停地写。

司马迁这时跟着汉武帝巡游的事,也还不能免。好在他喜欢游历,倒也不觉得是苦差事。汉武帝不只到泰山、海边、塞外,有时也去江南。司马迁年轻时候便在这些地方采访了许多事迹,现在也有了温习这些史实的机会。

这时汉朝仍然很强大。汉武帝好大喜功，东征西伐，他每次出巡，都带了大队人马和外国宾客，为了夸耀中国的富足，还常常赏赐外国客人数不清的金银财宝。这样一来，不知浪费了多少财富，汉朝就渐渐外强中干了。当时很多有才能的人，也老的老了，死的死了。

汉武帝为了挽回人心，虚张声势，就在公元前一〇四年（太初元年），发动了攻打大宛国的战争。大宛是个小国，在现在中亚细亚地区。大宛有个贰师城，产汗血马，最为名贵，可是不肯送给中国。汉武帝因此派李广利去索取，他希望李广利一到贰师城就把马取回来，就称他为贰师将军。汉武帝为什么单派李广利去呢？这原来是出于他的私心：李广利是汉武帝宠爱的李夫人的哥哥，叫他去就是便利他立功受赏，便宜不能让外人占啊。可是李广利没有替汉武帝争到面子。第一次出征打了两年，打得大败，退回敦煌，带去的好几万人，折去大半。汉武帝大怒，派人把玉门关截住，说："敢回来的就斩。"汉武帝又加派了六万兵马，大量水工，准备到大宛填井塞水，迫使大宛人投降。这还不够，又派了十八万兵马，准备接应。同时还派了两位会选马的老手，预备城一攻下就好选择马匹。汉武帝费了这么大的劲，马当然取得了，李广利也算得胜回朝。这次战争的结果，汉武帝一方面得到汗血马，一方面中国和西北交通却从此更密切了。

汉武帝在征大宛的同时，又下令修订历法。这次修订历法由司马迁主持。在这以前，中国历法是把阴历十月当正月，有点像现在的阳历。可是因为计算不精确，常常误事。经过了司马迁等修订，就把岁首往后推了三个月，这就是后来的阴历。这样，四季分配合理了，节令也准确了。这对于农业生产是大有好处的。司马迁等人制定的历法,到今天我们还一直使用着。

司马迁也认为改订历法是件大事,他就选择这一年(太初元年)正式动手编写历史。这年他三十二岁。

一动手,他的工作还很顺利,然而当他写得差不多的时候,偏偏逢上了件倒霉事。

八　入狱和受刑

这件倒霉事儿是怎么发生的呢？

原来汉武帝征服了中国西方的小国，就像伸出了一条长胳膊，这条胳膊把北方的匈奴包围了。

公元前九九年（天汉二年），汉武帝准备停当，就决心对匈奴用兵。他这回发三万兵，又叫李广利带领，从酒泉出发，准备袭击天山的匈奴。

可是这时有一个不知天高地厚的人站了出来，表示情愿舍命立功。这人叫李陵，是名将李广的孙子。李家虽然说是将门，但辈辈受皇亲国舅的气，空有一身本领，总出不了头。李陵很能干、勇敢，射得一手好箭；他为人也正直和气，人们都喜欢他。他曾经带领八百骑兵，深入匈奴境内两千多里地远，刺探军情。他为了防御匈奴，在酒泉、张掖一带训练了五千精兵。他想：自己本事不坏，有五千精兵，又熟悉匈奴的情况，这回打仗，该派到自己了。

可是汉武帝偏不派他打仗，只叫他去管粮草。他当然不愿意，他说如果发点兵给他，他可以单独打个胜仗。汉武帝说："不行，我没有兵分给你了。"

李陵说："没有骑兵，步兵也成。没有多的人马，就是那五千人，也保管能捣毁匈奴的老巢。"

汉武帝心里念头一转，觉得李陵出兵，至少可以吸引住匈奴的兵力，那么李广利就容易取胜立功了，就答应了李陵。但又怕这五千人白白丢了，也不合算，便又派了一个老将叫路德博的，带兵接应。路德博从前立过大功，现在要他当助手，心里自然不乐意，但又不敢正面反对，便上了个奏章说："现在正是匈奴秋高马肥的时候，出兵不合适；不如等来年春天，臣带领五千人马和李陵在浚稽山①会师，准保十拿九稳。"

汉武帝看了奏章大怒。他疑心这是李陵夸下海口，翻悔了，就支使路德博奏请缓期。这是欺君啊，实在可恶，就命令他们不得迟延，马上出兵。

这样，他们就匆匆出发了。路德博心里不乐，领着军队，稀稀拉拉，他哪里有心去接应李陵！

李陵从居延②出发，走了三十多天，到了浚稽山。先把地形画好，打发部下陈步乐回去呈报汉武帝。汉武帝得了图形、情报，非常高兴，就当场提拔了陈步乐。大臣们也都顺口奉承，说李陵真是英雄，有才干，这是皇上的福气。

可是在前线的李陵，到底兵力太少，给三万多敌人包围起来了。敌人在山上，居高临下，攻击李陵。战争十分猛烈。敌人见李陵军奋勇，又摸不清他的兵力，就又增援了五万人马。这一来，李陵渐渐抵不住了，带去的一百五十万支箭已用光了。李陵军杀死了上千上万的敌人，可是自己的兵马也死了大半。更糟糕的是：有个小兵受了李陵的处罚，投降了敌人，他把兵少箭光的实情全说出

---

① 浚稽山：现在蒙古人民共和国鄂尔浑河和土拉河之间。

② 居延：现在甘肃北部。

去了。敌人心里有了底，就更凶猛地围攻李陵，李陵左冲右突，冲开一层，又围上一层，哪里冲得出去！就投降了。

汉武帝得到李陵降敌的信息，不禁大怒。那个曾经立功受赏的陈步乐，也吓得自杀了，大臣们有的不敢吭声，有的就说李陵该死。汉武帝问到司马迁对李陵事件的看法。司马迁讨厌那般只知奉承皇帝的人，他觉得自己是史官，应该有什么说什么，便说："李陵是个人才。他孝顺父母，爱护部下，对朋友讲义气。他这回出征，原想报效国家，他作战也很勇敢，杀死上千上万的敌人。他孤军深入敌人的后方，得不到救援，最后失败了，他的功劳原是可以补偿过失的呵！人们说他投降了，依臣看来保不准是等待机会为国家立功。李陵平常少向人吹吹拍拍，所以他不能成为名将，现在人们也才说他的坏话。臣和他平素没有交情，就事论事，我看事情就是这样。"

司马迁说李陵投降敌人可能是等待机会为国家立功，这只是他的希望。其实不论李陵有过多大功劳，投降敌人就是丧失民族气节。不过这番话却刺痛了汉武帝的心，司马迁说李陵"得不到救援"、"少吹吹拍拍"，这不是等于指责他偏向亲戚李广利吗？汉武帝立刻叫人把司马迁抓下去，关进了监牢。司马迁也没含糊，就昂然进入了监狱。

那时入了监牢，有阔亲友讲讲情，花点钱是可以出来的，怎奈司马迁是个穷读书人，他没高攀过皇亲国戚，再说大臣们都是软骨头，谁肯出来说两句公正话，惹麻烦？司马迁就只好坐监牢了。监狱又湿又暗，管狱的如狼似虎，司马迁受到了说不尽的折磨。

更糟的是，第二年，传说李陵替匈奴练兵了。汉武帝更加愤怒，就杀了李陵全家。司马迁曾为李陵说过好话，就连带受到了最惨酷、最耻辱的刑罚：宫刑（就是割去睾丸，像太监一样）。

司马迁残废了，绝望了，他想自杀。可是他的史书还没有编写成呀，李陵事件以后，许多人许多事给他看清了，看穿了，他更觉得史书需要编写。这样，司马迁忍辱地活下去了。一切都为这个理想：编写史书。

九　完成了伟大的著作

　　司马迁受刑罚那年（公元前九八年），离他正式编写史书，已经六个年头了。

　　司马迁受过刑罚以后，明白了许多事体，汉武帝原来是个好大喜功而骄横的人，他周围的贵族，不过是些势利小人。他看透了这些，古代许多事也就明白了。他编写和修改史书，也就更有了门路。还有，他现在更觉出好人可爱，坏人可恨了，他写出的文章，爱憎就更分明了。那时候写书真不容易，汉武帝有学问，眼也很尖，你写得不对他的劲儿，他就不让你写下去。司马迁只好绕弯儿说话，粗看看不出他的真意，但明白人只要多琢磨琢磨，就会悟出他讲的是什么来。

　　司马迁在狱里受了几年折磨，四十岁那年（公元前九六年）逢到大赦，算恢复了自由。汉武帝还想利用他的才干，又叫他当中书令。中书令管皇帝的机密文件，每年得二千石谷子，官比太史令大得多。司马迁把汉武帝已经看透了，但也只得应付着，为的是好完成他的史书啊。

　　司马迁终于在他活着的时候，把《史记》这部书写定了，这是一部大书，共一百三十卷，五十二万六千五百字。

　　这部大书的内容十分丰富。它记载了从传说的时代一直到他活着的汉武帝时代的全部社会生活，它说到古代经济、政治、军事、外交、医药、水利、天文、地理等各方面的成就，还叙述到当时国内兄弟民族的生活以及外国的情况。因此，这部书可称得起是当时的一部通史，一部百科全书。

司马迁为读者想得很周到，他怕古代的语言不容易懂，就尽量翻成了接近当代（汉代）的口语。《史记》写得最精彩的是人物传记。司马迁把许多人物写得活灵活现，生动极了。人们读他写的文章，那些人物就好像活在眼前一样。司马迁写了帝王将相的传记，也写了普通老百姓的活动。他把那些仗势欺人的统治者的面目，巧妙地刻画出来，人们一看就觉得可恶可笑。他用了很大的力气来写老百姓，他赞美老百姓正直无私，他同情老百姓的不幸，他还特别给农民起义的领袖陈胜吴广写传记，热情地歌颂他们。

《史记》写成了，司马迁自然十分珍爱自己用心血写出来的作品。他当时抄了两部，一部藏在山里，他想，就是当权的人看不顺眼，毁了正本，还有副本可以流传下去。

后来，果然有不少的人诽谤《史记》，但那有什么用呢？更多的人爱它，人们一代一代地教自己子孙诵读它。今天，《史记》成了祖国最珍贵的文化遗产之一，司马迁也越来越受到人民的敬爱！

附　录

伟大的历史家并文学家
司马迁和他的《史记》

（一）司马迁的历史地位

司马迁是一个伟大的历史家，也是一个伟大的文学家。

我们说他是一个伟大的历史家，这是因为：他把从古代到他那时代为止的史料做了一次大整理的总结工作；他综合了以前的历史家的叙述方法并加以创造，他的书成为过去所谓"正史"的典范，也开创了后来一直为郑樵、章学诚所称道的"通史"的先例；加上他有广博的兴趣，他的书触及到人类生活的各方面，而且他有史识，能够鉴别材料，能够从大处深处判断历史真相，他又能结合实地考察，于是给他的历史著作更增加了可信赖的科学性的程度；尤其难得的，是他远在二千年前，就已经有了用经济观点去解释历史的卓越见解，是世界历史家中所少有的，"究天人之际，通古今之变，成一家之言"，这是他的期许，也是他的自负。事实上，就当时论，他是可以当之无愧的。

就文学范围以内说，他却又是一个伟大的文学家。这是因为：在中国过去所有的历史书中，文学价值之高是没有超过他那部

《史记》的。他写这部书是这样有情感，以至于有些地方简直像诗；他写这部书是这样联系着他自己的遭遇，因此我们不难在这部书的很多部分仿佛可以组织成他的一部自叙传；他又是那样富有想象和同情，他所写的人物够得上杰出的小说家所创造的人物典型；他有写生的本领，他所写的人物在千载之下读之还是栩栩如生；他善于寻找事物的联系，他能很具体地很细致地描写一个事件的过程；他又长于讽刺，他用了巧妙的手法传达出他反抗的怒火；他对于自己的著作更是像一个职业的文学家一样有着高度的艺术热情，一心一意要把那每一篇文章都写得尽美尽善；最后，他有熟练地驾驭语言文字的才能，他的散文达到了我们祖国最优秀的散文作家的水平。

（二）司马迁的生平和著作

在过去很少有一个文人（特别是历史家）是像司马迁这样在生活和作品的联系上是那么密切的，因此我们有必要详述他的生平。司马迁的生年，据我们的考订①，是公元前一三五年，那就是汉武帝建元六年；他的卒年比较不确定，但公元前九〇年，即汉武帝征和三年后，他就没有什么活动，可能就死在这年。他的生年是汉武帝统治时代的第六个年头，他的可能的卒年是距汉武帝统治时代的结束只差二年。因此，我们说司马迁的一生是和汉武帝的统治相终始的。

① 《司马迁生年为建元六年辨》（李长之：《司马迁之人格与风格》页二三至二六，开明一九四八年版）。

　　司马迁的家庭是代代相传的历史家并文学家。司马迁的先人有司马错,他曾和张仪辩论伐韩不如取蜀,认为取蜀是取得争天下的经济根基,而秦也就是照此实行而成功的。之后有司马昌,司马昌在秦始皇时当过主铁官。司马昌是司马迁的曾祖的父亲。这两位先人可能对司马迁重视经济的思想的形成上也有些作用。而影响他最大的是他的父亲。他的父亲司马谈当过太史公①,任职约有三十年之久。司马谈曾从唐都那儿学过天官,从杨何那儿学过《易》,从黄子那儿学过道家学说。他根据道家立场写有一篇富有学术价值并政治意义的论文《论六家要旨》流传下来。司马谈的道家思想对于司马迁有极深的影响。《史记》中有不少篇可能是根据司马谈的原稿改写的,甚而有的是保存了司马谈原稿的大部分②。

　　司马谈死时(公元前一一〇),司马迁二十六岁,司马迁承继了他父亲未完的事业。在司马迁二十六岁前,我们可称为他的少年时代。

　　在他的少年时代里:十岁以前住在他的老家韩城乡下,生活在农人和牧童中间,使他有了接近劳动人民的机会。九岁那年,他在家乡见过当时江湖上有名的好汉郭解,他曾把这印象写入他的《游侠列传》里。他十岁到了京师——长安。他父亲送他跟当时的名儒孔安国学古文《尚书》。他从此不但学会了读古书的本领,而且受了很深的儒家教育,使他后来写出了像《孔子世家》那样很有情感的关于孔子的传记。在他十二岁的时候,卫青出征匈奴获胜;在他十五岁的时候,张骞奉命通西域;这些现实是他后来写

①　太史公即太史令,公为楚语,见朱希祖:《太史公解》(《中国史学通论》)。
②　《史记中可能出自司马谈手笔者》(《司马迁之人格与风格》页一五五至一六二)。

《卫将军骠骑列传》和《大宛列传》的根据。在他十六岁的时候，汉武帝设立乐府，老诗人司马相如还活着，曾参加作歌词，司马迁后来写了《司马相如列传》，纪念这个老诗人。由于他父亲的关系，他得以认识当时的一些名人，例如他写得那样生动的《李将军列传》的主人公就是他亲自接触过的——李广自杀时，司马迁十七岁。司马迁在京师里的见闻已经够丰富，但更丰富的是他在二十岁开始了大规模的壮游。他先到了江淮，打听了韩信的传说，看了看韩信的坟墓，这给他后来写的《淮阴侯列传》准备了材料；又到了会稽，温习了越王勾践的故事；转到了长沙，看见了屈原沉江的地方；北上到了齐鲁，看见了孔庙的车服礼器；折回来，到了徐州，他在这地方曾遭到过饥乏，但却看了看楚汉相争的战场，又打听了一些汉初的故事传说；此后，是归途，在大梁看了信陵君的史迹，在登封凭吊了传说中的许由冢，最后回到长安，这一壮游使他写的《屈贾列传》、《孔子世家》、《魏公子列传》、《伯夷列传》，以及汉初诸人的传记等都增加了生动的活力。

　　壮游以后，他做了近侍的官——郎中。郎中没有一定的职务，有事时奉命出使，或者扈驾巡行。在他二十四岁的时候，他曾随汉武帝到过西北的扶风、平凉、崆峒；在崆峒，他搜集了关于黄帝的传说。次年，他二十五岁，奉使巴、蜀、滇，到了昆明。就政治上说，这是汉武帝经营西南的工作的一部分，这时已到了完成的阶段了；就司马迁的生活上说，这就补足了司马迁的全国规模的旅程；就文学上说，这是产生像《西南夷列传》那样很有韵致的散文的张本。后来柳宗元的游记，有些就是模仿《西南夷列传》的①。

――――――――――

　　①　如《游黄溪记》、《袁家渴记》等。

　　在他二十六岁奉使回来的时候,正是元封元年(公元前一一〇),汉武帝举行大规模封禅。当那十八万骑兵,招展千余里的旌旗到了洛阳的时候,司马迁赶到了。但不幸的事情也发生了,这就是他的父亲已经在洛阳病危。司马迁接受了父亲的遗言:要当第二个孔子,要写出第二部《春秋》。司马迁因为职务的关系,急忙赶到泰山,参加了封禅。也就因此,他有了写那滑稽剧似的《封禅书》的真实材料。同时他在那一万八千里的长途中,也熟悉了齐国的风俗,长城塞外的景色,以及东海的风光,使他后来写关于齐人驺衍、公孙弘,以及许多方士的故事,关于秦将蒙恬的故事等,便又多了一些实地的印证。这一年,桑弘羊的平准政策成功了,这是汉武帝对外战争和过奢侈生活的经济基础,也是民怨沸腾的原因,又是使用酷吏镇压人民的根源,司马迁把这事看透了,就有了后来《平准书》那样的深刻的叙述。

　　二十六岁后,司马迁入于他的壮年时代。此后除了扈驾封禅和巡行之外,在二十七岁时曾参加了濮阳的塞河工作,这是他写《河渠书》的实地根据。二十八岁时,因为父丧三年之期已满,他继承父亲的职务——太史令。他这时有机会饱览百年来国家所保存的一切图书、档案,以及各种史料。由于父命,由于职务,由于自负才华,他已经决心要写一部巨大的通史——《史记》了。

　　当了太史令时的司马迁,还是一个少不更事的青年,他一心一意要做好工作,想博得汉武帝的欢心,同时他还劝人积极给统治者服务,给挚峻的一封信就是证明。但是挚峻比他看得透,回信却宁愿安分隐退。

　　司马迁正式动笔写《史记》是在太初元年(公元前一〇四),这时他三十二岁。他所以在这一年动笔的缘故,是因为这一年有太初历的订立，这也就是我们现在所用的农历。在那时一个历法的改定不只是一个历法的问题，而且意味着一系列的政治制度的更改。司马迁认为这程序仿佛是一个新纪元的开始，因而把他那心爱的著作——《史记》——郑重地在这一年正式动笔。太初历的订立，司马迁也是参加了的，而且是重要的一员，他这一方面对于中国人民的贡献，并不次于《史记》。他在《史记》中所写的《天官书》和《历书》，正是有他的实践本领在。

这一年有李广利到大宛贰师城取马的战争，这事一直占了四年才告结束。这事的本身是表示汉武帝的对外侵略，既可恨又可笑，但客观上却扩大并巩固了西域的交通。司马迁的《大宛列传》就是那很威风但也很可鄙夷嗤笑的事件的记录。

汉武帝把西域的经营告一段落之后，就要对匈奴用兵。本来经营西域，也是为了断匈奴右臂的。因此，在天汉二年（公元前九九），就派了爱妃李夫人的哥哥李广利为大将征匈奴。这时名将李广的孙子李陵却冒险逞能地带着五千步兵在另一路和十六倍的敌人相遇。由于老将路博德的逗留不救，由于投降敌人的管敢把实际的劣势告诉了匈奴，李陵终于战败了，突围也不可能了，他最后也投了降。这时所有的人都在说李陵的坏话。司马迁却挺身出来给他讲情，司马迁结合着李陵平素的为人，如何得军心，以及这次投降是如何经过战斗，如何因无援失败，最后说他功可抵罪。然而汉武帝大怒，认为他是给李陵当说客，而且更疑心他是暗中讥讽李广利的作战不利的，因此便把他下狱了。这时他三十七岁。

由于没有钱去贿赂，由于没有朋友去说话，他只好忍受酷吏的摧残。这时的廷尉是杜周，在他残暴镇压下，京师的囚犯多到六七万人。他也是有名的赃官，最初只有一匹马，还是残废的，自从做了官,家产突然增到好多亿。司马迁这时是很悲愤的,他的《酷吏列传》就是写这一批东西的嘴脸。

但是更不幸的是司马迁下狱后第二年,传说李陵在为敌人练兵,于是司马迁便遭了腐刑。事后证明那为敌人练兵的乃是李绪,但是已经晚了。司马迁受了这样的大辱,很想自杀,但想到第二部《春秋》还没有完成,便倔强而坚忍地"就极刑而无愠色"!他受腐刑这件事在他是一生的最大刺激,因而使他对社会的观察更深刻了,对统治阶级面目的了解更透彻了,而复仇的愤怒的火焰更因此贯串他的全书了,这就使他的书成为一部永远有生命的反抗作品并抒情作品;而特别和这事有关的《李将军列传》更是笔头感触万端的①。

司马迁受刑的这年是天汉三年(公元前九八),年三十八。自此入于他的晚年。出狱在太始元年(公元前九六),四十岁了。他这时当了中书令,在别人看也许是"尊宠任职",但他自己却认为是在最大的侮辱与损害中。所以在他四十三岁,他有朋友任安要他推贤进士的时候,他已经没有了刚当太史令时的劝人积极仕宦的念头,他认为只有著作是自己的事业,这就是《报任安书》的内容。

在他四十五岁时,有汉武帝和戾太子火并的事,司马迁的朋友任安是这事件的牺牲者之一,被腰斩。这一年是征和二年(公元前九一)。次年有李广利又去出征匈奴的事,李广利却终于仍是战败而降。这是《史记》中所记最晚的可信出自司马迁手笔的事,

① 关于李陵案的详情和这事在《史记》各篇中的流露可参看《李陵案的原委》(《司马迁之人格与风格》页一三○至一四三)。

可能司马迁就死在这一年。这是征和三年（公元前九〇）。他可能只活了四十六岁。

总括他的一生，二十六岁前是少年时代，可说是写作《史记》的准备阶段；自此到三十八岁是他的中年，是基本上完成《史记》的阶段；三十八岁到死，是《史记》加工的阶段。

他的《史记》是完成了的，因为"凡百三十篇，五十二万六千五百字"，连字数也在自序里计算出来了，必已写全无疑。而且，"藏之名山，副在京师"，原稿也有多份。他在书中意识地截止的年代是太初四年（公元前一〇一），但他在生前对这书是修改不止一次的，因而断限也有不一致处①。他这书的完成大概费了十五年到二十年的工夫。

除了《史记》和前面提到的《与挚峻书》、《报任安书》之外，他留下的作品还有不全的《素王妙论》和《悲士不遇赋》。西汉末年的批评家桓谭说："通才著书以百数，唯太史公为广大，余皆丛残小论，不能比之。"②司马迁的著作真够上体大思精，无论质，无论量，都是向来有定评的了。

（三）作为思想家的司马迁

司马迁有异常渊博的学识，他在当时是百科全书式的人物。我们现在只谈他的主要思想。他的父亲是道家，由于家学的缘故，他的思想里有浓厚的道家成分。道家思想中是有素朴的唯物论

①　关于《史记》断限问题可参看《史记各篇著作先后之可能的推测》中的《结论》（《司马迁之人格与风格》页二〇〇）。

②　《御览》六〇二。

的,道家很注重客观事物的发展,用他们的话说便是"自然之势"。司马迁也很重"自然之势",例如他对于人们爱好音乐的解释就是"自然之势"(《乐书》),他对于人类经济行为的解释也是"道之符,自然之验"(《货殖列传》)。他这种唯物论的缺点是近于机械唯物论,对于人的主观能动性的作用是估计不足的,在这方面明显的是在他的《素王妙论》和《悲士不遇赋》里所说的:

> 春夏囚死,秋冬旺相,非能为之也;日朝出而暮入,非求之也;天道自然。①
>
> 无造福先,无触祸始,委之自然,终归一矣。②

这是他特别寄同情于在客观环境中挣扎失败的人物,特别喜欢像项羽、孔子、李广、信陵君等的重要缘故之一,也是写他们特别出色的重要缘故之一,同时是能够在过去长时期博得读者的无限同情的重要缘故之一。其中有一种失败情绪在,有一种悲剧情调在。这种情绪或情调在司马迁一部分传记中是同时包含一种可贵的反抗性在内的,但一般地说却是消极的、令人沮丧的。

正因为他的思想基本上是一种机械唯物论,所以是一种不彻底的唯物论,因而给命运思想开了后门。这一方面表现最明显的是《外戚世家》,认为:"岂非命也哉?"同时又讲"幽明之变"。因此,他相信预言(《田敬仲完世家》),相信阴德(《韩世家》),这是他思想中的一些迷信落后成分。

然而在某一种限度之内,他已经是够杰出的了,够伟大的了。因为,他究竟说"原始察终,见盛观衰,……天人之际,承敝通变"

---

① 《玉函山房辑佚书》,卷八九。王充:《论衡·命禄篇》。
② 《艺文类聚》三〇。

（《自序》），他知道社会是在发展的，他知道人们的主观努力应当顺应这种客观发展。所差的只是他还不能贯彻这种观点，在情感上他还特别留恋并渲染那种和社会发展相抵抗的失败人物。这是他的矛盾。这种矛盾之所以产生可能是因为：他有道家思想，但也有儒家教养；他深受秦末奴隶和农民大起义的启发，但他所处的时代却正是汉帝国的盛时；他身居相当高的职位却又遭受极大的迫害；他是一个有见识的历史家，但他又是一个富有情感的文人。这种矛盾是他的作品里有高度的现实主义，但也有伤感的、夸大失实的成分的根本原因。

很难得的是他已经能够用经济观点来解释历史事件。在《货殖列传》里，他把形形色色的人物的行为动机都解释作"其实皆为财用耳"。在《平准书》里，他把汉武帝对外侵略的根源认为是由于经济势力膨胀的结果，并认为因侵略而经济凋敝，因经济凋敝而人民生活不安，因人民生活不安而酷吏任用。在这方面他已超越了唯心史观了，而接近科学的唯物史观了。《货殖列传》在各个列传之末，《平准书》在八书之末，更见出他的史观是非常坚定的。

他也很注意地理环境，这是表现在《五帝本纪》、《齐太公世家》、《张仪列传》、《孟尝君列传》、《淮南衡山列传》、《韩长孺列传》、《儒林列传》中的。

他不相信地脉（《蒙恬列传》），他不相信"天雨粟，马生角"（《刺客列传》），他相信张骞的实地考察而不相信《禹本纪》的神话（《大宛列传》），见出他是有科学家的实证精神的。

以上是他的世界观和方法论的卓绝处。

在政治上，也有他的革命的见解。这表现在他对陈涉的估价之高，虽然只有六个月的革命政权，但他列为"世家"，认为起码相当于几百年的一个诸侯。从后人如刘知几、司马贞都主张把陈涉降为列传看,便更见出司马迁的卓绝了。在《陈涉世家》里,他不但写了陈涉等人发动革命的经过,而且写了他们周围,分析了他们的成功和失败的原因,并写出和他们同时起义的全国规模的形势,以及他们的巨大影响等。基于这种革命意识,司马迁在历史书中首次写到了平民生活(例如《游侠列传》),并写到被侮辱与被损害的人物之伟大(《滑稽列传》)。反之,他对于那些帝王将相,贪官污吏,则加以讽刺和谴责。他明显地为老百姓说话的,是见诸《蒙恬列传》,他要求蒙恬"振百姓之急","修众庶之和",而深恶他"轻百姓力"。他意识地大量使用民间语言,原因也在这里。他明显地反对残酷镇压的,是见诸《酷吏列传》,他说:"法令者治之具,而非制治清浊之源。"他借老子的话说"法令滋章,盗贼多有",并从事实上也指出酷吏越厉害,人民的反抗却越大。他根本上反对严刑峻法,但如果已经有了严刑峻法存在,那么他赞成"守法不阿"(《张释之列传》);并写出了守法的一批榜样(《循吏列传》)。他十分注意政治人才,他曾大呼"贤人乎,贤人乎!"(《楚元王世家》)、"唯在择任将相哉! 唯在择任将相哉!"(《匈奴列传》)至于归结呢,他的理想是"无为",也就是不要苛扰,才能做到"民务稼穑,衣食滋殖"(《吕后本纪》)。对于新兴的工商业,他认为应该顺其自然地让它发展,他说"善者因之,其次利道之,其次整齐之,最下与之争"(《货殖列传》),他最反对与民争利。很明显的,他的立场是站在新兴的工商业者方面,这表现在《平准书》中。他借卜式的口,反对了那出卖工商业者利益的桑弘羊。总之,在他政治的见解上,有和他的世界观一贯的道家思想体系在。就客观上看,他的政治主张是替当时受残酷镇压的人民说了话,是帮助了当时反对暴政的人民，是给遭到摧残的新兴的工商业者出了气。因此是有很大的进步意义的。

在司马迁的思想中，吸收了前人很多精华，而能弃其糟粕。他吸收最多的是道家，但他采取的是道家的唯物论成分（纵然是偏于机械唯物论的），而扬弃了道家那种"小国寡民"的落后方面。他常说"察其终始"，终始本是阴阳家的术语，原是指"五德终始"，但他扬弃了不合理的"五德"，而只采取了那种发展的观点。他有浓厚的儒家教养，但他强调孔子在文化方面历史方面的贡献，他把孔子写成一个活活的学者并政治家，他没陷在把孔子神秘化的乌烟瘴气中。他对老子亦然，他深知老子的学说的价值，但剥掉在当时所加给老子的神仙家的外衣。荀子的很多思想也为他消化了，例如法后王（《六国表》），对礼乐的看法（《礼书》、《乐书》），对于秦的估价（《六国表》、《礼书》），以及唯物论等。然而荀子对于异己的学说的褊狭，司马迁却扬弃了。司马迁就是这样善于吸取前人的，加上他受了秦末大规模起义的启发，以及自己在生活上的体验，因而构成他的"一家之言"。除了他有时过重个人成就，有些英雄崇拜思想；有时强调"自然之势"，陷于机械唯物论；有时任凭情感，对于爱憎（特别是爱）的人物有些夸大；此外，他的思想是够卓绝伟大的了。

班固批评司马迁："是非颇缪于圣人，论大道则先黄老而后六经，序游侠则退处士而进奸雄，述货殖则崇势力而羞贫贱。"在我们看，这个批评中除了一部分是把司马谈的思想和司马迁的思想混淆之外，基本上是恰恰说明了司马迁的伟大，而同时却见出班固的荒谬而已。这正如班固批评屈原的"露才扬己，显暴君过"的说法，事实上是见出屈原的伟大，班固自己的渺小而已。

（四）司马迁的文学成就和影响

就文学方面论，司马迁的成就是辉煌的：他是传记文学的能手，他善于刻画人物，并且写人物时带有感情，能传达出不同人物的性格以及不同事件的气氛；他是讽刺文学的能手，他有很多巧妙而曲折的方法，去射击敌人；他也是散文风格的巨匠，他善于使用民间语言，他善于遣词造句，他善于用不同的风格去配合不同的内容，而终于构成自己的独创的格调；他有他的文学理论和文学批评的卓越见解，指导着他自己的创作并影响着后人。因此，除了他在历史上、思想上有着巨大的影响外，他在文学上，我们也从后代的戏剧、小说、散文、文学批评里见出他的遗泽无穷。

他所写的人物是范围异常广泛而同时又有着深度的。他能写像陈胜、吴广那样的革命领袖，他能写有着大度、豪气，但也有流氓气的刘邦，他能写粗鲁任性的英雄项羽，他能写勇敢而不得意的李将军，他能写善于逢迎而作伪的官僚公孙弘，他能写彬彬有礼而又不肯苟合取容的孔子，他能写坚忍的人物像范蠡、伍子胥、范增，他能写贪官污吏像张汤、杜周，他能写仁爱而有好心肠的信陵君，他能写慷慨悲歌的刺客荆轲、高渐离，他能写善感的文人如屈原，他能写有智谋而意志坚强的兵家如司马穰苴、孙武，他写农民，写商人，写帝王将相，写奴隶，写医、卜、星、相，写游侠倡优……总之，在他的书里是几乎包括了当时社会上不同身份、不同职业，各阶级各阶层的一切形形色色的人物，也就是，触及了社会的各方面，在这包括的范围之广上乃是以往的文学作品，尤其是成自一人的作品所不曾达到过的。

他所写的人物又不止如刚才所说的范围上的广度而已，还有社会的联系上以及心理的曲折和发展上的深度。他写的李广，就透露出在汉武帝时不是外戚就很难有立功的机会，哪怕是英雄，哪怕是有本领，哪怕是得人爱戴的人物，也枉然。他写的酷吏，就指明酷吏的支持者实在就是当时最高统治阶级的头子——皇帝，并指明酷吏镇压的结果是人民予以更有力的反抗。他善于把一个事件的复杂而曲折的原因很细致地写出来，像张汤的败露就是一例：他得罪了人，他和同僚有摩擦，他对下属摆架子，他用一贯的官僚作风营救了人却装作不知而使人发生了误会，而尤其重要的是他和商人勾结，泄漏经济机密，这就根本和汉武帝的利益有了冲突，而就汉武帝说这冲突的害处是大过于给汉武帝当爪牙镇压人民的好处的，所以只有被逼自杀了。在司马迁发掘那些原因时，是既细致又深刻的。他写的韩信，就表现出一方面是对于汉高祖的盲目信赖，但另方面又不甘心自己现有的地位，于是在犹豫和举棋不定中被收拾了，这就写出了韩信的曲折矛盾的心理状态。他写陈涉，由佣耕叹息，到号召起义，到部下火并，到以苛察为忠，杀旧日同耕的故友，这就不止是写出了陈涉所以失败的原因，而且写出了陈涉阶级地位的变化以及所伴随着的心理变化的过程。他写李斯，更明显地写出一种性格发展，他从李斯如何由个人的功名富贵出发写起，以后如何渐渐上了赵高的圈套，最初还想斗争，但慢慢妥协了，到最后再要斗争时却已经迟了。他写魏其、武安的逐渐生怨和灌夫使酒骂座的逐渐爆发，也都是深刻而细致地描写着心理发展过程的。

司马迁写人物时有一个极大的特点，这就是笔端为感情所饱和着，有他的爱，也有他的憎。他写到孔子，说："心向往之"；说：

"余读孔氏书,想见其为人";说:"适鲁,观仲尼庙堂车服礼器,诸生以时习礼其家,低回留之,不能去云。"他写到屈原,说:"屈平正道直行……能无怨乎?"说:"余读《离骚》、《天问》、《招魂》、《哀郢》,悲其志";说:"适长沙,观屈原所自沉渊,未尝不垂涕,想见其为人。"他写到季札,说:"何其宏览博物君子也。"他写到韩非,说:"余独悲韩子,为《说难》,而不能自脱耳。"他写到苏秦,便说:"无令独被恶声焉。"他写到游侠,则说:"自秦以前,匹夫之侠,湮灭不见,余甚恨之",并说:"余悲世俗不察其意,而猥以朱家、郭解等令与暴豪之徒同类,而共笑之也!"他对于所写的可爱的人物是同情到如此的地步,几乎与传记中的主角共忧欢。反之,他对于所憎的人物却是在嗤笑着,痛恨着。像《封禅书》中写的汉武帝"李少君病死,天子以为化去不死",这是多么愚昧可笑!像《酷吏列传》中对于那般以杀人为能的人物便说:"何足数哉!何足数哉!"简直痛恨到不齿于人类的光景。

司马迁对于所写的人物的浓烈爱憎之感又不仅是直接说出来,却更多半在文字中写出一种气氛,使读者被那些不同的情调所感染着。他写李广,"会日暮,吏士皆无人色,而广意气自如",就仿佛在黄沙满天的战场中越显出了李将军的勇敢;他写信陵君,什么"公子执辔愈恭","公子颜色愈和","市人皆观公子执辔,从骑皆窃骂侯生,侯生视公子色终不变","于是公子泣","于是公子立自责,似若无所容者",信陵君是被放在这样的谦让仁爱的气氛中;可是《封禅书》就是一片荒诞可笑了,《酷吏列传》就是阴森可怖了,《刺客列传》乃是惊心动魄了,《大宛列传》则是威风中兼有奇异之感了,《项羽本纪》处处有短兵相接的光景,《留侯世家》却又有从容划策的神气,《屈贾列传》写得那样哀怨,《孔子世家》写得那样温文尔雅，但又有"人不知而不愠"的寂寞之感。总之，他不但写的人物有个性，而且他写的那个性突出的人物的文章也篇篇有个性。

他善于抓住主题，所以他的每一传记都有他突出的要写的一面。他写管仲，专重在知己之感；他写孔子，专重在学礼、问礼、订礼、习礼；他写屈原，专重在"其志洁"；他写李广，专重在"才气无双"……他为了要求艺术的完整，他为了主题的突出，他不惜把一个人物的次要方面（就本传的主题说是次要者）移入其他文字中。这就是管仲的政治贡献不见诸《管晏列传》而见诸《齐世家》的缘故，这就是信陵君的不敢收留魏齐不见诸《魏公子列传》而见诸《范睢蔡泽列传》的缘故。这是《史记》一书采取互见法的重要原因之一。他为了显示主题，甚而对同一事件因侧重面不同而有不同的写法。例如鸿门之宴曾分别见于《项羽本纪》、《高祖本纪》、《留侯世家》和《樊郦滕灌列传》中，但浓淡轻重是完全不同的。在这地方，是文学家的司马迁有时压倒了历史家的司马迁处。他宁肯牺牲历史，而不肯牺牲文章！

但司马迁不只是像抒情诗人一样对待他的传记，同时却又是一个勇猛的战士，在他的传记里传达出反抗的怒火。他的武器就是讽刺。他讽刺的最大目标是汉武帝，范围扩大些，是汉武帝的周围（包括一般贪官污吏和外戚），再扩大些，是从汉武帝上溯至盗窃了革命果实的刘邦。但这讽刺的目的是不容易达到的，因为他身处汉代盛时，而且汉武帝也还活着，况且汉武帝也不是一个感觉迟钝的人，况且那时更有一些嗅觉特别灵敏的爪牙，连"腹诽"都可以得死罪呢。然而司马迁用巧妙的战术进行了出色的战斗。他所写的《景帝本纪》和《今上本纪》据说因为讽刺太厉害被删掉了①,这可以说明它的讽刺性之强。《史记》很早就称为"谤书",其中的反抗性是很早就为人发觉了。

他的巧妙的战术是什么呢?首先就是互见法。他把在传记本文里容易被人发见是讽刺的东西移入其他传记中,让人以为写某人的传记并没有讽刺啊,但是在另一篇不重要的地方却保留着了。他没有直接写汉武帝残暴,但《酷吏列传》中屡说"上以为能",就把罪魁汉武帝审问出来了;他没有直接写汉高祖的流氓气和小气,但他在《项羽本纪》中记他对项羽说:"吾翁即若翁,必欲烹而翁,幸分我一杯羹",在《萧相国世家》中记他给萧何的封地特多,是因为"帝尝徭咸阳,时何送我独赢奉钱二也",这就够了,为了掩护讽刺,这是《史记》采取互见法的重要原因之二。

其次是他在空白处做文章。他写《循吏列传》便不列汉代人物。他写《张丞相列传》,便说另有一些"备员"的丞相,但却并不去叙述。反之,他写酷吏,就特别挑选当代;他写外宽内深的官僚像公孙弘、张汤等便着力写。这就拆穿了那时政治的实况了。

再则是用代替的方法,他每每拿秦来代替汉,《平准书》中说秦闹得"海内之士力耕不足粮饷,女子纺绩不足衣服",说"古者曷尝竭天下之财,以奉其上,犹自以为不足也?"其实就是指汉,而他对于秦的正面估价则见诸《六国表序》中。

最后是用传神的虚字。他对汉武帝外戚卫青、霍去病的靠山卫皇后便说:"生微矣,盖其家号曰卫氏。"鄙夷之感就表现出来了。《酷吏列传》中说:"吏之治,以斩杀缚束为务,阎奉以恶用

---

① 卫宏:《汉旧仪注》:"司马迁作本纪,极言景帝之短,及武帝之过,武帝怒而削去之。"至于这二文的存亡问题可参看《史记各篇著作先后之可能的推测》中《缺和补》一节(《司马迁之人格与风格》页一五一至一五五)。

矣。"这就是指明酷刑之深化。《平准书》和《封禅书》的讽刺也多半用这种表现方法。

除了这些比较显而易见的方法之外，那就多半在文字的拐弯抹角处，这里不能细论了。总之，司马迁书里讽刺的反抗的特色，是和那抒情的赞扬的特色，同其显著的。这表现了他是爱憎极其分明的人。也就在这点上，他是大诗人屈原精神的真正继承人。

司马迁的散文是严格意义下的散文，这就是，他意识地避免偶句，他后来被古文派视为孟子之后的最重要的典范。他善于遣词造句，他在《货殖列传》中有七八种表现方法来说明人的行为动机是为了钱；他的长句有长到二十二字的，如："而李园女弟初幸春申君有身而入之王所生子者遂立"；有短到一字的，如："张仪之来也，自以为故人，求益反见辱，怒。"他善于使用民间语言，他的书里采取了大量谚语，他甚而记录了方音土语，"夥涉为王"，就是一个著名的例子。他写对话是写到这样好，能表现出不同的阶级、职业、年龄和性别。信陵君的口吻是一个公子哥儿，朱亥就是一个粗人，李广天然是一个将军，张良是一个谋士，黄石公是一个老人，郑袖是一个女子。司马迁的风格是丰富的，他的风格配合着内容而有变化。但是也有一个共同点，那就是疏疏落落，有种不整齐的美。它不同于《左传》，也不同于《汉书》。他有点像李广的治军。但是也像李广治军那样有威力，有情韵。韩愈得了这种风格的一部分，是矫健。欧阳修得了这种风格的一部分，是唱叹。归有光学了他那在琐屑处传神，在平淡处抒情的小巧。方苞学了他记事文的有层次和干净利落处。一直到林纾，还用了司马迁的风格介绍了西洋资产阶级上升期的一些文学名著。这些人的所得或大或小，或深或浅，但司马迁在散文风格方面的影响之大却可见了。

司马迁在文学批评上著名的学说是"发愤著书说"。他用这个原理去解释《诗经》，去解释屈原作品，去解释一切著作。这个思想的来源一方面是由于司马迁本人遭刑后的切身体会，一方面也是屈原所谓"发愤以抒情"，"道思作诵，聊以自救兮"的说法的强调和扩大。这也见出司马迁之真正承继屈原处。后来韩愈所谓"物不得其平则鸣"，是这同一学说的发挥。这是司马迁在文学批评方面的影响。这个说法虽然不够全面和精密，但就阶级社会而论，也算指明了好的文学作品在阶级斗争中的重要作用。因为，"发愤著书"无异是说受了迫害后的抗议，而司马迁也正是这样实践着的。这比五四时代所介绍进来的"苦闷的象征"的学说，还是更接近真理些。

由于司马迁所写的内容和他写作的榜样，在中国后来戏剧小说的发展上也有着巨大的影响。元人杂剧中的《赵氏孤儿》、《冻苏秦》、《赚蒯通》、《萧何追韩信》、《渑池会》等都是取材《史记》的。一直到京剧中的《霸王别姬》，郭沫若所创作的《虎符》等也还是依据《史记》的。小说如《东周列国志》、《西汉演义》等是内容上采取《史记》的，蒲松龄的《聊斋志异》等则是形式上学《史记》的。《史记》本身原有小说的资格。《酷吏列传》还不是像《官场现形记》么？《游侠列传》还不是像《水浒传》么？原因是它本身具有故事性，又深刻地反映了社会生活故。林纾也就是靠对于《史记》的欣赏，而知道了迭更斯、嚣俄（注：即雨果）等的价值的。

无论就本书的价值或影响论，班固的《汉书》不能和司马迁的《史记》比。《史记》的价值在能反抗，有感情。《汉书》是没有丝毫反抗性了，班固把酷吏中的重要角色张汤和杜周抽掉了，《汉书》在文字上既有意要求整齐，于是感情也凝固了。《汉书》是死心塌地为统治阶级服务的书,汉初的革命精神是一点影子也没有了。所以,汉代文学上最大的成就是散文,散文中成就最大的是传记文学,传记文学的最高点是《史记》。当然,不只就汉代论,司马迁也仍是非常伟大的。

司马迁在中国文学史上的地位*

一

司马迁是我国古代最伟大的历史家之一,同时也是最伟大的文学家之一。他在历史方面的贡献是有世界意义的,因为作为古代文明国家之一的中国,它的从远古到公元前二世纪的相当完全而丰富的通史,司马迁的《史记》就是第一部,而且在长期间内是唯一的一部。世界上无论谁,要想了解古代中国,或者要想了解古代社会而不能不对古代中国有些认识,那就一定要参考司马迁这部记录古代中国社会历史活动的宝典——《史记》。特别可宝贵的是作为历史书的这部《史记》,在相当大的程度上接触到了历史事件的本质,反映了古代人民的愿望,运用了素朴的辩证方法。《史记》不但保存了宝贵的史料,而且是以有极高成就的历史科学名著而存在的。这就是《史记》的价值。《史记》应该是人类精神财富中最宝贵的遗产之一,应该是我们伟大祖国古代的灿烂的文化成就对世界文化的最重大的贡献之一。就史学说是这样,就文

* 该文发表于一九五六年出版的《语文学习》第八期,署名李长之。

学说同样是这样。当然，司马迁在文学上的成就也是由于他对历史事件能够广阔地考察，深刻地理解。

二

司马迁是中国古代现实主义文学的光辉传统的继承者。中国古代最伟大的两部现实主义文学巨著，一是包括大量民歌的《诗经》，一是主要收集爱国诗人屈原的作品的《楚辞》。司马迁就吸收了其中的精华，而且有了发展。

《诗经》大部分民间歌谣展示了古代社会的广阔画面，反映了古代阶级社会中人民遭受剥削、压迫的痛苦，传达出人民对美好、幸福生活的企求与愿望，而在写作技巧上也有了刻画人物、描写性格、叙述故事的初步成就；《诗经》里小部分成于统治阶级内部的诗歌，也有不少暴露了统治阶级的罪恶，提出了和当时人民的思想感情相接近的有力控诉；因此，《诗经》是中国古代最富有人民性并最富有现实主义精神的文学宝库之一。司马迁的《史记》正是在这些方面汲取了源泉。司马迁同样展示了古代社会的广阔画面，像阶级斗争（《陈涉世家》）、对外战争（包括防御性的战争如《匈奴列传》所描述，和对外扩张的战争如《大宛列传》所叙写）、经济生活（《平准书》、《货殖列传》）、科学成就（《河渠书》、《扁鹊仓公列传》）以及各方面的杰出人物的活动等，他都具体而生动地告诉了我们。司马迁深刻地写出了人民在当时呻吟于残酷的剥削和压迫下的痛苦（《平准书》、《酷吏列传》）。他也同样写出了人民对美好未来的憧憬，这种憧憬不是图表式地开列给我们看，而是通过他所喜爱的一些正义人物的行动显现出来，像"游侠"，像"刺客"，像"循吏"……以及一些社会上的"渺小人物"，是可亲可敬的，像"滑稽"，像侯嬴、朱亥、毛公、薛公……还有一些在当时社会中被压抑而且也不能不被压抑的好人，是值得同情的。我们看了信陵君、屈原、贾谊、张释之、冯唐……的传，就有一种明确的是非感，同时也就多少接触到合理的社会应该是什么轮廓，什么方向了，虽然这轮廓还不可能是十分完备，这方向也不可能是十分确切的。司马迁刻画人物，描写性格，叙述故事，当然比《诗经》有了很大的发展，然而《诗经》的先行的成就——如《氓》那样的人物，如《终风》那样的性格，如《生民》那样的故事，使司马迁有了条件来掌握那样熟练的本领。至于《诗经》的暴露统治阶级的罪恶和代表正义的人士的呼声的一部分作品给予司马迁的影响，汉代的历史家班固就已经多少看出来了，例如说"迹其所以自伤悼，《小雅·巷伯》之伦"。《小雅·巷伯》正是《诗经》产生时代一个被侮辱与被损害的人物的愤怒控诉。

屈原是古代最伟大的爱国诗人。屈原的作品表现了对祖国深挚的爱恋。他最是爱憎分明的，对于正义的原则，他坚持到底，九死不变，对于美好的事物，他热烈追求，若将不及，同时对邪恶的现象、卑鄙自私的勾当、反复无常的人物，又猛烈掊击，绝没有妥协。屈原在作品里典型地反映了他那一个时代最本质的问题——没落的贵族对于历史进程的阻挠、上升的社会力量对于这些障碍的冲击、人民在兼并战争中所遭受的痛苦、正义公道的善良人物为美好理想而作出的坚决斗争以及在这坚决斗争中所必须付出的代价等。屈原在作品里也典型地刻画了一个为坚持理想而不惜承受任何牺牲和痛苦的英勇斗士的精神面貌，尽管有矛盾，有曲折，也有内心的激烈斗争，然而终于层层进展，步步提高，最后达到了像一座玉洁冰清的伟大雕像那样的庄严无瑕。这是屈原自己，也是一切正直、勇敢、坚毅、热情的善良人物的共同榜样。因此，我们说屈原作品是一部现实主义的巨著，是有更高的思想水平、艺术水平的纪程碑。司马迁也正是在屈原的丰富遗产里汲取了更多的艺术源泉。《史记》同样是洋溢着爱国热情的。这是因为司马迁本人就是一个爱国人物。也就是这个原因，他能写出那些历史人物，特别是屈原等，能写得那样动人。司马迁也具备屈原那样的正道直行、坚持不变的斗争精神，屈原那样的分明的强烈爱憎。司马迁用了饱满的情绪刻画了许多热爱故国故土的志士，几乎凡是他所写的正面人物都有这样一个浓厚的爱国热情的共同点。田光、燕太子丹不是忧虑着燕国的命运么？廉颇、蔺相如不是在牺牲小我成见，谋取赵国的稳定强大么？信陵君、侯生、朱亥不是冒着生命的危险而在为魏国争光荣么？田单是复兴了齐国的；勾践、范蠡是坚忍不拔地终于雪了国耻的；屈原，不用说，司马迁更特别传达出了他的不可动摇的热爱楚国的心情。就是汉代，像陆贾、冯唐、李广、张骞等也都是在巩固祖国的统一和开拓祖国的国土上怀着热情并有很大贡献的人物。甚至像卫青、霍去病，司马迁虽然就他们的外戚权势、贪婪自私、不爱士兵而给予无情的抨击，然而对他们为祖国消除外患、发展和巩固祖国版图，还是给予一定的赞许的。可是司马迁写的汉武帝（参看《封禅书》），就是一个狂妄、横暴、愚昧、可笑的人物；他写的酷吏，就是一班恶魔般的东西；他写的叔孙通、公孙弘，就是一些软体动物；他写的袁盎、晁错，就是一些荆棘满腹的人；张汤、桑弘羊，在司马迁笔下也粉饰不了残酷压迫和残酷剥削的血腥气；刘邦虽是开国皇帝，在司马迁笔下也丝毫遮掩不了他的流氓相。总之，司马迁对他憎恶的对象，是决不容情地鞭挞他们，审问他们，讥笑他们，巧妙而恰中要害地射击他们。他所喜爱的善良人物，就写得使我们欢欣，鼓舞，同情，依恋。写环境，刻画性格，深入人物的内心生活、精神面貌的成长过程，司马迁同样是在屈原探索到的基础上前进着的。他写的春秋、战国、秦末、汉初、武帝时代，使我们清晰地明了那个时代的特征，而且让我们获得的印象是那样完整而具体，而那些形形色色的历史人物也栩栩如生地活动在那些特定的历史舞台上。像范蠡、伍子胥、孟尝君、信陵君、白起、蒙恬、陈涉、项羽、汲黯、李广、张汤、杜周，他们都是按照客观事实的逻辑分别活动在他们的时代里。他写孔子就写出了这个人物怎样在脱离了人民时遭受到统治阶级的愚弄，又怎样在遭受打击和接触老百姓后有了比较清醒的觉悟；他写李斯就写出了一个人怎样因利欲熏心而堕落；他写陈涉就写出了从起义到失败是经历了怎样的阶级的变化；他写项羽就写出了英雄人物怎样在符合人民愿望时获得成功，又怎样在凭主观而横冲直撞时走到了独立无援的地步；他写汉武帝就写出了荒唐、执拗、横暴、贪婪，最后有点改变，然而为时已晚，并且不可能脱离那统治阶级的行动的轨道。司马迁写这些发展变化，都是紧密而细致深入地刻画了人物的内心矛盾、个性和特征。

司马迁在现实主义上的成就，在继承并发展祖国文学在那时业已获得的现实主义上的成就，就是这样。自然，司马迁还吸取了先秦学术思想上的成果，还学习了古代优秀散文的技巧，也还容纳了像《尚书》、《春秋》、《左传》、《国语》、《战国策》、《楚汉春秋》等的写作经验和方法，然而就文学方面说，却应该承认，司马迁是辉煌的古代诗歌总集《诗经》和伟大的爱国诗人屈原的歌篇的优秀继承者。

三

司马迁给后代的遗泽是无穷的。他像一座彗星照耀了祖国丰富而灿烂的文学发展道路。

司马迁的现实主义的写作方法，司马迁的从人民角度来刻画客观现实的宝贵传统，无疑是灌溉着此后许多优秀古典作品的波澜壮阔的长河。司马迁写屈原，就不止写出了屈原时代的本质问题，而且写出了楚怀王被骗入秦是楚国人民所痛心的，也是其他诸侯境内的人民所认为曲在秦而直在楚的，因而屈原的思想、情感就突出地和人民的思想情感汇流了。司马迁写陈涉，就不止写出了一个起义农民的经历，而且写出了陈涉前后对待农民弟兄的不同，因而他的成败也就紧密地关系到是否获得人民的支持。司马迁写李广，也不止写李广的才能和遭遇，还写出了他受贵戚排挤、陷害，写出了他怎样为士兵群众所喜爱，死的时候曾怎样获得了广大人民的同情的眼泪。司马迁写桑弘羊，是在写到人民所苦的旱灾的时候，借卜式的口，把人民的仇恨集中发泄在这个剥削能手身上："烹弘羊，天乃雨！"司马迁写孔子，也是除了着重写这一个仆仆风尘的热心救世的人物的可怜活动外，更对照出了统治阶级对孔子是利用和侮辱，而老百姓对孔子是同情和惋惜。总之，司马迁的作品里是有深厚的人民感情，司马迁是从人民的角度来批判，来揭露，来歌颂的。这就是司马迁作品的人民性的真正所在，这就是司马迁作品的所以真正为人喜爱，这就是司马迁遗留给我们的最巨大、最可贵的精神财富。

因此，我们不但有《西厢记》、《琵琶记》、《水浒传》、《三国演义》、《西游记》、《长生殿》、《红楼梦》、《儒林外史》、《聊斋志异》等书继续发挥着司马迁的现实主义传统和战斗传统,不但有李白、杜甫、白居易、苏轼、辛弃疾等诗人继续着司马迁的足迹丰富了我们祖国文学遗产,不但还有其他许多许多作家在司马迁的以创作为战斗武器的精神(发愤著书)的影响下前进,而且司马迁所写的故事、人物,是伴随着司马迁的基于人民的爱憎,活在一直到今天的舞台上,活在一直到今天我们广大人民的心上。《搜孤救孤》、《将相和》、《窃符救赵》、《霸王别姬》……还不是司马迁传记中人物、故事、思想情感继续活跃在我们现代精神生活、文化生活上的明证么? 如果说司马迁在前两千年就给我们准备下一部万古常青的爱国思想教育的教科书,同时也是叫人爱憎分明、坚持斗争的教科书,启发着我们,支持着我们,给我们以前进的力量,这难道是过分么?

司马迁又是一个出色的散文能手。他丰富了、提炼了、精粹了我们祖国的语言,创造出独特的语言艺术的风格,奠定了中国二千年来优秀散文的基础,他的作品就是这优秀散文的范本之一。这又是司马迁另一不可磨灭的贡献了。

《司马迁传》题记[*]

　　十五年前（一九四一），我开始写《司马迁之人格与风格》，十年前（一九四六），把它完稿。八年前（一九四八），印出了。

　　光阴就这样飞驶地过去，中国人民经过了苦难与欢欣的日子。学术界有了飞跃的进步，其中也包括对于司马迁的研究的进步。我也老想修改我的《司马迁之人格与风格》，然而力不从心。看看新出版的季镇淮先生写的《司马迁》，阳湖先生写的《司马迁的故事》，委实是很好的，我不能不赧然了。谁知却还有此认识与不认识的友人，常常在口头上或来信里提到我那本有关司马迁的书。我感激，我也惭愧，但同时不啻得了鼓励和督促。我于是终于把其中传记的一部分，在有限的能力下修改了出来，这就是现在的《司马迁传》。

　　修改此新作还有说不出的苦。衣料做成了衣服，想另拆改，是远不如原先的衣料好剪裁的。可恼的是，既已做过，却又舍不得，就是把它放开，也还是受它一些拘束。有时我就发恨，如果先前就不写出，有多好！可是事实是事实，到底有了成衣的拘束了——这是我的悲哀！因此，这本书的不能尽满人意，是料定的。

　　[*]　这是李长之在一九五六年十月为准备写的《司马迁传》所写的题记，系手稿。

　　可是要说在这些岁月里,对于司马迁的认识就丝毫没有长进么?也不能这样说。主要的是,我对司马迁越发崇敬和爱好了。原因是,这其间我也试着写了点传记,有的写成,为李白、孟子的故事,有的没定稿,为屈原传,在写作过程中,我越体会到司马迁的工作之艰辛,目光如炬,剪裁本领了。尤其叫人惊讶的,是经他处理过的人物,可说大都已触及真正的底蕴,我们百思而求之者,他老早已经勾画出来,而且勾画得入木三分,使我们有不能再加增削之势。我从心里佩服,这是两千年前真正伟大的作家。

　　然而和敬爱他的心理的增长成反比,却越觉得难以写出一部传达出他的精神面貌的像样的传记来——或者这也是我十几年中的一点主要心得吧。

　　不能不提及的是关于司马迁的生年,我在一九四四年曾考订是公元前一三五年,后来我也有些动摇了,可是由于惊人的抄袭家刘际铨把我的旧作整篇称上自己的名字刊载在《历史研究》一九五五年第六期上了,我佩服他的胆量,也悲哀自己的劳动无人过问,但同时有了郭沫若先生的新的考订,接着又有王达津先生的支持,他们的论据更强,我却因而又确信不疑了,这是我没料到的。这些都编入本书的附录,为更关心这个问题的人的参考。

　　　　　　　　　　一九五六年十月二十三日记于北京